조선어 본딴말 연구

# 조선어 본딴말 연구

김 성 희

역락

# 머리말

조선어는 표현이 매우 풍부한 것으로 유명하다. 언어의 우수성을 특징 짓는 중요한 징표의 하나인 표현의 풍부성은 조선어 본딴말에서도 뚜렷이 나타난다. 어휘론적 견지에서 본딴말의 특성에 대하여 논할 때 무엇보다도 우선 지적할 수 있는 것은 그 풍부성이다. 조선어 본딴말은 수량적으로 볼 때 지금까지 사전에 등록된 것만도 근 만 여 개에 이르는데 본딴말이 이처럼 풍부한 언어는 세계 여러 나라 언어들을 놓고 볼 때 매우 드물다.

조선어 본딴말의 풍부성은 그 다양성과 섬세성과 관련되어 있다. 조선어 본딴말 체계에는 '두런두런', '우렁우렁', '하하' 등과 같은 사람이 내는 소리, '지지배배', '멍멍', '야옹'과 같은 동물이 내는 소리, '줄줄(졸졸)', '풍덩', '출렁', '윙윙', '우르릉'과 같은 자연에서 나는 소리, '똑딱', '칙칙폭폭', '웽가당댕가당', '사각사각'과 같은 물체가 내는 소리 등 사람이나 그 밖의 사물현상이 내는 소리를 말소리로 모방하여 만든 수많은 소리본딴말이 있다. 또한 조선어 본딴말에는 사물현상의 상태나 움직임, 성질 등의 다양한 측면들을 말소리로 모방하여 나타내는 모양본딴말이 대단히 발전되어 있다.

조선어 본딴말의 다양성은 사물현상의 소리나 모양의 각이한 양상들뿐만 아니라 대상, 현상들 간의 미세한 차이, 인간의 감정—정서적 느낌의 미묘한 빛깔까지도 잘 드러내어 표현할 수 있는 구체적이고 섬세한 표현체계가 매우 치밀하게 발전되어 있는 데서도 나타난다.

조선어 본딴말의 어휘적 특성과 관련하여 또 주요하게 지적할 수 있는 것은 그 민족의 고유성과 순수성이다.

세계 여러 민족어들을 놓고 보면 외래적인 언어요소들이 흘러들어오지 않은 언어는 거의 없다.

민족들 간의 문화적인 교류와 접촉, 특히 민족들 간의 지배와 예속의 관계가 기본관계로 되어 있었던 지난 시기의 국제관계 역사는 한 민족어에 적지 않은 이질적인 다른 민족의 언어적 요소들이 침투하는 결과를 낳았다.

조선말 어휘구성안에도 지난날에 흘러온 오랜 기간의 한자 사용의 역사, 특히 봉건통치배들에 의해 강요된 사대주의적 언어생활풍조는 적지 않은 한자말들이 생겨나게 하였다.

그리고 또한 19세기 말—20세기 초부터 시작하여 그 후 수십 년 동안 있었던 유럽의 자본주의문화의 침투과정은 얼마 되지는 않지만 일정한 양의 외래어들도 조선어 어휘구성 속에 자리잡게 하였다. 그러나 이렇게 침투한 한자말이나 외래어는 개념대응의 어휘들, 특히 학술용어나 사회정치용어 일부 일반어들이다.

조선민족어의 발생, 발전 역사와 더불어 줄기차게 발전, 풍부화 되어온 조선어 본딴말에서는 외래적 언어요소의 침투가 전혀 없었다. 따라서 조선어 어휘구성에서 본딴말은 조선어의 고유성이 가장 순수하게 보존된 어휘부류라고 말할 수 있다.

조선어 본딴말의 어휘적 특성은 다음으로 또한 오늘도 나날이 발전, 풍부화되는 경향을 뚜렷이 보여주고 있는, 어휘구성에서 매우 적극적인 지위를 차지하는 어휘라는 데 있다.

'조선말사전'[주체51(1962)년]에 약 4,000개의 본딴말이 올라있다면 '현대조선말사전'[주체70(1981)년]에는 약 5,000개, ≪조선말대사전≫[주체81(1992)년]에는 7,477개나 올라와 있다.

사전들에 올라있는 본딴말의 수가 이처럼 큰 차이를 보이는 것은 한편으로는 사전의 규모, 자료수집의 적극성 정도 등과도 관련되겠지만 다른 한편으로는 본딴말 체계 자체가 발전, 풍부화 되어 나가는 방향으로 보다 완성되어가는 과정, 본딴말에 대한 사회적 언어생활의 수요가 높아지는 것과 주요하게 관련된다.

조선어 본딴말은 이처럼 풍부성, 민족적 고유성과 순수성, 쓰임의 적극성 등으로 특징지어진다.

그러므로 조선어 본딴말에 대한 연구를 심화시키는 것은 조선어를 민족적 특성을 살리고 사회적 기능을 더욱 높이는 방향으로 힘있게 발전시켜나가는 데서 매우 중요한 의의를 가진다.

이 책의 '조선어 본딴말에 대한 연구'는 바로 조선어 본딴말에 대한 연구가 가지는 이와 같은 주요성으로부터 집필되었다.

이 책은 조선어 본딴말에 대한 이해에서 기본으로 되는 것은 본딴말의 본질, 의미구조, 형태구조, 및 그 구조적 부류 등에 대한 문제들이라고 보고 이러한 문제들에 대하여 서술하는 데 중점을 두었다.

또한 필자는 중국인 학생들에게 조선어를 가르치는 교육자로서의 사명감으로 하여 학생들이 습득하기 어려워하는 본딴말을 보다 효과적으로 교육할 목적으로부터 조·중 두 나라 말을 비교, 고찰하였다.

이 책은 본딴말에 대한 연구에서 지금까지 조선언어학계가 이룩한 성과들을 이론적으로 심화시키고 자료적으로 보다 풍부하게 안받침하는 방향에서 집필하였으며 또한 이 과정에 일련의 새로운 문제점들을 제기하였다.

# 차 례

## 제2장 조선어 본딴말의 의미구조 / 51

## 제5장 조선어 본딴말과 중국어 본딴말의
##     형태구조적 대비 고찰 / 195

# 제1장 조선어 본딴말의 개념과
## 그 이해에서 나서는 문제

조선어 본딴말에 대한 연구에서 출발적이고 기초적인 의의를 가지는 것은 주체적방법론에 의거하여 본딴말에 대한 개념을 과학적으로 정립하는 것이다.

이 문제가 정확히 해결되어야 논문의 연구대상, 전개방향, 연구방법 등이 바로 정해질 수 있다.

지난 기간 적지 않은 조선어 관계도서와 논문에서 본딴말에 대한 정의가 내려졌다.

이 정의들 가운데서 대표적인 것만 들여다보면 다음과 같다.

≪조선어문법 (1)≫(과학원출판사)에서는 본딴말을 인물 및 사물의 소리를 직접 모방하거나 그 동작이나 상태를 직접 형용하여 표현하는 단어라고 하면서 본딴말에서의 말소리와 의미의 밀접한 상관성에 대하여 서술하였다.

≪현대조선어 (2)≫(김일성종합대학출판사)에서는 본딴말을 사물현상의 각종 특성을 감각적으로 상징하여 표현하는 품사로 규정하고 본딴말의 의미는 그것을 구성하고 있는 말소리의 성질에 의존한다고 하였다.

≪조선문화어문법규범≫(김일성종합대학출판사)에서는 본딴말을 소리나 모양을 본떠서 나타낸 부사라고 정의하고 어음론과 품사론에서 본딴말의 의미가 말소리의 성질 또는 그것에 대한 느낌과 연결된다고 하였다.

≪조선어리론문법(품사론)≫(과학백과사전출판사)에서는 본딴말을 사물현상의 소리나 모양에서의 특성을 그 어떤 개념이 아니라 직관적인 표상으로 나타내는 단어의 부류로 규정하고 본딴말의 의미를 말소리의 성질, 모음교체, 자음교체 등과 같은 어음론적 현상과 결부시켜 서술하였다.

본딴말의 개념에 대한 이와 같은 규정에서 공통적인 점은 다음과 같다.

첫째, 본딴말의 말소리나 의미의 적선적이며 밀접한 상관성을 강조하였다.

둘째, 본딴말의 의미는 그 어떤 개념에 대응되는 것이 아니라 사물현상의 소리나 모양에 대한 감성적이며 직관적인 표상에 대응되는 것이라는 데 대하여 지적하였다.

셋째, 본딴말의 품사소속을 부사로 보았다.[1]

위에서 본 본딴말의 개념에 대한 해석들은 물론 본딴말의 본질적 특성에 대한 과학적 분석에 기초한 정확한 것이다.

그리하여 우리는 앞에서 본 견해들에 토대하여 본딴말은 사물현상의 소리나 모양에서 나타나는 특성에 대한 감성적인 직관적 표상을 말소리로 모방하여 나타내는 단어부류라고 할 수 있다.

그런데 본딴말에 대하여 이와 같이 정의를 함에 있어서 여러 가지 보다 심화시켜야 할 문제점들이 있다.

본딴말에서의 말소리와 의미의 연계문제, 본딴말의 어휘적 의미의 성

---

1) 여기에서 ≪현대조선어 (2)≫와 ≪문법론≫, 논문 <현대조선어 상징사의 구조적 특성에 대하여>는 제외된다. 이 도서들과 논문에서는 본딴말을 하나의 독자적인 품사인 상징사로 규정하였다.

격문제, 용어 '본딴말' 문제, 본딴말의 영역문제 등은 본딴말의 개념규정에서 반드시 보다 깊이 해명되어야 할 문제들이다.

그러면 이러한 문제들에 대하여 아래로 내려가면서 고찰하여 보기로 한다.


## 제1절 본딴말에서의 말소리와 의미의 연계문제

본딴말에서의 말소리와 의미의 연계문제를 논함에 있어서는 우선 본딴말에서는 보통의 개념대응의 단어들에 비하여 말소리나 의미가 보다 직선적이며 밀접한 상관성을 가진다는 데 대하여 강조되어야 된다.

그것은 의미표현에서 말소리의 성질이나 말소리에 대한 느낌을 이용하는 현상이 보통의 개념대응의 단어들에서보다 본딴말에서 많이 나타나는 것과 관련된다(이 문제에 대해서는 제2장 1절에서 구체적으로 보기로 한다).

그러므로 앞에서 이미 언급한 바와 같이 본딴말에 대하여 논한 모든 조선어학계의 도서들과 논문들에서는 예외 없이 본딴말에서의 말소리와 의미의 밀착성에 대하여 강조하였다.

특히 《조선어문법 (1)》에서는 본딴말의 특성에 대한 서술에서 어음론적 현상과 의미론적 현상이 직선적으로 연결되어 있다는 데로부터 이 두 현상을 따로따로 갈라서 고찰하지 않고 '어음-의미론적 특성'이라는 하나의 현상 속에 용해시켜 서술하였다.

그런가하면 《조선어문화문법규범》에서는 본딴말 조성에서 소리성질의 쓰임에 대하여 서술하면서 본딴말에서는 말소리를 가지고 소리나 모양을 본뜨는 것만큼 말소리와 대상이 직접적으로 관계되고 내적으로 연결된다고 하였다.

그런데 본딴말에서의 말소리와 의미의 연계문제는 그 밀접한 상관성을 강조하는 데만 머무르지 않고 말소리와 의미의 연계의 성격문제까지 바로 밝힐 때에 보다 완전한 해명을 볼 수 있다.

그것은 본딴말의 구조적 특성을 논함에 있어서 말소리와 명명대상이 직접적으로 관계되고 내적으로 연결되어 있다는 사실만을 강조하는 것으로 끝난다면 사실상 본딴말은 언어에서 말소리와 의미의 비필연적인 관계, 자의적 관계에 관한 일반 언어학적 원리의 견지로부터 이탈되는 특수한 부류의 어휘라는 인상을 조성하게 되는 것과 관련된다.

다시 말하여 본딴말 '알락알락'과 '얼룩얼룩'을 놓고 볼 때 'ㅏ'와 같은 낮은 모음(밝은 모음)에는 '작고 선명하고 깜찍하다'는 느낌을 주는 의미가, 'ㅓ'와 같은 높은 모음(어두운 모음)에는 '크고 어둡고 밉다'는 느낌을 주는 의미가 본래부터 내재되어 있는 것처럼 이해되고 더 나아가서는 본딴말에서의 말소리와 의미의 관계는 필연적이며 내적인 관계라는 결론에 도달될 수 있게 하기 때문이다.

그러면 과연 본딴말에서의 말소리와 의미의 연계가 자의적인 것이 아니라 필연적인 성격을 띠는 것인가. 조선어학계에서는 언어에서의 말소리와 의미의 관계는 필연적인 것이 아니라 자의적인 것이 과학적 학설로, 원리로 공인되어 있는데 본딴말에서의 의미와 말소리의 상관관계는 이 원리와 충돌하는 것인가?

물론 그렇지는 않다. 말소리와 의미 사이에 맺어지는 관계가 보통의 개념대응적인 단어에서보다 본딴말에서 보다 직선적이고 밀접하다고 보는 것이 곧 말소리와 의미의 필연적인 연관관계를 인정하고 그 자의적 관계를 부인하는 것은 아니다.

언어에서 말소리와 의미의 연계문제에 대한 논의는 매우 오랜 역사적 시기에 거쳐 벌어져왔다.

유럽의 언어학 발전 역사를 보면 언어에서의 말소리와 의미의 관계문제는 고대 그리스, 고대 로마시기로부터 근대에 이르기까지 하나의 철학상의 문제로 다루어지면서 논의되어 왔으며 이 문제는 과학적이며 진보적인 학설과 신비적인 비과학적학설이 대립되는 초점의 하나로 되어 왔다.

이 논의에서 말소리와 의미의 자의적인 관계를 주장한 것은 과학적인 견해였고 필연적인 관계를 인정한 것은 신비적인 비과학적인 견해였다.

고대 로마제국시기의 작가 아우그스틴은 라틴어 'mel(꿀)'의 부드럽고 연한 말소리는 단 물건임을 나타내고 'acer(철)'의 거친 소리는 굳고 센 물건이라는 것을 나타낸다고 하였다.

19세기에 이르러 일부 유럽의 부르주아 심리주의 언어학자들 속에서 말소리의 상징적 의미에 대한 문제가 제기되었는데 그들은 로만제 언어나 게르만제 언어에서 모음 'ㅣ'는 모음 'au'에 비하여 '보다 작고 가깝다'는 상징정 의미가 내속되어 있다는 식으로 이해하면서 그러한 실례로 영어 'little', 프랑스어 'Ci-La', 독일어 'dies-das'를 들었다.

오늘도 일부 심리주의언어학자들은 선행시기에 유포되었던 말소리와 의미의 필연적 연계를 주장하는 그릇된 견해를 계승하면서 말소리가 인간의 심리에 심어주는 그 어떤 관념, 지각 및 그것에 의하여 일어나는 연상작용이 사람들로 하여금 일정한 말소리에서 공통적인 의미를 체득케 한다고 하면서 언어에서의 말소리와 의미는 필연적이며 내적인 연관관계를 맺는다고 보고 있다. 남(南)의 '표준국어대사전'에서는 상징어를 '소리와 의미의 관계가 필연적인 것으로 여겨지는 단어'라고 하였다.

본딴말의 의미에 대한 이러한 주석은 바로 말소리와 의미의 필연적 관계를 인정한 것으로써 서방의 부르주아 심리주의 언어학의 직접적인 영향이라고 말할 수 있다.

언어에서 말소리와 의미의 필연적 관계에 대한 주장은 지난 시기의 일부 조선어학자들 속에서도 있었다. 그 대표자는 조선어학계에서 본딴말에 대하여 처음으로 언급한 학자라고 볼 수 있는 안자산(1922)이다.

그는 ≪조선문학사 全≫의 부인 편인 <조선어원론>에서 이렇게 썼다.

> "언어의 시초는 동서제국을 막론하고 그 발생원인이 같다. 이로하여 각 나라 말이 서로 같은 계통이 아니라도 서로 같은 말이 많은데 조선어 <똥, 보리, 어느> 등은 영어 <Dung, Barley, Any> 등과 같으며 …또 어린이의 <빠빠(父), 맘마(食母)> 등은 세계가 동일하다."

안자산의 이와 같은 견해는 언어에서 말소리와 의미의 필연적인 연관관계를 인정하는 것이다.

앞에서 본 말소리와 의미의 필연적 관계를 인정하는 견해가 언어적 현상에 대한 피상적인 고찰의 결과로 얻어진 비과학적이며 그릇된 것이라는 점은 어렵지 않게 알 수 있다.

그 부당성은 우선 기원에서 서로 다르거나 거리가 먼 민족어들의 대비과정을 통해 명백히 논증된다.

만일 일부 심리주의적 언어학자들이 주장하는 것처럼 말소리와 의미의 연관관계가 필연성을 띠는 것이라면 일정한 음가를 가진 말소리는 모든 민족어들의 모든 언어적 단위에서 늘 꼭 같은 의미를 가진 것으로 나타나야 할 것이다. 그러나 언어적 사실은 그렇게 되어 있지 않다. 예를 들면 유향자음 [m]가 말소리의 음향학적속성이 아름답기 때문에 조선어 '엄마[emma]', 라틴어 'mel(꿀)', 중국어 '美[mei](아름답다)' 러시아어 'милая[milaia](귀여운, 정든 님)'와 같은 단어들의 어음구성에 참가하였다고 하면 이 말소리가 본래부터 체현하고 있다는 '연하고 달콤하고 부드럽고 아름답다'는 뜻과 전혀 인연이 없는 의미를 가진 조선어 '못[mos]', 중국어 '墨[mo](먹)', 로어 'мерзкий[merzkee](더러운, 나쁜)'와 같은 단어들의 어음구성에도 나타나는 데 대해서는 도저히 설명할 수가 없다.

말소리 구성도 의미도 같은 언어적 요소가 기원이 다른 민족어들에 존재하는 사실도 말소리와 의미의 결합에서의 필연성을 말해주는 근거로 될 수 없다. 그러한 현상은 한 민족어의 언어적 요소가 다른 민족어 속에 흘러들어간 결과거나 우연적인 것이다.

만일 말소리와 의미의 연계가 미리 규정지어져 있기에 다시 말해 필연적인 성격을 띠기 때문에 말소리와 의미가 같은 단어가 서로 다른 민족어들에 존재하게 된다면 세계의 모든 언어들이 민족적 특성이 없는 같은 말로 되어야 한다는 비현실적인 결론에 도달하게 된다. 그것은 언어의 내적측면인 의미가 모든 민족들에서 공통적인 논리적 개념이나 사물현상에 대한 감성적 표상에 기초하고 있는 것만큼 말소리와 의미의 연계가 필연적이라면 의미를 담는 말소리도 같은 것으로 되지 않으면 안 되기 때문이다. 그러나 여러 민족어들을 놓고 보면 가까운 친족관계에 있지 않은 언어들의 경우에는 똑같은 명명대상에 대해서 어음구성이나 표현수법이 차이 있는 말로 이르는 것이 보편적이고 같은 말로 명명하는 것은 매우 드문 현상이다.

그러면 밭곡식의 하나인 보리를 조선어에서 '보리(ㅂㅗㄹㅣ)'라고 하고 영어에서도 조선어 단어와 어음구성이 비슷한 'Barley'라고 한다던지, 똑똑히 모르거나 꼭 집어 말할 필요가 없는 대상을 가리키는 말로서의 뜻을 가진 관형사를 조선어에서 '어느(ㅇㅓㄴㅡ)'라고 이르고 영어에서도 조선어 '어느'와 말소리가 비슷한 'Any'라고 하는 현상을 어떻게 보아야 하는가?

이러한 일치는 자연과 사회에 명명하여야 할 대상 현상들은 무수히 많은데 그에 비하면 그것을 나타내야 할 인간의 말소리는 훨씬 제한되어 있는 사정으로부터 초래된 우연적인 일치일 뿐이며 그 어떤 말소리와 의미간의 연계를 제약하는 합법칙성과는 아무런 인연도 없는 것이다.

언어에서의 말소리와 의미의 연계가 비필연적이며 자의적이라는 것은 또한 같은 하나의 민족어 속에 소리 같은 말, 뜻 같은 말, 다의어의 체계가 존재하는 사실만으로도 충분히 논증된다.

소리 같은 말은 소리는 서로 같으나 뜻은 전혀 다른 단어이다. 하늘에서 내리는 '눈'과 사람의 '눈', 집짐승인 '말'과 사람의 언어인 '말'과 같은 것이다.

뜻 같은 말은 소리는 서로 다른데 뜻이 똑같거나 비슷한 단어이다. '높이다'와 '제고하다', '고요하다'와 '조용하다'와 같은 것이다.

다의어는 일정한 어음구성을 가진 단어로서 둘 또는 그 이상의 뜻을 가진 말이다.

언어의 단어체계 속에 이러한 단어계열이 존재한다는 것은 말소리와 의미의 연계의 필연성에 대한 견해가 부당하다는 것을 논의할 여지가 없이 명백히 말해주는 것이다.

언어에서 말소리와 의미의 필연적 연관을 주장하는 심리주의적 견해의 부당성에 대해서는 조선어의 본딴말을 놓고도 충분히 논증할 수 있다.

조선어에는 '잘잘—졸졸—줄줄', '살살—솔솔—술술', '덜커덕—떨꺼덕—털커덕'과 같은 본딴말 계열이 풍부히 발전되어 있다. 이러한 본딴말 계열에서는 물론 말소리와 의미의 관계가 개념대응의 단어들에서보다 직선적이고 밀접한 관계에 있다고 말할 수 있다. 그러나 이와 같은 경우에조차도 말소리와 의미가 필연적이며 내적인 연관관계에 있다고 할 수 없다.

그 이유는 우선 계열을 이루는 본딴말에서의 말소리와 의미의 연계가 말소리 그 자체의 어떤 음향학적 특성에 의하여서가 아니라 성질에서 차이가 있는 말소리들 사이의 대조적관계로 하여 이루어진다는 데 있다. 모음을 시차적 표식으로 하여 계열을 이룬 조선어 본딴말에서 'ㅏ', 'ㅗ' 계열의 낮은 모음(밝은 모음)이 가지는 '작다', '밝다', '가늘다', '곱다', '귀엽다' 등의 소리느낌은 'ㅓ', 'ㅜ'계열의 높은 모음(어두운 모음)과의 대조관계가 있어 생긴다.

이와 반대로 높은 모음이 가지는 소리 느낌은 낮은 모음과의 대조관계로 하여 이루어진다.

계열을 이루는 본딴말에서도 말소리와 의미의 관계가 필연적인 것이 아니라 자의적인 것으로 되는 이유는 다음으로 단어들 사이의 의미적 차이가 단어들을 구별시키는 시차적 표식으로 되는 개별적 말소리의 음향학적 속성자체에 의해서가 아니라 그것이 참가하여 형성되는 어음복합체의 차이에 의하여서 나타난다는 데 있다. '번들번들'—'뻔들뻔들'—'펀들펀들'과 같은 본딴말 계열을 놓고 볼 때 단어들 간의 의미적 차이가 'ㅂ', 'ㅃ', 'ㅍ'의 차이 때문이 아니라 그 말소리들이 각기 참가하여 이루어진 '번들', '뻔들', '펀들'과 같은 형태부들의 차이에 의하여 생기며 단어들의 시차적 표식으로 되는 말소리들은 단지 형태부조성에 이

용될 뿐이다.

이상에서 우리는 본딴말에서 말소리와 의미의 연계의 성격이 일반적인 개념대응의 단어들에서와 마찬가지로 필연적인 것이 아니라 자의적인 것이라는 데 대하여 보았다. 그러므로 본딴말의 개념규정과 그 해석에서 우리는 말소리와 의미가 직선적으로 밀접히 연관되는 본딴말의 특성에 대해 강조하면서도 그 연계의 자의성에 대하여 명백히 밝혀야 한다.

그래야 본딴말과 같은 어휘부류에 관념론적이며 비과학적인 부르주아적 심리주의 언어이론이 발붙이고 서식할 수 없다.


## 제2절 본딴말의 의미적 특성에 대한 이해에서 나서는 문제

조선어 본딴말에 대한 연구를 심화시키는 데서 중요한 것의 하나는 본딴말의 의미적 특성에 대한 보다 깊은 이해를 가지는 것이다.

적지 않은 조선어 관계 도서들과 논문들에서는 본딴말의 의미는 그 어떤 개념에 대응되지 않고 사물현상의 소리나 모양에 대한 감성적이며 직관적인 표상을 나타내는 특성이 있다는 데 대하여 서술하였다.

본딴말의 의미에 대하여 이처럼 인간의 추상적 인식의 결과인 개념이 아니라 사물현상에 대한 감성적 인식의 한 형태인 표상과 연결하는 것은 물론 본딴말의 본질적 특성에 대한 정확한 과학적 해명이다.

그런데 문제는 본딴말의 의미적 특성을 논함에 있어서 본딴말에 대한 일부 서방 부르주아 언어학자들의 비과학적인 그릇된 외곡을 타파하기 위해서는 본딴말의 의미에 대한 이해를 단순히 사물현상에 대한

감성적인 표상과의 관계 속에서만이 아니라 인간의 추상적 사유과정과
의 연관 속에서 보다 심화시켜야 할 요구가 나선다는 데 있다.

　19세기 유럽의 이성주의적 부르주아 언어학자들은 인간의 사유를 '저
급한 논리 이전의 사유'와 '고급한 논리적 사유'로 나누었다. 그리고 사물
현상에 대한 논리적인 개념에 직접 대응되지 않고 객관세계에 대한 감
성적 인식단계를 거쳐 생겨나는 지각, 표상을 말소리로 모방하여 나타
내는 본딴말과 같은 것을 원시단계 인류의 유치하고 덜 발달된 '논리 이
전의 사유'가 반영된 것으로 보았다.

　이러한 이론은 물론 언어적 사실과 인간의 사유법칙을 완전히 왜곡
한 심히 그릇된 견해에 기초한 것이다.

　그들의 이러한 이논의 부당성은 우선 그것이 인간사유와 언어적 현
상을 관념론적이고 형이상학적인 관점에서 보고 대하는 그릇된 인식론
적견지에서 출발한 것이라는 데 있다.

　사물현상에 대한 감각, 지각, 표상을 말소리로 모방하여 직관적으로
반영한 본딴말과 같은 어휘부류를 덜 발달된 원시인류의 언어 또는 그
잔재라고 본 것은 본질에 있어서 객관세계에 대한 인간의 감각, 경험,
감성적 인식을 '논리이전의 저급한 사유현상'으로 낙인한 데 근거를 두
고 있다. 그런데 이것은 사실상 인간의 사유와 인식활동에서 사람의 이
성만이 지식의 유일한 원천이라고 보면서 감성적 인식이 가지는 중요
한 의의를 부정하는 비과학적인 관념론적 궤변에 지나지 않는다.

　본딴말과 관련된 이성주의적 부르주아 언어학자들의 견해의 부당성은
또한 그것이 언어적 현상에서 구체적인 것과 추상적인 것의 차이만을
일면적으로 절대시하고 그것들 사이의 밀접하고 통일적인 연관을 보지
못한 형이상학적이며 기계론적인 입장에서 출발된 것이라는 데 있다.

이성주의 언어학자들이 본딴말과 같은 언어요소를 '발전되지 못한 언어적 현상'으로 보는 또 하나의 근거는 본딴말의 의미가 구체성만 있고 인식의 높은 단계인 추상적이고 논리적인 일반화가 결여되어 있다고 인정한 데 있다. 그런데 이러한 이해는 본딴말 조성 과정에 생기는 언어적 상징화에 대한 몰이해에서 출발한 것이다. 사물현상의 특성에 대한 언어적인 모방은 단순한 모방이 아니라 상징적 모방이며 그것은 인간사유의 추상적 일반화 과정을 동반한다.

일정한 사물현상의 특성을 어떤 말소리 또는 말소리복합체로 조건적으로 표현하는 과정에 상징되는 것은 개별적인 사물현상만이 아니라 그것들을 일반화한 부류이다. 예들 들면 '지지배배'라는 본딴말에 의하여 상징되는 것은 어떤 개별적인 한 마리의 제비가 지저귀는 소리가 아니라 여러 가지 음향학적 속성을 가질 수 있는 각이한 제비들의 울음소리가 하나의 부류로 일반화된 것이다.

본딴말의 의미가 구체성을 가지면서도 결코 추상성을 배제하지 않을 뿐 아니라 그것과 밀접히 연관되어 있다는 것은 본딴말 체계에 형상적 사유와 연계된 구체적인 것이 논리적사유가 반영된 추상적인 것과 서로 교차되면서 반영된다는 사실을 통하여서도 알 수 있다. 인간의 사유 활동을 놓고 보면 형상적 사유는 늘 논리적 사유와 교차되며 이로부터 인간의 인식과정에서는 형상적 사유의 결과로 얻어지는 직관적인 지각이나 표상이 개념으로 일반화되고 반대로 개념에 토대하여 새로운 감성적인 지각이나 표상이 생기는 과정이 이루어지기도 한다.

이와 같은 현상은 본딴말의 품사전 과정에서 뚜렷이 찾아볼 수 있다. '개구리', '멍멍이', '털털이', '깡충이'와 같은 단어들은 '개굴', '멍멍', '털털', '깡충' 등 사물현상의 소리나 모양에 대한 구체적인 감성적 표상을 나타내는 상징부사에 단어 조성적 뒤붙이 '-이'가 붙으면서 일정한 대상 일반을 나타내는 개념적인 명사로 된 것들이다. 그런가하면 '기울기울', '둥글둥글', '푸릿푸릿', '시들시들'과 같은 본딴말들은 '기울다', '둥글다', '푸르다', '시들다'와 같은 개념적인 동사나 형용사의 말뿌리에 기초하여 만들어져 사물현상의 특성을 감각적으로 표현하는 상징부사들이다.

본딴말과 같은 어휘부류를 발전되지 못한 원시적 언어의 잔재라고 하는 이성주의적인 부르주아 언어학자들의 견해가 가지는 부당성은 다음으로 언어적 요소의 질적 가치를 평가함에 있어서 언어의 표현적 기능을 기본척도로 세우지 않은 데 있다 언어는 표현적 기능을 통해 인간의 가장 중요한 교제수단으로서의 역할을 노는 것만큼 일정한 언어적 요소의 질적가치, 발전수준은 응당 그 표현적 기능이 어떠한가 하는 것이 척도로 되어 규정되어야 할 것이다. 이렇게 보면 본딴말은 결코 덜 발달한 원시적인 언어잔재로 될 수 없다. 본딴말을 논리적인 개념에 대응하는 보통의 어휘들과 비교해보면 그것은 자기의 고유한 표현적 기능을 가지고 언어생활에서 개념적인 일반단어들과 대등한 지위에 있다는 것을 알 수 있다. 사실상 본딴말은 언어생활에서 교제의 목적과 장면에 맞게 옳게 쓴다면 보통의 개념적인 어휘로써는 표현하기 힘든 것을 매우 생동하게 나타낼 수 있다. 특히 인간생활을 구체적인 형상을 통하여 보여주는 문학작품에서 본딴말들은 표현적 질을 높이는 데 매우 효과적으로 이용된다.

본딴말이 우리 인민의 언어생활에서 높은 표현력을 가지고 쓰인 실례로 17세기의 작가 윤선도의 시가작품인 '토끼타령'을 들어볼 수 있다.

> 두 귀는 <u>쫑긋</u>, 두 눈은 <u>도리도리</u>
> 앞발은 <u>잘룩</u>, 뒤발은 <u>깡충</u>
> 꽁지는 모뚝

위의 예에서 쓰인 '쫑긋', '도리도리', '잘룩', '깡충', '모뚝'과 같은 본 딴말들은 토끼의 모습을 가장 함축성 있게 눈으로 직접 보는 것처럼 생 동하게 묘사할 수 있게 하였다. 이러한 표현적 효과는 개념대응의 보통 의 단어들을 써서는 얻기 어려운 것이다.

이상의 몇 가지 사실을 통하여 우리는 본딴말의 풍부한 발전은 언어 의 '열등성'이 아니라 우수성을 특징짓는 중요한 징표의 하나로 된다는 것을 알 수 있다.

19세기 유럽의 이성주의 언어학자들에 의해 제창되었고 오늘까지도 세계 부르주아적 언어학계에 일정하게 유포되어 있는 본딴말에 대한 그릇된 견해는 유럽중심주의적인 인종주의에 바탕을 둔 반동적인 정치 이념을 내포한 것이다. 서유럽의 적지 않은 부르주아 언어학자들은 비 과학적인 사유 발전 단계론을 고안하고 굴절어, 교착어, 포합어, 고립어 의 네 가지 언어유형들 가운데서 오직 유럽인들의 굴절어만이 인간의 가장 고급한 사유과정이 반영된 발전된 언어라고 하면서 아시아, 아프 리카, 아메리카대륙의 여러 민족어들을 발전되지 못한 것으로 모독하였 다. 유럽의 이성주의적 부르주아 언어학자들이 내놓은 본딴말에 대한 그릇된 견해는 바로 유럽의 굴절어들에서 보다 아시아의 교착어들에서 본딴말이 더 발달한 사실을 '교착어에 비한 굴절어의 우월성'을 입증하 는 데 이용하려고 시도한 인종주의적 언어 이론의 한 사조이다. 이 이 론은 그것이 나온 때로부터 오랜 기간이 지난 오늘까지도 의연히 발전 도상나라들, 뒤떨어진 나라들에 대한 제국주의자들의 사상문화적 침투

책동과 민족어 말살정책에 이용되고 있다. 그러므로 우리는 본딴말의 의미적 특성에 대한 이해와 해석에서도 응당 비과학적이며 인종주의적인 이성주의적 부르주아 언어이론을 철저히 배격하여야 하며 본딴말이 풍부한 조선어의 우수성을 높이 발양시키는 입장을 견지하여 나가야 할 것이다.

## 제3절 본딴말의 용어문제

학술용어는 과학, 기술, 문화 등의 분야에 쓰이면서 과학적 개념을 나타내는 어휘이다.

과학적 개념과 그것의 언어적 표현수단으로서의 학술용어의 관계에서는 내용의 측면으로 되는 과학적 개념에 의하여 그 표현형식으로 되는 학술용어의 조성상태가 제약되는 것이 기본관계로 된다.

그러나 학술용어와 과학적 개념 간의 관계는 내용에 의하여 형식이 결정되는 한 방향으로만 이루어지는 관계가 아니다. 일단 조성된 용어는 그것이 나타내는 과학적 개념에 적극적으로 반작용하면서 과학적 개념의 내용을 제약한다. 또한 용어의 조성상태는 용어가 나타내는 과학적 개념의 인식, 교육, 보급 등에 중요한 영향을 미친다. 그러므로 과학, 기술, 문화 등의 분야에서 일정한 과학적 개념을 정식화할 때는 항상 그것의 언어적 표현 형식인 학술용어 제정문제가 함께 나선다.

과학적 개념과 학술용어 간의 이와 같은 관계는 어휘구성 안에서 특정한 한 부류를 이루는 본딴말의 과학적 개념을 정립함에 있어서도 중요하게 나선다. 다시 말해 본딴말이란 어떤 것이며 그것에 대한 정의를 어떻게 내리겠는가 하는 문제에서는 본딴말을 이루는 언어학용어가 어떻게 되어야 하겠는가 하는 문제가 제기된다.

그러면 학계에서 우리가 '본딴말'이라고 부르는 '멍멍', '솨솨', '불긋불긋', '씨물씨물', '허둥지둥' 등과 같은 어휘부류에 대하여 어떤 이름을 붙여왔는가를 살펴보면서 본딴말의 개념을 보다 정확히 드러내어 표현할 수 있는 용어가 어떤 것이 있는가를 보기로 한다.

지금까지 본딴말은 용어 '본딴말'밖에 연구자들에 따라 '상징어(상징부사)', '의성의태어', '흉내말', '시늉말' 등으로 불리고 있으며 이 용어들의 개념은 다음과 같이 규정되어 있다.

▶ 상징어(상징부사)

◦ 소리나 모양을 직접 본떠서 나타내는 말. '졸졸, 빵끗, 칙칙, 폭폭, 어슬렁어슬렁' 같은 것이다(≪조선말대사전≫).

◦ 동물이나 자연의 소리, 사람이나 동물 기타의 움직임이나 상태 등을 상징하여 만든 단어. '찰랑찰랑, 꿀꿀, 솨솨' 같은 것(≪조선말사전≫).

◦ 상징부사란 사물의 소리나 모양을 본떠서 행동, 상태, 성질의 표식을 나타내는 부사이다(≪조선어문법≫).

◦ 상징부사란 소리나 모양 같은 사물현상의 다양한 특성을 직관적 표상에 기초하여 상징적으로 나타내는 단어부류이다.

▶ 의성의태어

−의성어

◦ 사람이나 동물이 내는 소리나 자연계의 소리를 흉내 내서, 될수록 그것과 비슷하게 만든 말. 예를 들면 '솔솔, 좔좔, 쾅쾅……'따위(≪조선말사전≫).

◦ 사물의 소리를 흉내 낸 말. '멍멍, 땡땡, 우당탕, 퍼덕퍼덕' 같은 것이 있다.

◦ 의성어는 자연의 소리를 본떠서 만든 것이다.

◦ 사물의 소리를 모방한 단어를 의성어라고 한다.

◦ 소리를…… 언어형식으로 본떠서 표현하되, 그 언어의 음운체계에 속하는 일정한 부류의 자음이나 모음이 교체되어도 의미변화를 일으키지 않고 뉘앙스 차이만 갖는 자립적 어휘소이다.

**－의태어**

◦ 사물의 생긴 모양이나 행동하는 짓을 흉내내여 만든 단어. 예를 들면 '번쩍번쩍, 느릿느릿……' 따위(≪조선말사전≫).

◦ 사람이나 사물의 모양이나 움직임을 흉내낸 말. '아장아장', '엉금엉금', '번쩍번쩍' 같은 것이다.

◦ 의태어는 대상의 모습을 본떠서 만들어진 것이다.

◦ 사물의 상태나 모양을 모방한 단어를 의태어라고 한다. 의태어는 인간의 오감가운데 청각을 제외한 시각, 미각, 후각, 촉각에 의하여 모방한 단어들을 모두 가리킨다.

◦ 소리 이외의 모양이나 상태를 특정한 음운으로 모방했거나 모방했다고 인식되는 모양 흉내말…… 언어의 음운체계에 속하는 일정한 부류의 자음이나 모음이 교체되어도 의미변화를 일으키지 않고 뉘앙스 차이만을 갖는 자립적 어휘소이다.

▶ **흉내말**

◦ 어떤 소리나 모양 또는 행동을 그대로 본떠서 나타내는 말(≪조선말대사전≫).

∘ 소리나 모양 또는 행동을 흉내 내어 하는 말(≪조선말대사전≫).

∘ 어떠한 사물이나 현상의 모양, 동작 같은 것을 흉내 내는 말. 의성어와 의태어 같은 것이 있다.

∘ 흉내말은 자연계의 소리를 그와 유사한 음성으로 모방하여 관습화한 '소리흉내말'과 소리 이외의 모양이나 상태를 특정한 음운으로 모방했다고 인식되는 '모양흉내말'을 두루 일컫는 특수한 낱말군이다.

▶ 시늉말

흉내말과 같은 뜻의 말이다.

▶ 본딴말

∘ 사물현상의 소리, 모양, 성질, 움직임 등을 말소리로 직접 본떠서 나타내는 단어. '하하', '부엉부엉', '졸졸'과 같이 사람이나 짐승 또는 자연계의 소리를 본떠서 나타내는 소리본딴말과 '씨물씨물', '불긋불긋', '느릿느릿' 등과 같이 사물현상의 모양이나 성질, 움직임을 본떠서 나타내는 모양본딴말이 있다(≪조선말대사전≫).

∘ 소리본딴말−사물현상의 소리를 말소리로 본떠서 나타내는 단어. '호호', '꾀꼴꾀꼴', '땡땡'과 같이 사람이나 짐승이 내는 소리나 자연계의 소리를 본떠서 만든 단어들이다. 교착어에 많으며 우리나라 말에 매우 풍부하게 발달되었다(≪조선말대사전≫).

∘ 모양본딴말−사물현상의 모양, 성질, 움직임을 말소리로 본떠서 만든 단어. '벙글벙글', '무럭무럭', '꾸물꾸물' 등과 같은 것이다. 교착어에 많으며 우리말에 매우 풍부하게 발달되어 있다(≪조선말대사전≫).

이상에서 본딴말을 이르는 용어들과 그것들이 담고 있는 언어학적 개념에 대하여 보았다.

이 고찰을 통하여 우리는 본딴말 용어 문제의 본질이 무엇인가를 이해할 수 있다.

위에서 본 '의성의태어(의성어, 의태어)', '상징어(상징부사)', '흉내말', '시늉말', '본딴말'의 5가지 용어들의 의미는 사실상 큰 차이가 없다. 그것들은 다 말소리로 사물현상이 내는 소리 또는 사물현상의 모양을 모방하여 나타낸다는 점을 본질적인 징표로 하는 언어학적 개념이다.

그러나 이 개념을 나타내는 용어는 앞에서 본 바와 같이 여러 가지이며 이 각이한 용어들은 본딴말의 개념을 표현하는 데서 차이가 있다. 따라서 이 용어들의 언어적 표현형식은 유의적 관계에 있는 연관어의 계열을 이룬다. 그리하여 본딴말의 용어문제는 본질에 있어서 용어의 개념 쪽에서가 아니라 용어의 언어적 표현형식에서 제기되는 문제로써 여러 가지 용어들 가운데서 본딴말의 개념을 나타내는 데 보다 적당한 것을 선택하는 문제로 된다.

본딴말을 이르는 언어학용어도 포함한 모든 학술용어들은 그 사명과 기능으로 하여 될수록 다의적인 것으로 되지 말아야 할 뿐 아니라 뜻 같은 말의 계열을 이루는 것도 좋지 않다. 그러므로 언어학 용어 계열 속에 포함된 뜻 같은 관계에 있는 본딴말 용어들도 그 가운데 어느 하나로 단일화하는 것이 필요하다. 같은 학술적 개념을 나타내는 용어로서 '본딴말', '의성의태어', '상징어', '시늉말', '흉내말' 등이 있고 사용자에 따라 이렇게도 쓰고 저렇게도 쓴다면 본딴말의 개념정립과 언어학분야에서의 교제과정에서 혼란을 피할 수 없을 것이다.

그러면 여러 가지 본딴말 용어들 가운데서 어떤 하나를 선택한다고 할 때 그 선택기준은 무엇이겠는가?

그것은 본딴말을 이르는 용어의 개념, 즉 학술용어적 뜻과 용어조성에 이용된 단어나 형태부자체가 본래부터 가지고 있는 내적인 뜻의 어울림정도이다.

학술용어는 일반적으로 일정한 어휘적 뜻을 지니고 어휘구성 속에 존재하면서 오랜 기간 사람들의 언어생활에 쓰여 오던 일반어적 단어나 형태부들로 조성된다. 그리고 학술용어의 전문어적인 뜻은 흔히 학술용어를 쓰는 전문분야에서 의도적인 약속이나 조절로 용어의 학술적 뜻을 규정하기 때문에 용어를 구성하는 단어나 형태부가 본래부터 가지고 있는 일반어적인 뜻인 내적인 뜻의 확대나 축소 또는 전이 등의 뜻 변화과정을 통하여 이루어진다. 그런데 이 뜻 변화과정은 용어를 구성하는 단어나 형태부의 내적인 뜻이 용어가 나타내야 할 학술적 뜻에 보다 잘 어울리고 접근된 것일수록 순탄하게 이루어진다.

그리하여 학술용어조성에서는 흔히 용어의 구성요소들이 본래부터 지니고 있는 일반어적 뜻과 용어에 새로 부여되는 학술용어적 뜻간의 관계문제, 즉 학술용어를 될수록 나타내야 할 학술적 개념과 밑뜻이 잘 어울리는 것으로 만드는 문제가 나선다.

본딴말의 용어문제는 바로 이러한 각도에서 제기되는 문제이다. 다시 말하면 지금까지 쓰여 오던 본딴말을 이르는 용어들 가운데서 본딴말의 개념을 보다 더 정확하고 명확하게 드러낼 수 있는 밑뜻을 가진 것을 선택하는 문제이다.

그러면 여기에서 용어의 개념과 밑뜻의 어울림정도라는 기준치를 척도로 하여 본딴말을 이르는 여러 가지 용어들을 분석하고 어느 용어가 가장 합당한 것인가를 판단해보기로 한다.

상징어-'상징어'는 본딴말을 이르는 말로 널리 쓰인 용어들 중의 하나인데 필자는 이 용어가 '사물현상의 소리나 모양을 말소리로 모방하여 나타내는 말'이라는 용어의 개념을 나타내는 말로서는 문제성이 있다고 본다.

그 이유는 '상징'이라는 단어의 일반어적인 뜻과 '모방'의 개념이 잘 부합되지 않는다는 데 있다.

무엇을 모방한다고 하는 것은 다른 것을 본떠서 나들거나 옮겨놓는 것을 말하는데, 무엇을 상징한다고 하면 어떤 대상을 조건적으로 표현하거나 표시하는 것을 의미하는 것만큼 '상징'이라는 말을 모방의 뜻을 가진 말로 쓰는 것은 무리한 점이 있다고 본다.

용어 '상징어'가 본딴말의 개념을 나타내는 용어로서는 적당하지 않다고 보는 또 하나의 이유는 무엇을 상징한다고 할 때 상징되는 것이 주로 추상적인 대상이나 개념이며 구체적인 대상이나 개념이 아니라는 데 있다.

약 200여 개의 소설작품(해방전후의 장편소설들과 단편소설들)을 담은 본문자료를 검색한데 의하면 단어 '상징'은 주로 '희망의 상징', '행복의 상징', '승리의 상징', '존엄의 상징', '평화의 상징', '용맹의 상징' 등에서와 같이 추상적인 개념을 나타내는 단어들과 결합되어 쓰이는 것이 경향적이다. '조선의 상징', '이 느티나무는 현촌의 상징이다'에서와 같이 '상징'이 구체적인 대상을 나타내는 단어와 결합하여 쓰이는 일도 있으나 그러한 경우는 많지 않다.

그런데 '상징어'라고 할 때 상징되는 것은 사물현상의 구체적인 소리나 모양이다.

흉내말, 시늉말-'흉내'와 '시늉'은 뜻이 매우 비슷한 말들이다. '흉내'가 들어간 '승냥이가 양의 흉내를 낸다고 양이 될 수 없다'라는 격언과 '시늉'이 들어간 '승냥이가 양의 시늉을 한다고 양이 될 수 없다.'라는 격언은 다 '본성이 악한 자는 아무리 선량한체하여도 그 악독한 본성을 버릴 수 없다'는 말들로서 성구적 뜻에서 공통성이 있다.

차이가 있다면 단지 '흉내'가 들어간 격언에서 보다 '시늉'이 들어간 격언에서 악한 자가 선량한 체하는 행동에 대한 가증스러운 느낌이 더 진하게 표현되는 것일 뿐이다.

이 두 격언의 성구적 뜻이 이와 같이 공통성이 있는 것은 바로 이 격언들의 문자그대로의 뜻 즉 밑뜻이 하나는 '흉내'가, 다른 하나는 '시늉'이 들어갔음에도 불구하고 거의 차이가 없는 것과도 일정하게 관련되는데 이것은 바로 두 단어의 뜻이 매우 비슷하다는 것을 말하여 준다.

그러면 '시늉'과 '흉내'가 기본뜻에서는 같고 의미색깔에서만 약간의 차이가 있는 뜻 비슷한 말의 관계를 맺게 되는 것은 무엇 때문인가?

그것은 이 두 단어들이 다 사물현상을 있는 그대로 나타내는 것을 이르는 말로서의 뜻, 즉 '모사(摸寫)'의 뜻을 갖고 있기 때문이다. 이에 대하여서는 두 단어들의 사전적인 뜻을 대비해보면 명백히 알 수 있다.

≪조선말대사전≫에는 이 단어들의 뜻이 다음과 같이 풀이되어 있다.

> 흉내 : 남이 하는 말이나 동작을 그대로 옮겨서 하는 짓.
> 시늉 : 어떤 동작을 하는 것처럼 흉내를 내여 꾸미는 짓.

그리하여 '흉내말'이나 '시늉말'이 본딴말의 개념을 충분히 드러낼 수 있는 정확한 용어인가 아닌가하는 문제는 결국 '모사'의 뜻을 가진 말로써 말소리에 의한 소리모방이나 모양모방의 현상을 원만히 나타낼 수 있는가 없는가 하는 문제에 귀착된다. 그런데 본딴말에서의 말소리에 의한 사물현상의 소리나 모양의 모방은 결코 어떤 사물현상의 소리나 모양을 그것과 똑같이 재현해내는 것, 즉 무엇을 모사하는 것이 아니다. 동물의 울음소리를 잘 내는 교예사가 꾀꼬리나 고양이의 울음소리와 신통하게 같은 소리를 낸다면 그것이야말로 무엇을 모사하는 것, 다시 말해 흉내이거나 시늉이다. 그러나 본딴말 '꾀꼴꾀꼴'이나 '야옹야옹'은 조선어 음운체계의 제약 속에서 실현되는 언어적 표현이다.

이로부터 우리는 용어 '흉내말'이나 '시늉말'은 다 그 내적 뜻이 용어의 개념과 잘 어울리지 않으므로 본딴말을 이르는 언어학적 용어로서는 적당치 못하다는 결론을 얻게 된다.

<u>의성의태어</u>—'의성의태어'의 개념은 '의성어'와 '의태어'를 하위개념으로 포괄하는 상위개념이다. 다시 말해 '의성어'와 '의태어'는 '의성의태어'와의 관계에서 볼 때 동위관계에 있는 종개념 용어들이고 '의성의태어'는 '의성어'와 '의태어'와의 관계에서 볼 때 상위관계에 있는 유개념 용어이다.

그런데 과학기술분야에서는 상위개념을 이르는 용어로 그 개념 속에 포괄된 하위개념인 종개념을 명명하는 경우가 적지 않다.

언어학분야에서 흔히 본딴말을 본뜨는 대상이 소리인지 모양인지를 구별하지 않고 '의성의태어'라는 하나의 용어로 이르는 것은 바로 그러한 실례이다. 일반적으로 '호호', '지지배배', '땡땡'과 같이 사람이나 동물이 내는 소리나 어떤 물체가 내는 소리를 본떠서 만든 말들도 '의생의태어'라고 하고 '벙글벙글', '무럭무럭', '꾸물꾸물'과 같은 사물현상의 모양을 본떠서 만든 말들도 '의성의태어'라고 한다.

언어학분야에서 이와 같이 본뜬 대상에 관계없이 다같이 '의성의태어'라는 하나의 용어로 본딴말을 이르는 것은 소리본딴말이나 모양본딴말이 무엇을 본떠서 만든 말이라는 점에서의 공통성, 형태구조적 면에서의 공통성이 있는 관계로 이 두 부류의 말들을 하나의 어휘부류로 보고 다루는 언어의식, 언어생활관습이 생긴 것과 관련된다고 볼 수 있다.

본딴말을 소리본딴말이나 모양본딴말인가를 구별하지 않고 '의성의태어'라는 하나의 용어로 이르게 되는 것은 또한 본뜨는 대상자체가 소리와 모양이 동반되는 이중적인 성격을 띠는 것과도 관련 있다.

객관세계에서 일어나는 일련의 운동변화과정에서는 어떤 소리가 나면서 동시에 어떤 모양이 이루어지는 현상들을 볼 수 있는데 이런 현상들을 말소리로 모방하여 나타내는 말들에 대해서는 소리와 모양이 동반된다는 의미에서 '의성의태어'라고도 이를 수 있을 것이다. 이와 같은 본딴말의 실례로 '털썩', '펄럭펄럭'을 들어볼 수 있다. ≪조선말대사전≫에서는 이 본딴말의 뜻을 다음과 같이 풀이 하였다.

> 털썩－① 크고 두툼한 물건이 갑자기 바닥에 떨어지는 소리 또는 모양을 나타내는 말. | 털썩 무너지다.
>
> ② 갑자기 맥없이 둔하게 주저앉거나 넘어지는 모양 또는 그 소리를 나타내는 말. | 그는 바위우에 털썩 앉아 벌렁 드러눕고 말았다.
> (장편소설 ≪열다섯소년에 대한 이야기≫)
>
> ③ 크거나 두툼한 물건이 세게 부딪치는 소리 또는 그 모양을 나타내는 말.
> ⋮
> 펄럭펄럭－① 바람에 가볍게 크게 날리는 모양 또는 그 소리를 나타내는 말. | 치마자락을 메꽃처럼 활짝 펼치고 단발머리카락을 펄럭펄럭 날렸다.
> (장편소설 ≪준엄한 전구≫)

② 좀 걸죽한 액체가 큰 죽방울을 튀기며 세게 끓는 모양 또는 그 소리를 나타내는 말.

'의성의태어'가 용어로서 성립될 수 있는 조건은 다음으로 또한 일부 본딴말의 의미체계 속에 소리와 관련된 뜻과 모양과 관련된 뜻이 갈래뜻으로 자리 잡고 있는 데도 있다.

일부 본딴말들은 처음에는 소리만 관련된 것이었는데 시초 뜻으로부터 전의된 모양과 관련된 뜻이 뜻 체계 속에 생기면서 다의어로 되었다.

실례로 본딴말 '찰싹'을 들 수 있다. 이 어휘는 본래 '파도물결이 바위에 찰싹 부딪친다'에서와 같이 액체가 단단한 물체에 좀 세게 부딪칠 때 나는 소리를 나타내거나 '뺨을 찰싹 때렸다'에서와 같이 좀 얄팍한 물건으로 무엇을 그 넓은 면이 닿게 가볍게 때리는 소리를 나타내는 말이었으나 부딪치거나 때릴 때 두 물체의 면이 달라붙는 데로부터 '땅에 찰싹 엎드려서 기여간다', '비에 옷이 살에 찰싹 붙었다', '그들은 요새 찰싹 붙어다닌다'에서와 같이 소리가 없이 이루어지는 모양을 나타내는 말로도 쓰인다.

용어 '의성의태어'는 이처럼 소리적인 뜻과 모양적인 뜻을 갈래뜻으로 하는 다의적인 본딴말을 이르는 경우에는 어느 정도 논리에 맞는 용어로 된다고 볼 수도 있다.

그러나 조선어 본딴말에는 사물현상의 소리나 모양의 어느 하나만을 나타내는 것이 매우 많다.

실례로 '푸릇푸릇', '흔들흔들', '웅툴불퉁', '번질번질', '반짝반짝', '줄레줄레' 등과 같은 것들은 모양적이고 '땡땡', '우릉우릉', '쩽가당', '땅땅' 등과 같은 것들은 소리적인 것이다.

이와 같은 소리나 모양 중의 어느 하나와만 관련된 것을 '의성의태어'와 같이 본뜨는 대상이 두 가지로 제시된 하나의 용어로 명명하는 것은 명백히 모순적이다.

용어 '의성의태어'는 조선어의 민족어 특성을 살리기 위한 어휘정리사업의 견지에서 보아도 어려운 한자말이므로 고유한 우리말로 정리되어야 할 말이다.

본딴말—우리가 알고 있는 여러 가지 본딴말을 이르는 용어들 가운데서 용어의 개념을 가장 정확하고 명료하게 드러낼 수 있는 말은 '본딴말'이다.

용어 '본딴말'이 '의성의태어', '상징어', '시늉말', '흉내말' 등과 같은 용어들에 비해 본딴말의 개념을 표현하는 데서 제일 적중한 말로 되는 이유는 다음과 같은 점들에 있다.

첫째로 '본딴말'은 민족고유어용어로서 '상징어'나 '의성의태어'에 비하여 알기 쉽고 쓰기에 편리한 말이다.

둘째로 '본딴말'은 그 밑뜻이 용어의 학술적 개념과 제일 가까운 말이다. 용어 '상징어'와의 관계에서 보면 본딴말의 개념을 구성하는 중요한 징표의 하나인 '(사물현상의 소리나 모양을)모방하는 것'을 표현함에 있어서 '상징'은 좀 거리가 멀지만 '본(을)따다'는 꼭 들어맞는다.

'의성의태어'와의 관계에서 보면 '본딴말'은 명명하는 것이 소리적인 것이건 모양적인 것이건 관계없이 이 두 측면을 다 수용할 수 있는 말뿌리를 구성요소로 하기 때문에 '의성의태어'와 같이 용어의 개념과 밑뜻이 모순되는 것과 같은 현상이 없다.

'시늉말', '흉내말'과의 관계에서 보면 '본딴말'에서는 사물현상의 소리, 모양, 성질, 움직임 등을 말소리로 나타내는 과정을 무엇을 있는 그대로 나타내는 모사(摸寫)과정으로 이해할 수 있게 하는 부족점이 극복된다. '모사'와 '본따다(모방)'는 뜻이 비슷하지만 뜻같은 말은 아니다. '모사'는 어떤 현상을 그것과 조금도 다름없이 그대로 재현하는 것이지만 '본따다'는 무엇을 본보기로 하되 그것에 기초하여 그 비슷하게 나들거나 옮겨놓는 것이다.

용어 '본딴말'이 이 용어가 담고 있는 언어학적 개념과 잘 부합되는가 그렇지 않은가 하는 문제에서 논의초점으로 되는 것은 말소리에 의한 사물현상의 모양 모방이 성립되는가 안 되는가 하는 것이다.

일부 학자들 속에서는 '본딴말'이 소리를 모방한 말을 이르는 용어로서는 성립될 수 있지만 모양을 모방한 말을 이르는 말로서는 전혀 동이 닿지 않는다고 말한다. 그들은 말소리로 사람이나 짐승, 물체가 내는 소리는 본뜰 수 있지만 말소리로 모양을 본뜬다는 것은 있을 수 없다고 주장한다.

그러나 이와 같은 논법은 사물현상의 소리나 모양을 말소리로 모방하는 것이 어디까지나 언어적인 표현이라는 입장에 철저히 서지 못한 데서 생긴 것이다.

'본딴말'을 소리본딴말에 대한 용어로만 제한하는 견해의 주장자들 자체도 말소리로 사물현상의 소리를 나타내는 것은 절대적인 모사가 아니라 언어적인 표현이라는 것을 인정하였으며 바로 이러한 데로부터 '흉내말'이나 '시늉어'는 소리본딴말을 이르는 용어로서는 적합하지 않다고 하였다.

그런데 이러한 견해는 소리본딴말에 대한 이해에만 국한되지 말고 모양본딴말에 대한 이해에까지 일관하게 견지되어야 한다. 그렇게 되면 말소리로 사물현상의 모양을 본딴다는 것이 이해할 수 없는 것으로 되지 않을 것이다.

말소리로 모양을 본딴다고 할 때 그것은 일정한 사물현상의 움직임, 상태, 성질 등을 그것에 대한 인간의 표상을 연상시킬 수 있는 소리성질이나 소리느낌을 가진 말소리를 이용하여 언어적으로 표현하는 것이다. 실례로 '땀을 벌벌 흘리다'에서 '벌벌'은 예사로운 느낌을 주는 순한소리자음을 이용하여 '땀을 좀 많이 흘리는 모양'을 언어적으로 나타낸 것이고 '땀을 뻘뻘 흘리다'에서 '뻘뻘'은 몹시 심하다는 느낌을 주는 된소리를 써서 '땀을 매우 많이 흘리는 모양'을 언어적으로 나타낸 것이다.

이상에서 우리는 '본딴말'이 본딴말의 언어학적 개념을 정확하고 명료하게 드러내어 표현하는 제일 과학적인 용어로 되는 근거들에 대하여 보았다.

그런데 이것은 사물현상의 소리나 모양을 말소리로 모방하여 나타내는 말은 어떤 경우에나 반드시 '본따다'를 말뿌리로 하는 용어만으로 되어야 한다는 것을 의미하지는 않는다.

언어생활에서 어휘를 선택, 이용함에 있어서는 일반어는 물론 학술용어도 단어결합관계를 고려해야 할 경우가 있을 수 있다. 용어 '본딴말'의 말뿌리 '본따다'를 놓고 보면 고유어기 때문에 한자말 뒤붙이 '-적(的)'과 잘 결합되지 않으므로 '본딴적의미', '음성(모양)본딴적 의미'와 같은 단어결합이 이루어지기가 힘들다. 이러한 경우에는 '본따다' 대신 '상징'을 써서 '상징적 의미', '음성(모양)상징적 의미'와 같은 표현을 쓸 수 있을 것이다.

## 제4절 본딴말의 영역문제

본딴말의 영역문제는 본딴말의 부류에 어떤 단어들이 포함되는가 하는 문제이다.

이 문제는 본딴말의 개념을 이해하는 데서 나서는 또 하나의 중요하고도 기초적인 문제이다.

본딴말의 영역을 정확히 확정하는 것은 본딴말에 대한 개념이 적용되는 대상의 범위를 잡는 문제로서 본딴말에 대한 연구에서 연구대상, 연구방향 등을 옳게 정하기 위한 중요 요구이다.

오늘 조선어를 모국어로 하는 사람이라면 언어학전문가가 아니라고 해도 '우르릉', '음매', '멍멍', '퉁탕' 등과 같은 사물현상의 소리를 나타내는 말이나 '어슬렁어슬렁', '살금살금', '반짝반짝' 등과 같은 사물현상의 움직임이나 상태를 나타내는 말이 조선어 본딴말의 부류에 들어간다는 것을 쉽게 알 수 있다.

그러나 어휘구성 속에는 그것이 본딴말인지 아닌지를 가늠하기 어려운 것들도 적지 않다.

그리하여 본딴말의 영역문제가 논의되는데 이 문제와 관련하여 특별히 부각되는 점들은 다음과 같은 것들이다.

첫째로 '본딴말 말뿌리＋하다'형의 합성어, '본딴말 말뿌리＋-거리다/ -대다/-이다'형의 파생어의 처리문제.

둘째로 '본딴말 말뿌리＋부사조성 뒤붙이 <-이/-히>'형의 파생어 처리문제.

셋째로 '본딴말 말뿌리＋보통의 개념대응적 말뿌리'형의 합성어 처리문제.

넷째로 '본딴말 말뿌리+명사조성 뒤붙이 <-이>'형의 파생어 처리
문제.

다섯째로 일반개념대응의 단어에서 유래한 파생어 처리문제.

이러한 문제들을 옳게 해명하기 위해서는 본딴말인가 아닌가를 판단
하는 객관적인 기준을 정확히 세우는 것이 중요하다. 무엇에 대하여 판
별하는 모든 일에서 그러하듯이 본딴말인가 아닌가를 식별함에 있어서
도 객관적인 기준이 바로 세워져야 한다.

조선어 본딴말이 ≪조선말대사전≫에는 7,477개, ≪조선말 의성의태
어분류사전≫(중국연변언어연구소)에는 8,286개가 올라있다.

그리고 개별적연구자들의 조사자료에는 그 개수가 8,800개, 3,863개,
3,780개, 4,640개 등 여러 가지로 되어 있다.

자료가 보여 주는 것처럼 조선어 본딴말의 수는 근 9,000개로 되어
있는가 하면 4,000개 정도로 되어 있다.

조선어 본딴말의 수에서 이와 같이 현저한 차이를 보이는 것은 자료
조사의 목적, 자료수집의 적극성 등과도 관련되어 있겠지만 주요하게는
본딴말의 판단기준이 어떻게 세워졌는가에 관계된다.

그러면 본딴말과 보통의 일반어적 단어들을 식별할 수 있는 객관적
인 기준은 무엇인가?

필자는 본딴말을 판별할 수 있는 가장 본질적이고 객관적인 기준은
본딴말에 대한 정의 자체라고 인정한다.

우리는 앞에서 본딴말을 사물현상의 특성에 대한 감성적인 직관적
표상을 말소리로 모방하여 나타내는 말로 정의하였는데 바로 이 정의
는 본딴말의 영역을 확정하는 데서 과학적인 기준으로 된다.

다시 말해 일정한 부류의 단어들을 놓고 본딴말인가 아닌가를 판별

함에 있어서 그것이 사물현상에 대한 직관적인 표상을 말소리로 모방하여 나타내는 말인가 아니면 논리적인 개념을 표현하는 말인가 하는 것을 기본척도로 삼을 수 있다.

그러면 이와 같은 기준, 척도에 기초하여 위에서 본 본딴말의 영역확정문제와 관련하여 주요하게 나서는 문제들에 대하여 차례로 내려가면서 보기로 하자.


1. '본딴말 말뿌리＋하다'형 합성어,
  '본딴말 말뿌리＋－거리다 / －대다 / －이다'형의 파생어

조선어에서는 본딴말 말뿌리에 동사 <하다>가 붙어서 합성어가 만들어지거나 본딴말 말뿌리에 뒤붙이 '-거리/-대/-이'가 붙어서 파생어가 만들어지는 단어조성과정이 매우 생산적이다.

  ○ '본딴말 말뿌리＋하다'형의 실례
  가굴가－가굴가굴하다          덜렁덜렁－덜렁덜렁하다
  간들간들－간들간들하다        몽실몽실－몽실몽실하다
  나들나들－나들나들하다        방끗－방끗하다
  아글타글－아글타글하다        점버덩－점버덩하다
  조골조골－조골조골하다

  ○ '본딴말 말뿌리＋－거리다'형의 실례
  종알종알－종알종알거리다      지분지분－지분지분거리다
  짭짭－짭짭거리다              쫄러덩－쫄러덩거리다
  치근치근－치근치근거리다

◦'본딴말 말뿌리＋－대다'형의 실례

캐드득－캐드득대다　　투덜－투덜대다

한들－한들대다　　　　해죽－해죽대다

해들－해들대다　　　　획획－획획대다


◦'본딴말 말뿌리＋－이다'형의 실례

깜박－깜박이다　　　　반짝－반짝이다

펄럭－펄럭이다　　　　되똥－되똥이다

뒤뚝－뒤뚝이다

지금까지 나온 주요문법서들인 ≪문화어문법규범≫, ≪조선어문법 (1)≫, ≪현대조선어 (2)≫, ≪조선어리론문법(품사론)≫ 등을 비롯한 많은 언어학 관계도서들에서는 '땅땅', '쿵쿵', '바글바글', '아롱다롱' 등과 같은 순수 상징부사적 구조로 된 것만을 본딴말로 다루고 본딴말을 말뿌리로 하여 조성된 '－하다'형이나 '－거리다/－대다/－이다'형의 단어들은 본딴말의 범위에 포괄시키지 않았다.

그러나 일부 연구자들 속에는 이 부류의 단어들을 본딴말의 계열에 넣고 있다.

이와 같이 본딴말의 폭을 넓히는 견해는 일정한 본딴말 말뿌리와 그것에 '하다'나 '－거리다/－대다/－이다'가 붙어서 조성된 동사나 형용사 사이에 어휘적 의미에서의 공통성이 있다는 점에 이끌린 나머지 본딴말과 비본딴말을 구별시키는 본질적이며 객관적인 표식을 고려하지 않은 것이다.

이미 앞에서 말한 바와 같이 본딴말과 비본딴말을 구별시키는 본질적 표식은 표상대응적인 것인가 아니면 개념대응적인 것인가 하는 데 있다. 사물현상에 대한 감각에 기초한 직관적 표상만을 나타낸다면 본딴말이고 사물현상에 대한 개념을 표현한다면 비본딴말이라는 견지에 선다면 '본딴말뿌리＋하다, -거리다/-대다/-이다'형의 단어부류가 결코 본딴말의 부류에 들어갈 수 없다. 이렇게 말할 수 있는 근거는 이 부류의 단어들은 문장이나 단어결합 속에 들어가면 맺음형, 이음형, 꾸밈형, 규정형 등의 형태를 취하면서 서술성, 즉 서술적 기능을 노는 특성을 띤다는 데 있다.

이와 관련된 실례 몇 개를 아래에 들어본다.

> ◦ 싱글벙글하다 - 영수가 너무 좋아 싱글벙글<u>하였다</u>.
> 　　　　　　영수가 싱글벙글<u>하며</u> 마주온다.
> 　　　　　　영수가 싱글벙글<u>할수록</u> 분회는 약이 올랐다.
> 　　　　　　영수가 싱글벙글<u>하는</u> 얼굴로 나를 맞아주었다.
>
> ◦ 펄럭거리다 - 붉은기가 펄럭<u>거린다</u>.
> 　　　　　　붉은 기가 펄럭<u>거리며</u> 휘날린다.
> 　　　　　　붉은기가 펄럭<u>거리는</u> 대회장.
> 　　　　　　붉은기가 펄럭<u>거리도록</u> 기수는 힘차게 달리였다.
>
> ◦ 달랑대다 - 방울이 달랑<u>댄다</u>.
> 　　　　　　달랑<u>대는</u> 방울.
> 　　　　　　머리꽁댕이를 달랑<u>대며</u> 뛰여오는손녀.
> 　　　　　　머리꽁댕이가 달랑<u>대도록</u> 도리질하는소녀.
>
> ◦ 출렁이다 - 파도가 출렁<u>인다</u>.
> 　　　　　　황금파도 출렁<u>이는</u> 농장벌.
> 　　　　　　담긴 물이 출렁<u>이도록</u> 통을흔든다.

본딴말을 말뿌리로 한 '-하다/-거리다/-이다'형의 동사나 형용사가 이처럼 서술성을 띤다는 것은 이 단어들이 표상대응의 본딴말로부터 개념대응적인 보통의 단어로 되었음을 의미한다.

문장에서 서술적 기능을 노는 특성, 즉 서술성을 가진 단어의 의미에는 일정한 사물현상에 대하여 무엇이라고 긍정하거나 부정하는 사유형식 다시 말해 어떤 사물현상에 일정한 속성이 있는가 없는가를 긍정 또는 부정하는 사유형식인 판단의 결과가 반영된다. 예를 들면 '가물가물하다'에는 본딴말 말뿌리가 나타내는 뜻인 '작고 약한 불빛 같은 것이 사라질 듯 말 듯 움직이는 모양'이 현실에 있다는 것을 긍정하는 판단이 주어져있다.

그런데 논리적인 판단의 결과로 얻어지는 것은 인간사유의 한 형식 또는 그러한 사유의 결과로 얻어지는 인식의 성과인 개념이다.

그러므로 사전 같은 데서는 '가물가물'은 본딴말의 주석방식에 따라 '<약한 불빛이 사라질 듯 말 듯 움직이는 모양>을 나타내는 말'로 풀이하지만 '가물가물하다', '가물가물거리다', '가물가물대다'에 대해서는 다른 보통의 개념대응의 동사들의 주석방식에 따라 각각 '약한 불빛이 사라질 듯 말 듯 자꾸 움직이다', '자꾸 가물가물하다', '잇달아 자꾸 가물가물하다'와 같이 주석한다.


2. '본딴말 말뿌리＋부사조성 뒤붙이〈－이／－히〉'형의 파생어

조선어부사조성에서 '본딴말 말뿌리＋<－이／－히(부사조성 뒤붙이)>'식의 부사파생과정도 비교적 활발하다.

　　실례 :
　　◦ '본딴말 말뿌리 ＋ <－이>'형
　　　갸웃－갸웃이　　　　거밋거밋－거밋거밋이
　　　나붓－나붓이　　　　냠냠－냠냠이

| | |
|---|---|
| 담쏙 – 담쏙이 | 듬뿍 – 듬뿍이 |
| 모도록 – 모도록이 | 멀뚱멀뚱 – 멀뚱멀뚱이 |
| 발쭉 – 발쭉이 | 빙긋 – 빙긋이 |
| 해발딱 – 해발딱이 | 오똑 – 오똑이 |
| 옴똑 – 옴똑이 | 우묵 – 우묵이 |
| 상긋 – 상긋이 | 조뼛 – 조뼛이 |
| 쟁쟁 – 쟁쟁이 | 척척 – 척척이 |
| 철러덕 – 철러덕이 | |

◦ '본딴말 말뿌리 + <–히>'형

| | |
|---|---|
| 콜콜 – 콜콜히 | 통통 – 통통히 |
| 톡톡 – 톡톡히 | 푸근푸근 – 푸근푸근히 |
| 하부룩 – 하부룩히 | 시시콜 – 시시콜콜히 |

본딴말 말뿌리에 부사조성 뒤붙이 '–이/–히'가 붙으면서 이루어지는 파생어를 Ⅱ유형, '본딴말 말뿌리+<하다/–거리다/–대다/–이다>'형을 Ⅰ유형이라고 하고 이 두 유형을 비교하여 보면 Ⅱ유형이 Ⅰ유형보다 의미적면에서 본딴말과 보다 가깝다고 할 수 있을 것이다.

그것은 품사적견지에서 볼 때 본딴말과 거기에서 파생된 말의 관계가 Ⅰ유형의 경우에는 이질적인 두 가지 품사, 즉 상징부사와 동사나 형용사의 대립관계로 되지만 Ⅱ유형의 경우에는 동질적인 같은 품사들, 즉 다 같은 부사들 간의 관계로 되기 때문이다.

그러나 Ⅱ유형의 부사 역시 본딴말의 영역을 확정하는 견지에서 보면 본딴말의 부류에 들어가지 않는다.

비록 본딴말을 말뿌리로 하고 있으나 부사조성 뒤붙이 '–이/–히'가 붙으면 해당 단어에서는 벌써 서술성이 부여되면서 의미의 개념화가 이루어지며 따라서 그 의미의 성격이 상징부사적인 것이 아니라 일반부사적인 것으로 된다.

《조선말대사전》에서 아무런 형태변화도 하지 않는 순수 본딴말로 된 상징부사에 대해서는 '……소리 또는 모양을 나타내는 말.'로 풀이 하고 있으나 본딴말 말뿌리에 부사조성 뒤붙이 '-이/-히'가 붙은 것은 '……게/……하게'식으로 풀이하고 있다.

> 실례 :
> 가붓가붓 – 여럿이 다 좀 가벼워 보이거나 매우 가벼워 보이는 모양을
>   나타내는 말.
> 가붓가붓이 – 가붓가붓하게.
> 모도록 – 남새나 풀같은 것의 싹이 빽빽하게 나서 볼록한 모양을 나타
>   내는 말.
> 모도록이 – 모도록하게.
> 주뼛 ① 물건의 끝이 빨게 비쭉 솟아나는 모양을 나타내는 말.
>   ② 입술을 비쭉 내미는 모양을 나타내는 말.
>   ③ 두렵거나 호젓하여 머리카락이 비쭉 일어서는 모양을 나타내
>   는 말.
> 주뼛이 – 주뼛하게

사전뜻풀이에서 이와 같은 방식을 취하는 것은 바로 본딴말을 말뿌리로 하고 있지만 거기에 부사조성 뒤붙이 '-이/-히'가 덧붙으면 개념대응적인 보통의 일반부사로 되어버리기 때문이다.


3. '본딴말 말뿌리＋보통의 개념대응적 말뿌리'형의 합성어

'멍멍＋개', '꿀꿀＋돼지', '보슬＋비', '복술＋강아지' 등과 같은 본딴말 말뿌리에 보통의 개념 대응적 말뿌리가 합쳐져서 이루어진 합성어들도

있다.

이러한 단어들은 본딴말의 영역문제를 논함에 있어서 큰 논의 없이 본딴말에 포괄시킬 수 없다고 단언할 수 있다.

위에서 실례로 보인 단어들에서 앞의 규정부분은 본딴말이고 뒤의 규정받는 부분은 개념대응의 보통의 단어인데 조선어 합성어에서 의미 중심이 규정을 받는 뒤의 말뿌리에 있는 것만큼 합성어 전체는 본딴말이 될 수 없다.


## 4. '본딴말 말뿌리＋명사조성뒤붙이 ＜－이＞'형의 파생어

명사조성뒤붙이 '－이'의 단어조성 기능은 매우 다양하다.

용언적인 말줄기에 붙어서 그 의미적 내용과 관련된 특성을 가진 사람을 나타내는 명사를 이루거나(갓난이, 젊은이……) 타동사적 말뿌리에 붙어서 도구, 수단, 물건, 과정적인 것 등을 나타내는 명사를 이루거나(손잡이, 못뽑이, 고기잡이……) 자동사적 말뿌리에 붙어서 과정적인 현상을 나타내는 명사를 이루거나(해돋이, 모살이……) 또는 형용사적 말뿌리에 붙어서 그것이 표현하는 성질적 특성을 나타내는 명사(길이, 넓이, 높이……)를 이룬다.

뿐만 아니라 명사조성 뒤붙이 '－이'는 상징부사의 뒤에 붙어서 그것이 나타내는 소리나 모양을 특성으로 하는 명사를 이루기도 한다.

> 실례 : 딸랑이(딸랑＋－이),  꿀꿀이(꿀꿀＋－이),  뚱뚱이(뚱뚱＋－이),
> 짝짝이(짝짝＋－이),  깜깜이(깜깜＋－이),  개구리(개굴＋－이),
> 매미(맴＋－이)

본딴말의 영역문제와 관련하여 이러한 단어들을 논한다면 앞의 경우와 마찬가지로 역시 본딴말의 부류에 넣을 수 없다.

앞에서 본 '본딴말 말뿌리+<하다, -거리다/ -대다/ -이다>'형 단어나 '본딴말 말뿌리+부사조성 뒤붙이 <-이/ -히>'형의 단어가 서술성을 가지는 것으로 하여 개념대응적인 보통의 단어가 된다면 명사조성 뒤붙이 <-이>가 붙은 경우에는 단어가 대상성을 가진 단어로 됨으로써 본딴말로부터 개념대응적인 단어로 전환된다.

대상성은 행동이나 성질의 주체나 객체로 되는 대상임을 나타내는 단어들이 가지는 특성으로서 정해진 문법적 형태를 가진다. 조선어에서 명사, 대명사, 수사 등 체언이 가지는 기본특성으로서 격토가 붙는 특성에 의해서 특징이 지어진다.

## 5. 일반개념대응의 단어에서 파생된 본딴말다운 말

조선어의 본딴말처럼 느껴지는 부사들 가운데는 개념대응적인 동사, 형용사, 명사, 부사들로부터 파생된 것들이 적지 않다.

실례 :

| 동사파생형 | 형용사파생형 | 명사파생형 |
|---|---|---|
| 기울다-기울기울 | 푸르다-푸름푸름 | 두루-두루두루 |
| 딩굴다-딩굴딩굴 | 둥글다-둥글둥글 | 둘레-둘레둘레 |
| 흔들다-흔들흔들 | 시들다-시들시들 | |
| 머물다-머뭇머뭇 | | |
| 더듬다-더듬더듬 | | |

이러한 부류의 단어들은 개념대응적인 보통의 동사나 형용사, 명사 등에서 파생된 것이기는 하지만 본딴말의 부류에 포함시킬 수 있다.

그것은 이러한 단어들은 그 어떤 서술성이나 대상성이 없으므로 개념을 나타내지 않으며 사물현상에 대한 감성적 표상만을 나타내기 때문이다.

또한 그것은 이 파생어들이 어음구성, 형태적 구조 등에서 고유한 순수본딴말과 공통성이 있기 때문이다.

그러면 어찌하여 보통의 개념대응적인 단어에서 파생된 말이 사물현상에 대한 개념이 아니라 인간의 표상 즉 인간의 감성적 인식의 결과를 나타내는 말로 되는가?

그것은 객관세계에 대한 인간의 인식활동에서 논리적인 사유와 형상적 사유가 호상 교차되는 관계에 있는 것과 관련된다. 객관세계에 대한 인간의 추상적 인식의 결과는 그 형성의 기초로 되는 사물현상의 외적측면, 외적속성을 일반화한 표상과의 관계 속에서는 본질을 반영한 개념으로 되지만 보다 높은 단계의 추상과정이 이루어짐에 있어서는 표상적인 것으로 될 수 있는 것이다.

그리하여 사전들에서 '기울다', '둥글다'에 대해서는 각각 '수평이나 수직이 되지 못하고 한쪽으로 비뚤어지거나 한쪽으로 낮아지다', '누워서 이리저리 굴다'와 같이 개념적인 뜻풀이를 하지만 이 단어들에서 파생된 '기울기울', '딩굴딩굴'에 대하여서는 각각 '물체가 이리저리 기울어지는 모양을 나타내는 말', '누워서 자꾸 이리저리 굴러다니는 모양을 나타내는 말'과 같이 본딴말식 뜻풀이를 하고 있다.

# 제2장 조선어 본딴말의 의미구조

조선어 본딴말의 의미적 특성은 다음과 같은 점들에서 두드러진다.

첫째, 단어에서 말소리와 의미가 보다 직선적이고 밀접한 상관관계를 가진다. 단어의 말소리 구성상태가 의미에 직접적으로 반영된다.

둘째, 말뿌리의 반복형식에 의해 여러 가지 양태적 의미들이 표현된다.

셋째, 다의어에서 표식의 유사성에 기초한 전의과정이 기본으로 되고 보통의 단어들에 비해 의미체계가 넓고 다면적이며, 비유적인 전의가 많다.

동음이의어(소리같은말)의 계열에서는 어휘론적 동음이의어, 즉 절대적 동음이의어만이 존재한다.

동음어(뜻같은말)의 계열에서는 절대적 뜻 같은 말이 원칙적으로 존재하지 않으며 의미분화적 동의어들이 기본으로 된다.

그러면 아래에 내려가면서 본딴말의 이와 같은 의미적 특성이 실현되는 구체적 양상에 대해 고찰하기로 한다.

# 제1절 말소리와의 밀접한 대응관계에서의 의미 실현

본딴말에서는 의미가 말소리와 보다 직선적이고 밀접한 상관관계 속에서 실현되며 이러한 의미실현과정에는 말소리의 음향학적 성질과 관련된 것, 말소리에 대한 소리느낌과 관련된 것의 두 가지 유형이 있다.

## 1. 말소리의 음향적 성질과 관련된 의미실현

본딴말에서 단어의 의미와의 관계 속에서 논의하게 되는 말소리의 성질이란 어떤 사물현상을 연상시키는 말소리의 음향학적 특성을 말한다.

예를 들면 '땡땡'에서 종을 때리는 것을 연상시킬 수 있는 말소리 'ㄸ'의 음향학적 특성 또는 종을 칠 때 소리가 울려나는 것을 연상시키는 말소리 'ㅇ'의 음향학적 특성과 같은 것이다.

본딴말에서 말소리의 음향학적 성질에 대응하여 생기는 사물현상의 연상과정은 물론 말소리와 의미가 그 어떤 필연적 연관이 있어서 이루어지는 것은 아니다. 그것은 어디까지나 언어를 사용하는 민족성원들 속에서 역사적으로 형성된 어음적 기호에 대한 사회적이며 민족적인 언어의식에 기초한 것이다.

조선어 본딴말에서 말소리의 음향학적 특성에 대응되면서 의미가 실현되는 과정은 자음에서 활발하고 모음에서는 매우 드물다.

### 1) 자음의 성질과 관련된 의미실현

자음의 음향학적 특성에 대응되며 의미가 실현되는 과정은 사물현상의 소리 또는 소리나 모양 모방과 관련된 것과 사물현상의 모양 모방과 관련된 것이 있다.

(1) 사물현상의 소리 또는 소리나 모양 모방과 관련된 의미의 실현

본딴말에서 소리 또는 소리나 모양 모방으로 이루어지는 의미실현과정은 사물현상이 내는 자연적인 소리와 말소리의 음향학적 특성의 유사성에 기초하여 이루어지는데 이 과정에는 본딴말의 상징적 의미가 단어를 구성하는 어음복합체 중의 어느 한 개별적 음운과만 관계되는 경우와 단어의 어음복합체 전체와 관계되는 경우가 있다.

그러면 이 두 경우를 각각 고찰하여 보기로 한다.

△ 본딴말의 상징적 의미가 개별적 음운과의 대응관계에서 실현되는 경우

조선어 소리본딴말에서 개별적음운의 음향학적 특성으로부터 단어의 음성상징적 의미가 실현되는 현상의 전형적인 것으로서 다음과 같은 것들을 들 수 있다.

○ 코안소리 'ㅇ'이 단어 끝에 오면서 그 음향적 성질로 하여 '무엇이 흔들리거나 울리는 소리'의 의미를 나타낸다.
실례 :
• 딸그랑
얇고 작은 쇠붙이 같은 것이 부딪칠 때 세게 울리여 나는 소리를 나타내는 말. | 소방울의 <u>딸그랑</u> 소리.(≪조선말대사전≫)

• 웽거덩
큰 쇠붙이들이 함부로 마구 부딪치는 소리를 나타내는 말. | 차에 실린 파철들이 <u>웽거덩</u> 소리를 내며 흔들린다.(≪조선말대사전≫)

• 우르릉

① 우레 같은 것이 가까이에서 요란스럽게 울리는 소리를 나타내 말.
| 성벽처럼 우중충하게 둘러선 수림너머 먼 남쪽하늘가에서 우레소리 같
은 것이 <u>우르릉</u>…<u>우르릉</u>…울려왔다. 무서운 재난의 예고처럼…

(장편소설 ≪붉은 산줄기≫)

② 무엇이 무너지거나 폭발물이 터지며 요란스럽게 울리여나는 소리를
나타내는 말. | 불길에 싸인 주재소가 <u>우르릉</u> 소리를 내며 무너졌다. 포대
우에서 시뻘건 불기둥이 솟아오르고 뒤따라 땅을 뒤흔드는 폭음이 울렸다.

(장편소설 ≪준엄한 전구≫)

③ 마력이 큰 발동기 같은 것이 세차게 돌아가면서 요란스럽게 울리
여 나는 소리를 나타내는 말. | 벌써 공장에서는 발동기들의 세찬 우르릉
소리가 우레소리처럼 울려오고 있었다.

(≪력사의 대하≫)

• 붕붕

① 막혔던 가스나 공기가 맥없이 터져 나오거나 문풍지 같은 것이 떨
릴 때 잇달아 나는 소리 또는 그 모양을 나타내는 말. | 세찬 눈보라는
강기슭오두막집 거적문을 흘쩍 들추고는 언눈을 한가래 부엌에 퍼넣고
도망치기도 했고 가게방집의 안으로 닫아건 문틈으로 회오리쳐 들어가
며 <u>붕붕</u> 문풍지소리를 울리기도 했다.

(장편소설 ≪첫기슭에서≫), (≪조선말대사전≫)

② 벌과 같은 날짐승이 날 때 잇달아 나는 소리 또는 그 모양을 나타내
는 말. | 이른 아침, 창문밖 꽃밭에서 그 특유한 꽃가루가 아릿한 향기를
풍기고 벌써 잠을 깬 꿀벌들이 <u>붕붕</u> 귀전을 맴돌고 추녀 끝에서 구구구
비둘기가 깃을 다듬는 가벼웁고 소심한 음향이 들리고 창가에 드리운 은
행나무에서 이슬이 이마전에 떨어질 때 리명철은 흡족한 미소를 지었다.

(조선단편집)

③ 자동차, 배 같은 것이 경적을 잇달아 울릴 때 울리여 나는 소리를 나타내는 말. | 배는 고동을 <u>붕붕</u> 울리며 출발했다.

• 빵
① 요란하게 갑자기 터지는 소리를 나타내는 말. | 자동차바퀴가 <u>빵</u> 터지다.

(≪조선말대사전≫)

② 차가 경적을 울리는 소리를 나타내는 말. | <u>빵</u>―<u>빵</u>―무엇인가 걱정하면서도 자기를 빨리 나와 승용차에 오르라고 부르는 것 같은 맏오빠의 엄한 요구가 담겨져 있는 그 경적소리.

(장편소설 ≪력사에 묻다≫)

③ 구멍이 또렷하게 뚫어지는 소리를 나타내는 말. | 아닌 게 아니라 널찍이 패여진 구새통 밑창 컴컴한 구석 쪽에 <u>빵</u> 하니 옆전잎만한 구멍이 뚫여져있다.

(장편소설 ≪무성하는해바리기들≫), (≪조선말대사전≫)

④공 같은 것을 힘껏 차는 소리를 나타내는 말. | 영식은 우측공격수에게 공을 길게 <u>빵</u> 차서 넘겨주었다.

(≪조선말대사전≫)

○ 막힘소리 'ㄱ', 'ㅂ', 'ㄷ'이 단어 끝에 오면서 그 음향적 성질로 하여 '울리지 않고 멎는 소리'의 의미를 나타낸다.
실례 :
―'ㄱ'이 단어끝에 오는 경위의 예
• 절벅
옅은 물이나 진창을 마구 밟거나 칠 때 나는 소리를 나타내는 말. | 강바닥에서 무엇이 <u>절벅</u>소리를 내서 가보니까 큰 고기란 놈이 기슭에 나붙어서 꼬리를 치는 것이였다.

• 뚜벅

발을 크게 내짚을 때 여운이 없이 갑자기 끊어지듯 나는 소리를 나타
내는 말. | 순사가 두리번두리번하고 <u>뚜벅</u>소리를 내며 들어와서 저편 차
간으로 지니간 뒤에 조금 있으려니까 누런 양복바지를 옹구바지로 입고
작달만한 키에 구두 끝까지 내려오는 길다란 환도를 끌면서 조선사람의
헌병보조원이 또 들어왔다.

(중편소설 <인력거군>)

• 툭

갑자기 가볍게 끊어지거나 부러지는 소리 또는 그 모양을 나타내는
말. | 수재는 웃으면서 스스럼없이 창국의 어깨를 <u>툭</u> 소리가 나게 쳤다.

－'ㅂ'이 단어 끝에 오는 경위의 예

• 쩝쩝

입맛을 다시거나 음식을 마구 먹을 때 짧게 끊어지며 나는 소리를 나타내
는 말. | '식사시간! 얌전히 먹어요 착한 어린이 <u>쩝쩝</u>소리를 내지 말구요'

(장편소설 ≪력사의 대하≫)

눈앞에 짐승을 보면서도 쏘지 못하는 통분함에 그는 주먹으로 무릎을
지그시 누르며 입만 <u>쩝쩝</u> 다셨다.

(장편소설 ≪서해전역≫)

－'ㄷ'이 단어 끝에 오는 경위의 예

• 쯧쯧

마음이 언짢거나 못마땅하여 가볍게 잇달아 혀를 찰 때 짧게 끊어지며
나는 소리를 나타내는 말. | 천세봉은 자리에 앉지도 않고 손짓부터 하였
다. '아니 말 한마디 안 해보고 <u>쯧쯧</u>…'

(장편소설 ≪전환≫)

'이 령감이 이래뵈도 젊었을 적엔 재간있는 소목이였다네. 불깍쟁이령

감한테 그 손이 아깝기는 하지만.' '쳇, <u>쯧쯧쯧</u>.' '불깍쟁이'는 혀를 찼다.
(장편소설 ≪불구름≫)

○ 터침소리 '떠', 'ㅃ', 'ㄲ'이 단어의 첫머리에 오면서 그 음향학적
성질로 하여 '시작이 뚜렷하거나 갑작스럽거나 마찰되거나 고르롭지 못
한 소리'의 의미를 나타낸다.

실례 :

－'떠'이 단어의 첫 머리에 오는 경위의 예

• 땅땅

① 총알 같은 것이 잇달아 터져 나올 때 나는 요란하고 여무진 소리를
나타내는 말. | 떡을 좀 해가지고 왔는데 경찰놈들이 담장 밖과 정문 앞
을 에워싸고 서서 총질을 <u>땅땅</u>하지 않아요.
(장편소설 ≪유격구의 기수≫)

② 작은 쇠붙이나 딴딴한 물건이 세게 자꾸 부딪칠 때 잇달아 야무지게
나는 소리 또는 그 모양을 나타내는 말. | 판관은 그제야 '으흠'하고 외마디
기침을 깆더니 담뱃대를 놋화로전에 <u>땅땅</u> 두들겼다.
(고전소설 ≪황백호전≫)

• 딱

단단한 물건이 서로 부딪치거나 부러질 때 여무지게 나는 소리를 나타
내는 말. | 주인 텁석부리가 장기 쪽으로 판을 <u>딱</u> 치며…
(장편소설 ≪계명산천은 밝아오느냐≫)

• 때각

단단하고 작은 물건이 가볍게 서로 닿거나 부딪칠 때 또렷하고 짧게
나는 소리 또는 그 모양을 나타내는 말. | 웃방에서는 장기를 두는 <u>때각</u>
소리가 밤새도록 났다.

—'ㅃ'이 단어의 첫 머리에 오는 경위의 예
• 뽀드득
① 이발을 세게 갈거나 굳은 것을 씹을 때 매우 되알지게 나는 소리를
나타내는 말. | 악다구니가 한동안 왔다갔다 했다. 나의 입에서 <u>뽀드득</u> 소
리가 세 번째 거듭 났을 때 나는 쿠르르 끓어오르는 피소리를 들었다. 그
리고 '억'소리와 함께 수리개처럼 덮치고 말았다.

(단편소설 &lt;창백한얼굴&gt;)

② 약간 다져진 눈을 밟을 때 야무지게 나는 소리를 나타내는 말. | 발
밑에서 <u>뽀드득뽀드득</u> 눈이 다져지는 야무진 소리가 났지만 바람소리때
문인지 너무나 당황해선지 녀대원은 그냥 무엇을 찾고 있었다.

(장편소설 ≪고난의 행군≫)

• 뿍뿍
① 몹시 거칠게 자꾸 긁거나 문대는 소리 또는 그 모양을 나타내는
말. | 한상도가 '뭣하러 왔느냐, 가겠으면 가란말이야…'하고 부르짖더니
돌아와서 주먹으로 눈물을 <u>뿍뿍</u> 훔치였다.

(장편소설 ≪생명수≫)

② 질긴 천이나 가죽 같은 것이 마구 세게 째지는 소리 또는 그 모양
을 나타내는 말. | 옷이 나뭇가지에 걸려 <u>뿍뿍</u> 찢기였다.

—'ㄲ'이 단어의 첫 머리에 오는 경위의 예
• 꽝
① 무겁고 단단한 물건이 바닥에 떨어지거나 부딪쳐 요란스럽게 울리
는 소리를 나타내는 말. | 그는 '갱생'차의 문짝을 <u>꽝</u> 후려닫고 출입문안
에 급히 들어왔다.

(장편소설 ≪전환의 년대≫)

② 총포를 쏘거나 폭발물 같은 것을 터트릴 때 요란하게 울리는 소리

를 나타내는 말. | '다가오지 마시오. 이걸 보지 못하오? 꽝! 하기 전에 썩
비켜!' 틀림없이 그는 적들이 다가들면 자폭하려고 결심한 것이었다.

(장편소설 ≪별의 세계≫)

• 깔깔
　되바라진 소리로 못 참을 듯이 웃는 소리를 나타내는 말. | 에미애비
다 잃고 밤낮 울고있던 계집애가 지금 저렇게 깔깔 웃고있답니다.

(장편소설 ≪1932년≫)

　○ 튀김소리 'ㄹ', 스침소리 'ㅎ', 'ㅊ', 'ㅆ'이 단어의 첫머리나 끝에
올 때 '시작이 고르롭게 계속되는 소리, 또는 주기적으로 규칙성 있게 되
풀이되는 소리'의 의미를 나타낸다.

　실례 :
　-'ㄹ'이 단어의 끝에 오는 경위의 례
　• 절절
　① 신발 같은 것을 끌면서 내는 소리 또는 모양을 나타내는 말. | 신발
뒤축을 밟아 절절 끌고 다닌다.

　② 물이 끊김없이 조금씩 흐르는 소리 또는 모양을 나타내는 말. | 내
무원이 제발 그러지 말라고 설유하기에 땀을 절절 흘리였다.

(장편소설 ≪석개울의 새봄≫)

　③ 물이 뜨겁게 끓는 소리 또는 모양을 나타내는 말. | 아가씨들과 할머니
들의 서양철물통(오리주둥이 같은 것이 달린 것), 세수대야, 쇠주전자, 사기주
전자 등에 엽전 두 푼에 한 물푸개씩 담아주는 것이다.

(중편소설 <인력거군>)

　-'ㅎ'이 단어의 첫 머리에 오는 경위의 예
　• 획획
　① 바람이 잇달아 규칙성 있게 되풀이되며 세게 부는 소리 또는 모양

을 나타내는 말. | 정월 초하루날 밤에 건넌방 지붕 우에서 수파람 소리
가 <u>획획</u> 나서 안방에 앉았던 김씨부인이 그 소리를 듣고 머리끝이 주뼛
주뼛하여지는데 남순이가 부인 앞에 바싹안기며…

(≪치악산≫)

② 짧고 힘있고 가락맞게 휘바람을 부는 소리 또는 모양을 나타내는
말. | 그는 <u>획획</u> 휘바람 소리를 울리면서 나무를 팼다.

(장편소설 ≪광복의해발≫)

— '츠'이 단어의 첫 머리에 오는 경위의 예
• 출렁출렁
물이 주기적으로 큰 물결을 지으면서 내는 소리 또는 모양을 나타내는
말. | '바람은 우르릉 우르릉—물결은 <u>출렁출렁</u>…'뒤미처 그의 입에서는
느런 육자배기를 부르는 노래소리가 흘러나왔다.

(장편소설 ≪고향≫)

— '쓰'이 단어의 첫 머리에 오는 경위의 예
• 쏴쏴
① 어떤 물체의 틈사이로 바람이 주기적으로 스쳐부는 소리나 모양을
나타내는 말. | 그는 매일 이맘때면 번지지 않고 정향나무 숲 속 길을 거
닐었다. 코가 시릴만치 맑은 공기가 <u>쏴쏴</u> 울리는 바람소리가 좋았다.

(장편소설 ≪푸른하늘≫)

② 물이 잇달아 세차게 흐르거나 나오는 소리 또는 모양을 나타내는 말.
| 으스름과 함께 쌍룡강물소리가 <u>쏴—쏴</u>—웅심깊은 소리로 울부짖었다.

(장편소설 ≪시대의탄생≫)

△ 본딴말의 상징적 의미가 어음복합체 전체와의 관계 속에서 실현
되는 경우
우리는 지금까지 본딴말의 의미가 단어를 이루는 어음복합체에 참가
하는 개별적인 어느 한 개 음운과의 관계 속에서 실현되는 경우들에 대

해 보았다. 그런데 이와는 달리 의미표현이 단어의 어음복합체 전체를
통해 이루어지는 경우도 있다.

이러한 말소리와 의미의 대응관계는 주로 동물의 소리를 나타내는
본딴말들에서 볼 수 있다.

아래의 표에 동물이 내는 소리를 나타내는 조선어 본딴말들 중 주요
한 것들을 제시해 보인다.

[표 1] 동물소리 본딴말

| 동물의 종류 | 소리 유형 | 동물이 내는 소리를 본딴말 |
|---|---|---|
| 소 | 우는 소리 | 음매—소나 송아지의 울음소리를 나타내는 말. ㅣ암소 뒤로 송아지가 음매!음매! 하고 고요한 저녁공기를 흔들며 따라갔다. (≪현대조선문학선집≫ 15) |
| 말 | 우는 소리 | 호흥—말이 우는 소리를 나타내는 말. ㅣ피말이 호흥—울 때 떡 서고 인력거도 네거리복판에 멈춰섰다. (단편소설 〈삶의궤도〉) |
| 돼지 | 우는 소리 | 꿀꿀—돼지가 지르는 소리를 나타내는 말. ㅣ그가 부들맹태 아구리를 벌리고 손을 넣어 투덕거리자 '꿀…꿀꿀…'(장편소설 ≪천지≫) |
| 염소 또는 양 | 우는 소리 | 매—염소나 양 같은 것이 우는 소리를 나타내는 말. ㅣ매매 염소소리 울리는 푸른들판. |
| 개 | 우는 소리 | 멍멍—개가 짖는 소리를 나타내는 말. ㅣ멍멍, 멍멍…금방 뒤로 와작 달려 들어, 목줄띠라도 잔뜩 물고 늘어질 것만 같다. (장편소설 ≪계명산천은 밝아오느냐≫) |
| 범 | 우는 소리 | 따웅—범이 사납게 울부짖는 소리를 나타내는 말. ㅣ호랑이가 입을 쩍 벌리고 바위 우에 앉아 있다가 무한이를 보고 따웅소리를 지르며 마주 달려오는 것이었다. (장편소설 ≪열다섯소년에대한이야기≫) |
| 여우 | 우는 소리 | 캥(캥)—여우같은 짐승이 우는 소리를 나타내는 말. ㅣ진대나무우에 재빛틸이 푸시시한 여우가 올라앉아 자기쪽으로 다가오는 남자와 녀지를 빤히 지켜보았다…그러다가는 …청승맞게 캥캥 짖어댔다. (장편소설 ≪진달래≫) |
| 쥐 | 우는 소리 | 찍찍—쥐같은것이 자꾸 급하게 지르는 소리를 나타내는 말. ㅣ동굴속에서는 박쥐들의 찍찍 소리가 요란했다. |
| 고양이 | 우는 소리 | 야옹—고양이가 우는 소리를 나타내는 말. ㅣ이놈들, 천천히 울어, 야옹야옹 이런 식으로 말이야, 어쨌든 너희들은 우는 게 한몫이다. (장편소설 ≪석개울의 새봄≫) |

| 동물의 종류 | 소리 유형 | 동물이 내는 소리를 본딴말 |
|---|---|---|
| 닭 | 우는 소리 | 꼬끼요-수닭이 목을 길게 뽑고 우는 소리를 나타내는 말. | 수닭이 눈밑에 묻힌 사람들에게 충실히 새벽을 알려주느라고 계명을 맞추어 온 산촌을 향해 빨간변두를 쳐들고 <u>꼬끼요오-꼬기요</u>-하고 홰를 쳐가며 그 청청한 목소리로 울어예고 있는 정상은 참으로 희한스럽고 눈물겨운 것이였다.(장편소설 ≪지리산의 갈범≫) |
| | 알을 낳았을 때 내는 소리 | 꼬꼬댁-닭이 알을 낳고 우는 소리를 나타내는 말. | 안마당쪽에서 <u>꼬꼬댁</u>, 푸드득 소리가 잠간 나다가 그쳤다.(장편소설 ≪계명천은밝아오느냐≫) |
| | 알 겯는 소리 | 골골-암닭이 알을 겯는 소리를 나타내는 말. | 이른 봄에 깨워 내린 닭이 써 <u>골골</u>알을 겯는다. |
| 오리 | 우는 소리 | 박박-오리가 질러대는 소리를 나타내는 말. | 리는 <u>박박</u> 닭은 꼬꼬댁, 게사니는 꿱꿱 고아대는 집이 그 사람네 집이란다. |
| 비둘기 | 우는 소리 | 구구-비둘기가 우는 소리를 나타내는 말. | 강벼랑 중턱의 낭비둘기 굴에서 들려오는 <u>구구</u>소리. |
| 참새 | 우는 소리 | 짹짹-참새 같은 것이 잇달아 우는 소리를 나타내는 말. | <u>짹, 짹, 짹짹 짹짹</u>…바로 창밖 처마끝에서 참새새끼들이 사뭇 귀가 따갑게 <u>짹짹</u>거린다.(장편소설 ≪계명산천은 밝아오느냐≫) |
| 제비 | 우는 소리 | 지지배배-제비같은것이 지저귀는 소리를 나타내는 말. | 집집의 추녀밑으로 제비들이 쌍지어 날아와 봄기운처럼 생기있는 까만 눈알을 반짝거리며 <u>지지배배</u> 그립던 인사를 한다.(장편소설 ≪꽃파는처녀≫) |
| 까치 | 우는 소리 | 깍-까치가 우는 소리를 나타내는 말. | 밭뜨락의 은행나무가지에서는 한쌍의 까치가 서로 주둥이를 맞대고 <u>깍깍</u> 떠들어댄다. |
| 까마귀 | 우는 소리 | 까욱-까마귀가 우는 소리를 나타내는 말. | 하늘에서 까마귀들이 기승을 부리며 떼를 지어 날아들면서 <u>까욱</u>…<u>까욱</u>…울어댔다.(장편소설 ≪근거지의 봄≫) |
| 뻐꾹이 | 우는 소리 | 뻐국-뻐꾹새가 우는 소리를 나타내는 말. | 난데없는 <u>뻐꾹</u>소리 높았다. <u>뻐꾹뻐꾹</u>-잠잠하던 솔밭도 기쁘게 화답한다. <u>뻐꾹뻐꾹</u>-(장편소설 ≪백두산≫) |
| 뜸북이 | 우는 소리 | 뜸북-뜸부기가 우는 소리를 나타내는 말. | 뜸부기가 <u>뜸북뜸북</u> 김매기가 한창인 논에서 열성껏 울어댄다. |
| 꾀꼬리 | 우는 소리 | 꾀꼴-꾀꼬리가 우는 소리를 나타내는 말. | <u>꾀꼴꾀꼴 꾀꼴꾀꼴</u> 석개울의 꾀꼬리는 그 소리가 더욱 구슬펐다. 만물이 그 소리에 귀를 기울인듯 가뭇 고요하다.(장편소설 ≪석개울의 새봄≫) |

| 종달새 | 우는<br>소리 | <u>지종지종</u>—종달새가 지저귀는 소리를 나타내는 말. \| …어디선가 하늘 높이 <u>지종지종</u> 노래부르는 종다리의 은방울소리가 정답게 울려왔다.(장편소설 《새봄》) |
| --- | --- | --- |
| 소쩍새 | 우는<br>소리 | <u>소쩍</u>—소쩍새가 우는 소리를 나타내는 말. \| 소쩍새 울음소리가 귀따갑게 들려왔다. <u>소쩍</u>…<u>소쩍</u>…그 소리는 어둠의 적막에 끝없이 맞구멍을 뚫는듯하였다.(장편소설 《평양은 선언한다》) |
| 부엉 | 우는<br>소리 | <u>부엉</u>—부엉이가 우는 소리를 나타내는 말. \| 억쇠의 애타는 목소리가 산울림쳐 흘러갔다. 어디선가 그에 화답하듯 <u>부엉</u>, <u>부부엉</u>!…음울하고 청승맞은 부엉이 울음소리가 그 뒤를 이어 골안을 울리며 펴져갔다.(장편소설 《새봄》) |

## (2) 사물현상의 모양 모방과 관련된 의미의 실현

본딴말에서 사물현상의 모양 모방이라고 할 때 모방대상으로 되는 모양은 우리에게 일반적으로 인식되는 '겉으로 나타나 보이는 윤곽적인 생김새'라는 단순한 의미로가 아니라 사물현상의 성질, 색깔 등과 같은 상태나 움직임 등도 포함하는 넓은 의미로 이해되는 것이다.

본딴말 '둥글둥글'은 동그라미나 공과 같은 외적인 윤곽적 생김새를 본딴말이지만 '물렁물렁'은 무르고 연한 성질을, '파릇파릇'은 군데군데가 파르스름한 색깔을, '아장아장'은 작은 발걸음으로 귀엽게 걷는 움직임을 본딴말이다.

모양본딴말에서 모양모방으로 실현되는 의미도 역시 소리본딴말에서 소리모방으로 실현되는 의미와 마찬가지로 말소리의 음향학적 성질과 사물현상의 특성과의 연상적인 연관에 기초하여 이루어진다.

일부 연구자들은 소리본딴말에서는 말소리나 사물현상이 내는 자연적인 소리가 다 같이 음파라는 속성을 공통적으로 가지므로 말소리의 음향학적 성질을 통한 사물현상의 자연적인 소리에 대한 연상과정이 가능하고 따라서 '소리본딴말'의 개념이 성립되지만 음파인 말소리를

통한 사물현상의 모양에 대한 연상이란 있을 수 없으므로 '모양본딴말'
의 개념은 성립되지 않는다고 보고 있다.

다시 말해 선이나 색깔을 써서 사물의 형상을 묘사한 그림 같은 것
으로써는 사물현상의 모양을 모방할 수 있으나 소리로는 모양을 모방
할 수 없다고 한다.

그러나 이러한 주장은 인간의 심리현상으로서의 연상에 대한 매우
단순한 이해에 기초한 것으로서 납득하기 어려운 것이다.

연상은 한 심리과정이 일어날 때 그와 연관된 심리과정이 동시에 일
어나는 현상이다. 이러한 심리현상은 반드시 동질적인 현상들 사이에서
만 이루어지는 것은 아니다.

그 누가 푸른 하늘을 바라볼 때 자기 조국이나 고향마을이 머리에
떠올랐다면 그것은 일종의 연상과정인데 두 대상을 동질적인 것이라고
말할 수는 없는 것이다.

본딴말에서의 말소리의 음향학적 성질에 의한 자연계의 소리모방과
말소리의 음향학적 성질에 의한 사물현상의 생김새, 성질, 색깔, 움직임
등에 대한 모방은 물론 그 기초로 되는 연상의 성격에서 차이가 있다.

소리본딴말에서는 모방대상(자연계의 소리)과 모방수단(말소리) 사이의
연계가 보다 직접적이고 물질적이라면 모양본딴말에서는 모방대상(사물
현상의 모양)과 모방수단(말소리) 사이의 연계가 간접적이고 정신문화적인
것이다. 그러나 두 현상은 일정한 차이점은 있으나 다 같이 연상의 범
주와 연결된 것으로서 공통성을 가진다. 그러므로 '소리본딴말'의 개념
이 성립된다면 '모양본딴말'의 개념도 성립된다.

조선어 본딴말에서의 말소리의 음향학적 성질에 의한 사물현상의 모
양모방으로 이루지는 의미의 실현과정에서 전형적인 어음-의미적 현

상들은 다음과 같은 것들이다.

○ 터침소리 'ㄱ'이 말뿌리나 단어 끝에 올 때 '어떤 움직임이나 상태
가 도중에 끊어지거나, 갈라지는 모양'의 의미를 나타낸다.

실례 :

• 또박또박

말을 한토막 한토막 떼여가며 똑똑하게 하거나 글자를 흘리지 않고 정
자로 한자한자 박아 쓰는 모양을 나타내는 말. | 한 아름 잘될 장미꽃 우에
는 노란댕기가 드리워있었다. 그 댕기에 또박또박 쓴 글을 읽고 난 진영은
가슴이 미어지는듯했다.

(장편소설 ≪평양의 봉화≫)

'근거는…' 여전히 최광은 서둘지 않고 또박또박 찍어가듯 말했다.

(장편소설 ≪별의 세계≫)

• 꾹꾹

일정한 동안을 두어가면서 반복하여 여무지게 누르거나 죄거나 힘을
주는 모양을 나타내는 말. | 봉숙은 도툼한 입술을 사려물고 암팡지게 발
디디개를 꾹꾹 디디였다.

(장편소설 ≪생명수≫)

• 각삭각삭

키가 작은 사람이 잘망스럽게 다리를 옮겨디디며 걷는 모양을 나타내
는 말. | 각삭각삭 걸어가다.

• 개울딱개울딱

작은 것이 이리 한번 저리 한번 귀엽게 기울어지는 모양을 나타내는
말. | 세 살잡이 손녀가 할아버지 앞에서 고개를 개울딱개울딱 흔들며 노
래를 부른다.

• 구불떡구불떡

무엇이 몸통을 구부렸다 폈다하는 모양을 나타내는 말. | 뱀이 불떡구불떡 몸을 움직이며 기여간다.

• 깜박

① (등불이나 별빛 같은 것이)순간적으로 갑자기 비쳤다가 어두워지는 모양을 나타내는 말. | 별들만 깜박깜박 차거운 빛 뿌려지네.('임진의병장 작품집') / 초불 깜박 꺼져버리면 부귀한자들도 무덤으로 가야하리…

(≪조선고전문학작품선집 5≫)

② 눈을 순간적으로 잠간 감았다가 뜨는 모양을 나타내는 말. | 머루알 같은 눈을 깜박깜박 감았다 떴다하며 나를 바라보는 어린 딸의 모습.

③ 기억이나 의식같은것이 잠간 흐려지는 모양을 나타내는 말. | '저도 깜박 졸았댔습니다.'남철이가 말했다.

(장편소설 ≪총검을 들고≫)

'정말 깜박 잊었군요. 내 곧 차비를 하겠어요.'

(장편소설 ≪아침해≫)

• 데룩데룩

큰 눈알을 볼상없이 동안 뜨게 굴리는 모양을 나타내는 말. | 현씨댁은 눈방울만 데룩데룩 굴리는 정선생이 어이없다는듯이 자기 덧이까지 내보이며 입을 삐죽거렸다.

(단편소설 <세월>)

• 무뚝무뚝

말을 이따금 여유를 두고 또박또박 하는 모양을 나타내는 말. | 그는 과묵한 편이여서 이야기판에 무뚝무뚝 끼어들지만 그의 말은 늘 사람들의 주의를 집중시켰다.

• 문적문적

무르고 연한 물건이 뚝뚝 끊어지거나 잘라지는 모양을 나타내는 말. |
땅속 깊숙이 박힌 보습날을 타고 <u>문적문적</u> 기여오른 기름진 검은 흙은
엇비스듬히 모로 나가자빠지면서 퍼실퍼실 이랑을 지어나갔다.

(단편소설 &lt;밭갈이&gt;)

○ 튀김소리 'ㄹ', 스침소리 'ㅎ'이 형태부나 단어의 어음구성에 참가
할 때 '가볍고 순탄하게 움직이여 보기에 시원한 모양'의 의미를 나타
낸다.

실례 :

−'ㄹ'이 형태부나 단어의 어음구성에 참가하는 경위의 예

• 슬슬

① 사탕이나 눈 같은 것이 저절로 스르르 녹아버리는 모양을 나타내
는 말. | 겨우내 쌓였던 눈더미들이 <u>슬슬</u> 녹기 시작하였다.

② 바람이 부드럽게 부는 모양을 나타내는 말. | 저녁녘이 되자 어디선
가 시원한 바람이 <u>슬슬</u> 불어오기 시작하였다.

③ 서두르지 않고 천천히 행동하는 모양을 나타내는 말. | 얽은코는 남
태령 우아래동네를 <u>슬슬</u> 돌며 무슨 냄새를 맡아보려고…

(장편소설 ≪계명산천은 밝아오느냐≫)

④ 심하지 않고 가볍게 행동하는 모양을 나타내는 말. | 헤쳐놓은 앞가
슴에 모자채양으로 <u>슬슬</u> 부채질을 하며 3분조장이 말했다.

(단편소설 &lt;나루가에서&gt;)

⑤ 남이 모르게 슬그머니 행동하는 모양을 나타내는 말. | 주겠으면 소
문없이 <u>슬슬</u> 주든지 아니면 밤에 보이지 않게 처리할 것이지…

(장편소설 ≪푸른하늘≫)

⑥ 힘들이지 않고 쉽게 일하는 모양을 나타내는 말. | '옹노를 놓고 이 틀날 아침 슬슬 놀음삼아 산기슭을 돌아보느라면 꿩이요, 노루요, 메돼 지요 하는 것들이 주인을 기다립니다.'

(장편소설 ≪전환≫)

⑦ 가만가만 문지르거나 쓰다듬는 모양을 나타내는 말. | 송규태는 눈을 지 그시 내리뜨고 손끝으로 턱을 슬슬 만지며 한동안 궁리하다가 입을 열었다.

(장편소설 ≪평양은 선언한다≫)

⑧ 남을 슬그머니 달래거나 꾀는 모양을 나타내는 말. | …춘을 내 손 탁에 넣고 슬슬 얼려가며 수많은 재물을 마음 내키는 대로 물 쓰듯하고 있으니 그것이 한 가지 꾀요.

(≪창선감의록≫)

• 훨훨
① 좀 큰 새가 시원스럽게 활개를 치며 나는 모양을 나타내는 말. | 한 모금의 물을 마시면 이 세계가 달라진 것 같았다. 천리라도 훨훨 날아 넘을 것 같았다

(장편소설 ≪총대≫).

은하는 너무 기뻐 새처럼 훨훨 날듯 싶었다.

(장편소설 ≪강계정신≫)

② 불길이 시원스럽게 타오르는 모양을 나타내는 말. | 참나무장작이 훨훨 소리를 내면서 타던 아궁, 더운 것이 뽀얗게 서리군하던 부엌…

(장편소설 ≪아침해≫)

③ 큰 부채같은것으로 느릿느릿 부채질을 하는모양을 나타내는 말. | 부채로 연기를 훨훨 쫓았다.

④ 옷을 매우 시원스럽게 벗어버리는 모양을 나타내는 말. | 진세백은 관복

을 **훨훨** 벗어던지고 <u>스스로</u> 옥을 향하여 의젓이 걸어갔다.

(≪하진량문록≫)

⑤ 좀 크고 느린 동작으로 활개를 치며 걸어가는 모양을 나타내는 말. | 그가 **훨훨** 활개를 저으며 신방으로 들어서니 휘황한 초불아래 혜란이 단정히 앉아있다가 얼른 몸을 일으켰다.

(≪옥린몽≫)

⑥ 가벼운 물건을 느릿느릿 시원스럽게 뿌리는 모양을 나타내는 말. | 밭에다 거름을 **훨훨** 뿌리였다.

⑦ 빗자루로 느린 동작으로 아주 시원스럽게 쓸어버리는 모양을 나타내는 말

⑧ 마음이나 기분이 둥둥 떠오르는 모양을 나타내는 말. | 내 마음 **훨훨** 어데로 가나 구름넘어 그리운 장군별님께

(장편소설 ≪별의 세계≫)

○ 울림소리 'ㅁ', 'ㄹ'이 형태부나 단어의 어음구성에 참가할 때 '순탄하거나 거침이 없는 모양', '연하거나 약한 모양', '굼뜨거나 분명치 않은 모양' 등의 의미를 나타낸다.

실례 :

• 무럭무럭

① 순조롭고 힘있게 잘 자리는 모양을 나타내는 말. | '…이 나무도 오늘을 생각하며 힘을 내여 <u>무럭무럭</u> 잘클거다.'

(장편소설≪불구름≫)

'흥 장가랑 들구 아들딸 <u>무럭무럭</u> 낳아가지구 잘 살아보지.'

(장편소설 ≪석개울의 새봄≫)

② 연기, 김, 냄새 같은 것이 계속 많이 나는 모양을 나타내는 말. | 그 누구나의 젖은 옷에서 흰김이 <u>무럭무럭</u> 피여올랐다.

(장편소설 ≪강계정신≫)

③ 어떤 생각이나 느낌이 계속 일어나는 모양을 나타내는 말. | …남편
이 하는 일을 잘 이해하여주고 남편의 피로한 몸과 마음을 잘 위로만 하
여주는 안해만이라도 되어보겠다는 결심만은 그의 나이와 같이 <u>무럭무
럭</u> 커가고 있었다.

(단편소설 &lt;석공조합대표&gt;)

• 물렁물렁

① 무엇이 무르고 연하거나 부드러운 모양을 나타내는 말. | 경주는 몇
정거장 안 가서 달려가더니 대추와 돌배를 사가지고 왔다.… 돌배도 <u>물
렁물렁</u> 잘 익었다.

② 정신적기질이나 성격이 약한 모양을 나타내는 말. | '여하튼 실장동
지의 완고성에 손을 들었수다.' '뭐 그다지나. 내보기엔 동무도 <u>물렁물렁</u>
한 사람은 아닌데.'

(장편소설 ≪전환의 년대≫)

③ 규율이나 절도가 없는 모양을 나타내는 말. | '우리 조직은 규율과
절도가 있네. <u>물렁물렁</u> 지내는 데가 아닐세.'

• 어물어물

① 말이나 행동을 굼뜨게 하는 모양을 나타내는 말. | 강명수는 무슨
장부책인지 한책 맡아가지고 굼벵이 같은 손가락으로 <u>어물어물</u> 수판을
튕기고 있다.

(장편소설 ≪석개울의 새봄≫)

② 말이나 행동을 시원스럽게 하지 못하고 우물쭈물하는 모양을 나타
내는 말. | 려관에 그냥 눌러 앉아 <u>어물어물</u> 뭉개는 사이에 열흘이 지나
갔다.

(장편소설 ≪예지≫)

③ 일을 실속 없이 적당히 해버리거나 말을 분명하게 하지 않고 흐리마리하면서 슬쩍 넘겨버리는 모양을 나타내는 말. | 순보는 집안끼리 하는 공사를 건설대장이 어떻게 아는지 놀라왔다. 순보는 <u>어물어물</u> 대답했다. '아, 그ㅡ 괜찮아. 아직 세멘트랑…'

(단편소설 &lt;하늘과 땅&gt;)

### 2) 모음의 음향학적 성질과 관련된 의미실현

본딴말에서 모음의 성질 즉 모음의 음향학적 특성과 의미가 대응되는 경우는 드물며 대응되는 경우에는 일반적으로 모음에 대한 소리느낌과 함께 의미와 상관관계를 가진다.

그러므로 이 경위의 의미실현에 대해서는 소리느낌과 관련된 본딴말의 의미실현과정에 대한 고찰에서 보기로 한다.


## 2. 말소리에 대한 소리느낌과 관련된 의미실현

조선어 본딴말에서는 의미가 말소리의 음향학적 성질뿐만 아니라 소리느낌과 상관관계를 가지면서 실현되기도 한다.

말소리에 대한 소리느낌이란 말소리의 성질 즉 말소리의 음향학적 특성에 대한 일종의 감성적 평가이다. 예를 들면 자음에서 'ㄱ, ㄷ, ㅂ, ㅅ, ㅈ'와 같은 소리는 순한다고, 'ㄲ, ㄸ, ㅃ, ㅆ, ㅉ'와 같은 소리는 되다고, 'ㅋ, ㅌ, ㅍ, ㅊ'와 같은 소리에 대해서는 거세다고 하는 것, 모음에서 'ㅏ, ㅗ'와 같은 낮은 모음에 대해서는 밝다고, 'ㅓ, ㅜ'와 같은 높은 모음에 대해서는 어둡다고 하는 것이다.

말소리에 대한 소리느낌과 관련된 의미실현과정은 앞에서 본 말소리의 음향학적 성질과의 연관 속에서 나타나는 의미실현과정과는 일정한 차이가 있다.

그 차이는 첫째, 말소리성질의 쓰임은 발음기관이 일으킨 공기의 진동인 음파가 청각기관을 통해 뇌수에 반영된 것, 즉 소리감각을 통한 의미의 실현과정이라면 말소리느낌의 쓰임은 인간뇌수에 반영된 소리에 대해 어떤 특성이 있다고 평가한 것, 다시 말해 말소리에 대한 감성적 느낌을 통한 의미의 실현과정이라는 데 있다.

둘째, 말소리성질의 쓰임에서는 말소리가 단어를 구별하여 주는 음운으로서 단어를 이루는 데만 이용되지만 말소리느낌의 쓰임에서는 말소리가 단어를 구별시키는 음운으로서만이 아니라 사람들의 감정 정서적 태도나 입장을 나타내는 데도 이용된다는 데 있다. 다시 말해 말소리에 대한 소리느낌의 쓰임은 말소리가 음운적 기능과 함께 명명대상, 현상에 대한 태도나 입장을 나타내는 이중적인 것으로 되는데 그 특성의 하나가 있다.

셋째, 말소리성질의 쓰임에서는 말소리의 음향학적 성질을 이용하여 사물현상의 소리나 모양을 본뜬 만큼 말소리와 의미가 보다 직선적으로 밀접히 연관되지만 소리느낌의 쓰임에서는 소리느낌을 낳는 말소리와 명명대상의 연관이 앞의 경우에 비해 상대적으로 약하며 보다 사회적이고 민족적인 것이며 심리적인 것이라는 데 있다.

넷째, 소리성질의 쓰임은 소리에 대한 감각인 것만큼 많은 말소리들 특히 거의 모든 자음을 포함하지만 소리느낌의 쓰임은 모든 말소리가 아니라 일정한 말소리만을 포괄한다는 데 있다.

어떤 말소리에 대한 느낌은 언제나 그것과 대조되는 다른 소리느낌이 있을 때만이 이루어진다. 일정한 소리에 대한 평가는 반드시 그것과 반대되거나 그것을 부정하는 다른 평가가 있는 것을 전제로 한다. 따라

서 조선어에서의 소리느낌현상은 체계적인 대조가 이루어지는 말소리
에서만 나타난다.

'ㄱ-ㄲ-ㅋ', 'ㄷ-ㄸ-ㅌ', 'ㅂ-ㅃ-ㅍ', 'ㅅ-ㅆ', 'ㅈ-ㅉ-ㅊ'와 같은
3유음 체계에 속하는 자음들이나 낮은 모음과 높은 모음의 대조를 이
루는 'ㅏ-ㅓ', 'ㅗ-ㅜ'계열에 속하는 모음들이나 둥근입술모음과 가로
입술모음의 대조를 이루는 계열에 속하는 모음들에서 소리느낌현상을
전형적으로 볼 수 있다.

조선어는 소리느낌이 있는 말소리들이 풍부한 우수한 언어이다. 조선
어 본딴말에서는 이와 같은 우수성을 효과적으로 이용하여 사람들의
사상 감정을 섬세하고 생동하게 표현한다.

그러면 모음에 대한 소리느낌을 통한 의미실현과정과 자음에 대한
소리느낌을 통한 의미실현과정에 대하여 각각 보기로 한다.

### 1) 모음에 대한 소리느낌과 관련된 의미실현

모음의 소리느낌과 관련된 의미실현에 대한 논의는 지금까지 두 가
지 각도에서 진행되어왔다.

하나는 개별적인 매개 모음의 음향적 특성으로부터 받는 소리느낌에
대한 논의이다.

이러한 논의는 소리느낌을 체계적인 대조를 이루는 모음들 사이에서
이루어지는 상대적인 것으로 보지 않는 것이므로 '절대적 소리느낌론'이
라고 할 수 있다.

다른 하나는 모음의 소리느낌이 개별적인 개개 모음들 자체가 아니
라 체계적인 대조를 이루는 모음들 사이의 관계 속에서 상대적으로 이
루어진다는 견지로부터 출발한 논의이다. 이러한 논의를 '상대적 소리

느낌론'이라고 할 수 있다.

조선어모음과 관련된 절대적 소리느낌론으로서 대표적인 것으로 들 수 있는 것은 '훈민정음'에 있는 모음 'ㆍ, ㅡ, ㅣ'의 소리느낌에 대한 해석과 1940년대 초에 나온 도서 '조선고가연구'에 있는 모음의 청각인상론, 1990년대 중엽에 일부학자들 속에서 논의된 모음의 청각인상론이다.

'훈민정음'에서는 'ㆍ, ㅡ, ㅣ'를 각각 천(天), 지(地), 인(人)의 삼재와 결부시키고 그 청각적인상이 'ㆍ'는 '깊고', 'ㅡ'는 '깊지도 얕지도 않으며', 'ㅣ'는 '얕다'고 하였다. 개별적 모음이 갖는 음감을 당시의 동양철학이론인 음양오행설에 기초하여 설명한 이 해석은 오늘의 시점에서 볼 때 절대적 소리느낌론이라고 할 수 있다.

'조선고가연구'(1942)에 있는 모음의 청각인상론에서는 모음에 대한 소리느낌을 다음과 같이 규정하였다.

> ㅏ ー서술, 의문
> ㅓ ー감탄, 접속
> ㅗ ー아어(雅語)
> ㅜ ー사역
> ㅣ ー조사, 부사
> ㆍ ー조음(調音)

이와 같은 해석은 어디까지나 단어의 형태부 구성에 참가한 모음을 그 형태부의 문법적 의미에 맞추어 기계적으로 분류한 것이지 결코 모음에 대한 소리느낌을 분석한 것이라고는 할 수 없다.

1940년대 중엽에 일부학자들 속에서 논의된 모음의 청각인상론에서는 모음에 대한 소리느낌을 다음과 같이 정립하였다.

ㅏ-확대감, ㅓ-협소감
ㅗ-응축감, ㅜ-둔탁감
ㅡ-유연감, ㅣ-장형감

이러한 견해는 사전에 오른 본딴말이나 언어생활에서 쓰인 본딴말자료를 놓고 볼 때 맞는 경우도 있지만 그렇지 않은 경우도 많으므로 일관성과 법칙성이 결여된 것으로서 객관적이고 원리적인 것으로 접수하기가 어렵다.

근대와 현대의 조선어학계에서 조선어 본딴말의 실태를 보다 정확히 반영한 과학적이고 객관적인 것으로 인정된 것은 조선어모음의 소리느낌을 조선어모음에서 체계적으로 대조되는 양성모음과 음성모음의 관계 속에서 이루어지는 것으로 본 것이다.

1930년대 말에 나온 논문 '어감 표현상 조선어의 특징적인 모음상대법칙과 자음가세법칙'에서는 조선어모음들의 소리느낌을 보여주는 다음과 같은 도표를 제시하였다.

[표 2] 모음의 소리느낌

| 대소상대<br>광협상대 | 저모음류(작은 어감) | | | | 고모음류(큰 어감) | | | |
|---|---|---|---|---|---|---|---|---|
| 넓은어감(전설음류) | ㅏ | ㅐ | ㅑ | ㅘ | ㅙ | ㅗ | ㅚ | ㅛ |
| 좁은 어감(후설음류) | ㅗ<br>ㅡ<br>ㅣ | ㅔ<br>ㅓ<br>ㅣ | ㅕ<br>ㅣ | ㅝ | ㅖ | ㅜ | ㅟ | ㅠ |

조선어모음의 소리느낌을 이와 같이 분화한 것은 오랫동안 학계에서 큰 수정 없이 그대로 접수되어왔다.

그 후 1970년대 중엽에 공화국북반에서 출판된 도서 《조선문화어문법규범》에서는 모음의 소리느낌에 대한 분석을 종전의 전통적인 이해를 참작하면서도 그에 머무르지 않고 보다 과학화, 체계화하였으며 구체화, 정밀화하였다.

필자는 이 논문에서 ≪조선문화어문법규범≫에 주어진 모음의 소리느낌에 대한 분석방법에 따라 조선어모음의 소리느낌을 통한 본딴말의 의미실현과정을 다음과 같이 체계화하였다.

## (1) 낮은 모음과 높은 모음의 대응관계에서의 소리느낌

[표 3] 낮은 모음과 높은 모음의 대응관계

| 낮은 모음계열(ㅏ,ㅐ, ㅚ, ㅗ) | 높은 모음계열(ㅡ, ㅣ, ㅟ, ㅔ, ㅓ) |
|---|---|
| ∘작다<br>실례 : 바들바들<br>의미—몸을 작게 떠는 모양을 나타내는 말.<br>쓰임—윤희는 놀라서 크게 뜬 눈으로 그가 사라진 문쪽만 지켜보며 파랗게 질린 입술을 바들바들 떨었다.(장편소설 ≪예지≫)<br>실례 : 달카당<br>의미—단단하고 작은 물건이 세게 맞부딪칠 때 거칠게 울리여나는 소리를 나타내는 말.<br>쓰임—림철의 빽빽이차가 달카당 소리와 함께 뚝 멈추어버렸다. | ∘크다<br>실례 : 부들부들<br>의미—몸을 크게 떠는 모양을 나타내는 말.<br>쓰임—녀인은 너무 난처해져서 아이를 향해 들어올린 손이 부들부들 떨기까지 한다.(장편소설 ≪전환≫)<br>실례 : 덜커덩<br>의미—단단하고 큰 물건이 세게 맞부딪칠 때 거칠게 울리여나오는 소리를 나타내는 말.<br>쓰임—렬차들의 기적소리, 차량들이 움직이는 덜커덩소리, 승객들의 청높은 음성, 독촉하는 렬차원들의 다급한 호각소리로 역구내는 혼잡을 이루었는데…(장편소설 ≪아침해≫) |
| ∘밝다<br>실례 : 발깃발깃<br>의미—새뜻하게 발그스름한 모양을 나타내는 말.<br>쓰임—젖떼기애기가 밥살이 오르면서 다시 발깃발깃 혈색이 좋아졌다. | ∘어둡다<br>실례 : 벌깃벌깃<br>의미—좀 어둡고 연하게 벌그스름한 모양을 나타내는 말.<br>쓰임—혈색이 좋은 그는 언제나 한잔한 것처럼 벌깃벌깃 얼굴이 상기되어 있다. |
| ∘가볍다<br>실례 : 탈싹<br>의미—작은 것이 갑자기 좀 가볍게 주저앉거나 넘어지는 모양 또는 그 소리를 나타내는 말.<br>쓰임—분이는 바구니를 부엌뜰 앞에 내려놓고 마루 끝에 탈싹 주저앉는다. | ∘무겁다<br>실례 : 털썩<br>의미—갑자기 맥없이 무겁게 주저앉거나 넘어지는 모양 또는 그 소리를 나타내는 말.<br>쓰임—그는 바위우에 털썩 앉아 벌렁 드러눕고 말았다.(장편소설 ≪열다섯소녀에 대한 이야기≫) |

| | |
|---|---|
| ◦가늘다<br>실례 : 졸졸<br>의미-가는 물줄기가 연달아 순하게 흐르는 소리 또는 그 모양을 나타내는 말.<br>쓰임-바위짬에서 솟아오른 물은 남실남실 주름을 일구면서 한쪽 홈태기로 <u>졸졸</u> 흘러 내렸다. (장편소설 ≪1932년≫) | ◦굵다<br>실례 : 줄줄<br>의미-굵은 물줄기가 끊기지 않고 순하게 흐르는 소리 또는 그 모양을 나타내는 말.<br>쓰임-정다운 나의 고향, 동구 밖으로는 맑은 시냇물이 <u>줄줄</u> 흐르고 뒤에는 갖가지 과일들이 주렁지는 곳. |
| ◦얕다<br>실례 : 찰랑<br>의미-얕고 적은 물이 잔물결을 이루며 흔들리는 소리를 나타내는 말.<br>쓰임-개울물이 흐르는 <u>찰랑</u> 소리가 고요한 밤의 정적을 깨뜨리며 들려온다. | ◦깊다<br>실례 : 철렁<br>의미-깊고 많은 물이 큰 물결을 이루며 크게 흔들리는 소리 또는 그 모양을 나타내는 말.<br>쓰임-<u>철렁</u> 철써덕! 동해의 물결이 파도쳐 온다. |
| ◦빠르다<br>실례 : 싹싹<br>의미-작고 빠른 동작으로 거침없이 세게 비비거나 문지르는 모양을 나타내는 말.<br>.쓰임-간난이는 금숙이한테 두 손을 <u>싹싹</u> 빌며 절을 한다. | ◦더디다<br>실례 : 썩썩<br>의미-크고 더디게 자꾸 문대거나 비비는 모양을 나타내는 말.<br>쓰임-기태는 놀라며 머리를 들더니 눈을 <u>썩썩</u> 비비며 자리에서 일어났다. |
| ◦약하다<br>실례 : 찰싹<br>의미-좀 가늘거나 얇팍한 것으로 가볍고 약하게 때리는 소리 또는 그 모양을 나타내는 말.<br>쓰임-서기표는 종아리에 무엇이 붙었는지 <u>찰싹</u> 때리며 스스로 신바람이 나서 웃는다. (장편소설 ≪석개울의 새봄≫ 제1부) | ◦강하다<br>실례 : 철썩<br>의미-좀 굵거나 두툼한 것으로 세게 때리는 소리 또는 그 모양을 나타내는 말.<br>쓰임-단장은 너무 기뻐 무릎을 <u>철썩</u> 내리치고는 로영무더러 당장 찾아가서 흥정해보라고 했다. (장편소설 ≪예지≫) |
| ◦곱다(귀엽다)<br>실례 : 토실토실<br>의미-보기에 곱거나 귀여울 정도로 통통하게 살이 찐 모양을 나타내는 말.<br>쓰임-개울가의 버들강아지는 따사로운 봄볕을 오리오리 젖꼭지처럼 물고 늘어진채 <u>토실토실</u> 살쪄갔다. (장편소설 ≪불을 다루는 사람들≫) | ◦밉다<br>실례 : 투실투실<br>의미-보기 싫을 정도로 통통하게 몹시 살이 찐 모양을 나타내는 말.<br>쓰임-'저… 사령관동지,…글쎄… 우리는 메돼지무리를 만났습니다. 가을메 돼지무리를… 소같이 큰 놈들인데…새끼들두 있었습니다. 잘 먹어서 <u>투실투실</u>한 것들이…'(장편소설 ≪천지≫) |

### (2) 둥근입술모음과 가로입술모음의 대응관계에서의 소리느낌

조선어모음체계에서는 소리느낌이 높은 모음과 낮은 모음의 관계에서만 생길 뿐 아니라 둥근입술모음(원순모음)과 가로입술모음(평순모음)의 대응관계에서도 나타난다.

둥근입술모음은 입술을 앞으로 내밀어 둥글게 하여 내는 모음인데 여기에는 'ㅗ, ㅚ, ㅜ, ㅟ'가 속한다.

가로입술모음(평순모음)은 입술을 내밀거나 둥글게 하지 않고 내는 모음인데 여기에는 'ㅣ, ㅡ, ㅓ, ㅏ, ㅐ, ㅔ'가 속한다.

이 두 계열의 모음이 대응될 때 대체로 둥근입술모음은 '작다', '약하다', '빠르다', '곱다(귀엽다)', '가늘다', '밝다', '좁다' 등의 소리느낌을, 가로입술모음은 반대로 '크다', '밉다', '굵다', '어둡다', '넓다' 등의 소리느낌을 준다.

아래의 표를 통하여 둥근입술모음과 가로입술모음의 대응관계에서 나타나는 소리느낌과 함께 단어의미가 실현되는 본딴말의 실례들과 그 쓰임정형을 보기로 한다.

[표 4] 둥근입술모음과 가로입술모음의 대응관계

| 둥근입술모음계열<br>(ㅗ, ㅚ, ㅜ, ㅟ) | 가로입술모음계열<br>(ㅣ, ㅡ, ㅓ, ㅏ, ㅐ, ㅔ) |
|---|---|
| ◦ 작다<br>실례 : 동실<br>의미-작은 물건이 물우나 공중에 감찍하게 떠있는 모양을 나타내는 말.<br>쓰임-오동나무잎은 다 떨어지고 오동열매에만 동실동실 달렸었는데 그 남자가 오동가지에 붙어서서 오동열매를 하나하나 따더니…(장편소설 ≪치악산≫) | ◦ 크다<br>실례 : 덩실<br>의미-매우 큰 물건이 물우나 공중에 위엄있게 떠있는 모양을 나타내는 말.<br>쓰임-황제의 눈에는 재옥의 얼굴이 마치 하늘 중천에 덩실 뜬 밝은 달덩이 같이 보여서 손을 들어 가리키며 장원량이 하늘에서 내려온 신선이 아닌가고 하였다.(고전소설 ≪하진량문록≫) |

| | |
|---|---|
| ◦ 약하다<br>실례 : 솔솔<br>의미―적은 량의 물이 약하게 끓는 모양을 나타내는 말.<br>쓰임―솥의 물이 솔솔 끓기시작할 때 남새를 더쳐냈다. | ◦ 세다<br>실례 : 설설<br>의미―좀 많은 물이 세게 끓는 모양을 나타내는 말.<br>쓰임―한쪽에서는 설설 끓는 가마에서 순대를 삶아내고 있고… 조리대가 놓인 콩크리트 바닥에서는 떡구유를 들여다 놓고 찰떡을 치고있다.(장편소설 ≪전환≫) |
| ◦ 빠르다<br>실례 : 돌돌<br>의미―작은 것이 빨리 굴러가는 모양을 나타내는 말.<br>쓰임―그의 젖은 머리와 번들거리는 어깨에서는 김이 문문 피여오르고 시뻘겋게 된 살찐 가슴팍에서는 기름기에 물방울들이 돌돌 굴러내렸다.(장편소설 ≪예지≫) | ◦ 더디다<br>실례 : 덜덜<br>의미―큰 것이 더디게 굴러가는 모양을 나타내는 말.<br>쓰임―그러나 빈 인력거를 덜덜거리며 이 우중에 돌아갈 일이 까마득하였다.(단편소설 <행랑자식>) |

## 2) 자음에 대한 소리느낌과 관련된 의미실현

자음의 소리느낌은 조선어자음에서 특징적인 3유 음체계 속에 들어가는 자음들 간의 대조를 통하여 나타난다.

자음의 소리느낌은 나타나내는 대상, 현상의 그 어떤 특성을 표현하는 데서 많이 리용된다.

자음의 소리느낌현상은 앞에서 본 모음에서의 소리느낌현상과 그 성격에서 다르다. 모음에서는 대조되는 소리들 사이에서 서로 반대되는 소리느낌이 이루어진다. 한쪽에 '무겁다'는 느낌이 있으면 다른 쪽에는 '가볍다'는 느낌이, 한쪽에 '크다'는 느낌이 있으면 다른 쪽에는 '작다'는 느낌이 있게 된다.

그러나 자음에서는 한쪽이 있으면 다른 쪽이 없다는 관계로 대조되는 소리느낌이 생긴다. 그러므로 조선어 자음체계에서는 순한소리, 된소리, 거센소리의 3유음 대조가 있음에도 불구하고 순한소리를 일방으로 하고 된소리나 거센소리를 타방으로 하여 두 가지 소리느낌이 대조되며 그 대조는 서로 반대의 관계에서가 아니라 한쪽이 있으면 다른 쪽이 없는 상관관계로 이루어진다.

그러면 순한소리와 된소리의 관계, 순한소리와 거센소리의 관계를 각각 실례를 들어 보기로 한다.

• 순한소리와 된소리

조선어 자음체계에서 된소리는 소리의 성질에 따라 나눈 자음의 한 갈래이다.

말소리를 낼 때에 입 안에서의 터침이나 터스침에 목구멍에서의 센 터침장애가 함께 섞이는 소리로서 순한소리, 거센소리, 울림소리 등과 구별되는 말소리이다. 여기에는 'ㄲ', 'ㄸ', 'ㅃ', 'ㅆ', 'ㅉ'의 다섯 가지 소리가 속한다.

된소리는 그 음향학적 성질로 하여 굳기가 센 것, 밀도가 밴 것, 농도가 짙은 것 정도가 심한 것 등을 연상시키며 이러한 성질이 많다는 것을 강조하는 소리느낌을 가진다.

그러나 순한소리는 된소리와의 관계에서 볼 때 된소리가 연상시키는 특성이 많다는 것을 강조하는 소리느낌이 없다.

실례로 '발발'과 '빨빨'을, '졸졸'과 '쫄쫄'을, '뱅뱅'과 '뺑뺑'을 각각 비교해보자.

'빨빨'은 땀을 흘리는 모양을, '쫄쫄'은 작은 사람이나 동물이 남의 뒤를 바싹 따라다니거나 쫓아 다니는 모양을, '뺑뺑'은 어떤 중심이 되는 것의 주위를 중심으로부터 가까운 거리에서 자꾸 도는 모양을 강조하여 나타낸다면 '발발', '졸졸', '뱅뱅'에는 그런 강조가 없다.

• 순한소리와 거센소리

조선어 자음체계에서 거센소리도 역시 소리의 성질에 따라 나눈 자음의 한 갈래이다.

말소리를 낼 때에 입 안에서의 터침이나 터스침과 목청에서 생기는 센 스침장애가 함께 섞이는 소리로서 순한소리나 된소리, 울림소리와 구별되는 말소리이다. 여기에는 'ㅋ', 'ㅌ', 'ㅍ', 'ㅊ'이 속한다.

거센소리는 그 음향학적 성질로 하여 거친 것, 부푼 것, 탄력이 있는 것, 규모가 큰 것 등을 연상시키며 이러한 성질이 특징적이라는 것을 강조하는 소리느낌을 가진다.

이에 반해 순한소리는 거센소리와의 관계에서 볼 때 거센소리가 연상시키는 것이 특징적이라는 것을 강조하는 소리느낌이 없다.

실례로 '보동보동'과 '포동포동', '절벅절벅'과 '철벅철벅', '달가당'과 '탈가당'을 각각 비교하여 보자.

'보동보동'과 '포동포동'은 다 같이 통통하게 살이 올라 있는 모양을 나타내는 말로서 뜻이 매우 비슷한 말이다.

또한 '절벅절벅'과 '철벅철벅'은 얕은 물이나 진창을 자꾸 밟을 때 나는 소리 또는 그 모양을 나타내는 말로서, '달가당'과 '탈가당'은 작고 단단한 물건이 맞부딪칠 때 울리며 나는 소리 또는 그 모양을 나타내는 말로서 역시 뜻이 매우 비슷한 말이다.

그런데 거센소리 'ㅍ'이 말소리 구성에 들어간 '포동포동'은 그 어떤 탄력을 연상시키며 그러한 성질이 있다는 것을 강조하는 소리느낌이 있으나 '보동보동'에는 그러한 소리느낌이 없다. 그리고 거센소리 'ㅊ'이 이용된 '철벅철벅'은 거친 것을 연상시키며 그러한 성질이 있다는 것을 강조하는 소리느낌이 있으나 '절벅절벅'은 '철벅철벅'이라고 할 때에 받는 소리느낌이 없다.

또한 거센소리 'ㅌ'이 이용된 '탈가당'은 거칠고 센 것을 연상시키며 그러한 특성이 있다는 것을 강조하는 소리느낌이 있으나 '달가당'에는 그러한 소리느낌이 없다.

조선어 3유음 체계에서는 물론 순한소리와 된소리, 순한소리와 거센소리 사이에서만 대조가 이루어지는 것이 아니라 된소리와 거센소리 사이에서도 대조가 생긴다.

그러면 이러한 대조가 어떻게 이루어지는가를 본딴말 '뚤렁'과 '툴렁', 본딴말 '꿍'과 '쿵', 본딴말 '빤들빤들'과 '판들판들'의 비교를 통하여 보기로 하자.


◦'뚤렁'—'툴렁'

물건이 바닥에 떨어지는 소리나 모양을 나타내는 말들인 '뚤렁'과 '툴렁'은 바탕의미가 비슷하다. 그러나 두 본딴말이 연상시키는 것은 꼭 같지 않다.

> '혜정은 손에 들었던 놋그릇을 뚤렁 떨어뜨리고 엎어질듯 땅을 짚었다. 놋그릇은 개장변의 조약돌에 부딪쳐 쟁강소리를 내고 디굴디굴 굴러가 야하물 속에 쩜벙 빠져들어갔다.'(장편소설 ≪혈로≫)

이 예문에 쓰인 '뚤렁'은 말소리 구성에 참가한 된소리 'ㄸ'로 하여 단단하고 굳은 물건이 바닥에 떨어지는 소리나 모양을 연상하게 한다.

그러나 '순간 숨이 꺽 막히며 머리에 이었던 보따리가 <u>툴렁</u> 떨어졌다.'(단편소설 <열쇠>), '벌써 불꼬리는 문설주위의 시렁을 침법했다. 시렁우에 있는 광주리며 헌옷들이 불에 타며 <u>툴렁툴렁</u> 떨어져내렸다.'(장

편소설 ≪유격구기수≫), '리서기장은 부아가 치밀어올라 배낭을 흘 벗어
서 토방우에 툴렁 놓았다.'(단편소설 <리서기장>)와 같은 문장들에 쓰인
본딴말 '툴렁'은 굳고 단단한 것이 아니라 좀 뭉실한 것이 떨어지는 소
리나 모양을 연상시킨다.

   ◦ '쿡' – '꾹'
   '꾹'과 '쿡'은 무엇을 찌르는 모양을 나타내는 말로서 바탕뜻에서 공
통성이 있다.
   그러나 '꾹'은 된소리 'ㄲ'으로 하여 '리도령은…운봉이 앉은 옆으로
가서 그의 갈비대를 꾹 찔렀다.'(≪춘향전≫)에서 쓰인 것처럼 힘을 주어
여무지게 찌르는 모양을 연상시키나 '쿡'은 거센소리 'ㅋ'으로 하여 '삽
날을 검은 시루떡 같은 흙 속에 쿡 박아 듬뿍 떠올리는 솜씨는 여간 아
니였다.'(장편소설 ≪동해천리≫)에서 쓰인 것처럼 마구 함부로 찌르는 모
양을 연상시킨다.

   ◦ '빤들빤들' – '판들판들'
   이 두 본딴말들은 물체의 겉면이 몹시 반반한 모양을 나타내는 말로
서 쓰이는 경우에는 그 의미에서 매우 비슷한 점이 있다. 그러나 '빤들
빤들 윤이 나는 장판바닥'에서와 같이 알른알른하게 윤이 날 정도로 몹
시 반반한 것을 연상시키지만 '판들판들'은 '판들판들 유리알 같은 얼
음판'에서처럼 미끄러질 정도로 몹시 반반한 것을 연상시킨다.
   그런데 조선어 3유음 체계에서 이루어지는 된소리와 거센소리 사이의 이
러한 대조는 어디까지나 두 가지 소리의 음향학적 성질의 차이로 인해서
이루어지는 대조로서 한쪽이 있으면 다른 쪽은 없는 것과 같은 상관관계의

대조는 아니다. 다시 말해 소리느낌에서 나타나는 대조와 같은 것은 아니다.

그리하여 조선어 자음체계에서의 소리느낌의 대조는 결국 순한소리와 된소리 또는 순한소리와 거센소리 사이에서 이루어진다.


## 제2절 말뿌리의 반복형식에 의한 여러 가지 의미 실현

조선어 본딴말의 의미는 말소리의 성질이나 소리느낌을 통하여 실현될 뿐 아니라 말줄기의 구성형식에 의해서 표현되기도 한다.

이와 같은 의미실현에서 가장 대표적인 것인 말뿌리의 반복으로 의미를 실현하는 것이다.

앞에서 이미 이야기한 바와 같이 조선어 본딴말에서는 말뿌리가 반복된 것이 다수를 차지한다.

본딴말에 있는 말뿌리 반복형식에 대한 고찰에서 그 구조적 형태, 구성수법에 대해서는 제4장 3절에서 보기로 하고 여기에서는 다만 반복형식에 의한 일련의 문법적 의미의 실현정형에 대해서만 고찰하기로 한다.

말뿌리가 반복되면서 실현되는 본딴말의 의미를 유형별로 갈라보면 다음과 같다.


### 1. 태적인 의미 표현

태적인 의미는 기본상 행동의 진행과정을 특징짓는 문법적 의미이다. 조선어에서 보통의 개념대응적인 단어들에서는 태적인 의미가 문법적 형태가 아니라 어휘적 수단으로 표현된다. '읽어쌓다'하면 되풀이되는 행동을 나타내며 '읽고 있다'하면 지속적인 행동을 나타내며 '읽어 버리다' 하면 끝맺는 행동을 나타낸다.

그런데 본딴말에서는 태적인 의미가 주로 문법적 수법의 하나인 말뿌리의 반복수법에 의해 표현된다.

본딴말 말뿌리의 반복에 의한 태적인 의미의 실현과정에는 기본적으로 다음과 같은 작은 유형들이 있다.

1) 본딴말에 의해 수식된 동사술어로 표현되는 행동이 여러 번 되풀이 되는 모양을 나타낸다.

실례 :

。방끗방끗

의미 - 입을 예쁘게 약간 벌리며 소리 없이 명랑하게 자꾸 웃는 모양을 나타내는 말.

'놀리기는 누굴 놀려? 허허허' 웃으며 부인의 얼굴을 물끄러미 바라보니 부인이 마주 <u>방끗방끗</u> 웃으면서 '에그 아무렇게나 말씀하시든지 듣기 좋소…'

(단편소설 <수일룡>)

。쿡쿡

의미 - 크게 또는 깊이 여러 번 되풀이 하여 박거나 찌르는 모양을 나타내는 말.

어여쁜 송아지는 어미 젖을 <u>쿡쿡</u> 치받으며 빨다가는 무슨 짓인지 별안간 두 귀를 쫑긋하고 내뚝으로 깡충깡충 뛰여간다.

(장편소설 ≪고향≫)

∘ 끄덕끄덕

의미－고개나 손목 같은 것을 앞뒤로 또는 아래위로 여러 번 되풀이
하여 움직이는 모양을 나타내는 말.

할머니는 늘쌍 시작하는 대로 이렇게 허두를 떼고 몇마디 못하고서 끄
덕끄덕 졸았다.

(단편소설 &lt;우리는 친형제로 자랐다.&gt;)

2) 본딴말에 의해 수식된 동사술어로 표현된 행동이 지속되는 모양을 나
타낸다.

실례 :

∘ 졸졸

의미－① 가는 물줄기 같은 것이 연달아 순하게 흐르는 소리 또는
모양을 나타내는 말.

비위짬에서 솟아오른 물은 남실남실 주름을 일구면서 한쪽 홈태기로
졸졸 흘러내렸다.

(장편소설 ≪1932년≫)

② 작은 물건을 여기저기 자꾸 흘리는 모양을 나타내는 말.

강냉이 직파기에서는 종자알이 적당한 간격을 두고 졸졸 흘러내렸다.

③ 조금도 막힘이 없이 계속 글을 읽거나 외우거나 말하는 모양을
나타내는 말.

처녀애는 이번에는 자기고장에 많이 피는 갖가지 메꽃이며 엄마가 방

역준의로 일하는 목장형편 등에 대하여 <u>졸졸</u> 이야기 하였다.

(장편소설《예지》)

④ 어린이나 작은 동물이 남의 뒤를 줄곧 따라다니는 모양을 나타내는 말.

이 악쟁이, 인민학교시절의 하급생, 겨울철 전국학생 체육경기 때 만나면 나를 <u>졸졸</u> 따라다니며 애를 먹이더니 끝태 성공했구나…'

(장편소설 《총대》)

행동의 지속성은 특히 말뿌리가 세 번 이상 반복된 본딴말에 의하여 표현되는 경우가 많다.

이러한 본딴말은 흔히 행동이 되풀이됨을 나타내면서 동시에 상당이 긴 지속성도 표현한다.

일반적으로 말뿌리 반복식 본딴말의 조성은 개념대응적인 보통의 단어조성에 비하여 상대적으로 자유롭다. 거의 모든 본딴말 말뿌리는 두 번 반복시켜 새로운 본딴말을 조성할 수 있으며 말하는 사람의 의도에 따라 세 번 이상 반복시켜 더 긴 지속성을 나타낼 수도 있다.

실례 :

◦ 졸졸졸…

의미－물이 졸졸 흐르거나, 작은 물건이 졸졸 새어 나오거나, 졸졸 읽거나 외우거나, 남의 뒤를 졸졸 따라다니는 행동이 상당히 긴 동안 지속되는 모양을 나타내는 말.

촬, 촬, 촬, 촬…홈에서 아래도랑으로 물 떨어지는 소리가 요란하게 나고, 발아래 도랑물 흐르는 소리가 <u>졸졸졸</u>…들린다.

(장편소설 《계명산천은 밝아오느냐》)

오직 갱도구석을 흐르는 락수물소리가 졸졸졸 뇌수에 스며들듯 들려올 뿐
이였다.

(단편소설 &lt;탄맥&gt;)

오철림은 과연 패배자처럼 무릎을 꿇고 앉아 술병을 기울이였다. 졸졸졸…
소리를 내며 술잔이 가득 넘쳐났다.

(단편소설 &lt;천암산&gt;)

◦ 척척척…

의미 – 발걸음을 연이어 힘 있게 내딛는 소리나 행동이 상당이 긴 동
　　　안 지속되는 모양을 나타내는 말.

　　척척척 지축을 울리며 힘차게 행진해가는 열병대오.

◦ 땡땡땡…

의미 – 작은 종이나 그릇 같은 것을 연이어 치는 소리가 상당이 긴
　　　동안 지속되는 소리를 나타내는 말.

　　'빨리 대피하시오, 굴간으로, 중환자부터 먼저.' 앞마당에서 땡땡땡 다
급히 두드려대는 종소리 속에 목청껏 웨쳤다.

(장편소설 ≪불구름≫)

3) 본딴말에 의해 수식된 동사술어로 표현된 행동이 점차적으로 이루어
　　지는 모양을 나타낸다.

실례 :

◦ 푸름푸름

의미 – 어렴풋하게 날이 밝아올 때 하늘이 차츰 훤해지는 모양을 나
　　　타내는 말.

최일벽은 장밤을 얘기하고 나서 <u>푸름푸름</u> 동이 틀 림박엔 걸싼 서원 다섯을 추려서 신안동으로 다시 내려보내였다.

(장편소설 ≪대하는 흐른다.≫)

◦ 뉘엿뉘엿

의미 - 해가 서산이나 지평선 너머로 조금씩 넘어가는 모양을 나타내는 말.

해질무렵이였다. <u>뉘엿뉘엿</u> 저물어가는 해가 멀리 들판 한끝에 병풍처럼 둘러선 산봉우리들을 맥없이 불태우고 있었다.

(장편소설 ≪력사의 대하≫)

4) 본딴말에 의하여 수식된 용언술어로 표현된 행동이나 상태의 정도가 약하거나 심한 모양을 나타낸다.

태적의미는 행동의 진행과정을 특징짓는 문법적 의미이지만 어떤 상태가 이루어지는 과정과도 관련된 의미로 되는 경우도 있다.

행동이나 상태의 정도가 약한 모양을 나타내는 경위의 실례 :

◦ 뜨문뜨문

의미 - ① 배지 않고 사이가 약간 번 모양을 나타내는 말.

그 매끄럽기 짝이 없는 빤질빤질한 대나무에 착 붙어서는 <u>뜨문뜨문</u> 돌려감긴 대마디들을 손과 발로 짚으면서 우로 올라갔다.

(장편소설 ≪지리산의 갈범≫)

② 횟수가 잦지 않고 약간 드문 모양을 나타내는 말.

<u>뜨문뜨문</u> 한 개씩 던지는 흙가마니들은 뚝에 붙지 못하고 빙그르르 돌

며 물살에 밀려 아래로 떠내려 가군 하였다.

(장편소설 ≪첫기슭에서≫)

∘ 또글또글

의미—① 낟알이나 열매 같은 것이 무르지 않고 약간 굳은 모양을
　　　　나타내는 말.

　그이께서는 가지가 내밀린 분지나무에서 열매를 훑어 손바닥에 놓고
굴려보시였다. <u>또글또글</u> 여문 분지씨에서 향기가 진하게 풍겨났다.

(장편소설 ≪1932년≫)

② 밥알 같은 것이 잘 익지 않아 설경한 모양을 나타내는 말.

　뜸이 잘 들지 않은 밥이어서 쌀알이 <u>또글또글</u> 입 안에서 군다.

행동이나 상태의 정도가 심한 모양을 나타내는 경위의 실례

∘ 물씬물씬

의미—① 냄새가 코를 찌를 듯이 심하게 풍기는 모양을 나타내는 말.

　내륙 쪽에서 불어오는 바람이 진펄감탕내가 <u>물씬물씬</u> 나는 랭기를 실
어왔다.

(장편소설 ≪동해천리≫)

② 김이나 연기, 먼지 같은 것이 심히 무럭무럭 피어오르는 모양을
　　나타내는 말.

　마른 낙지를 쭉 찢어서 불에 구워서는 한 쪼각을 입에 넣고 힘차게 씹

던 그는 아직도 단 김이 <u>물씬물씬</u> 오르는 어죽그릇에 눈길을 주었다가 정임이를 쳐다보며 넌지시 물었다.

(장편소설 ≪인간을 지키라≫)

○ 북적북적

의미 - 많은 사람들이 모여 심히 수선스럽게 큰소리로 떠드는 모양을 나타내는 말.

그는 단잠을 자다가 많은 사람들이 <u>북적북적</u> 떠들어대는 바람에 놀라 서 깼다.

○ 득시글득시글

의미 - 무엇이 많이 모여서 대단히 어수선하게 움직이는 모양을 나타 내는 말.

공동묘지 속에서 사니까 죽어서나 시원스런데 가서 파묻히겠다는 것 인가? 그러나 하여간에 구데기가 <u>득시글득시글</u>하는 무덤 속이다.

(단편소설 <인력거군>)

행동이나 상태의 정도가 매우 심한 모양은 말뿌리 반복형 본딴말을 말소리를 줄이는 방법으로 변형시켜 효과적으로 나타내기도 한다.

실례 :

○ 후닥닥('후닥후닥'의 준말)

의미 - 몹시 갑작스럽게 마구 뛰거나 일어나는 모양을 나타내는 말.

누군가 급히 달려오는 발자국소리에 잠을 깬 혜경은 <u>후닥닥</u> 자리에서 일어났다.

(장편소설 ≪강계정신≫)

　◦ 와그르르('와글와글'의 준말)

　의미―사람, 짐승, 벌레 또는 작은 알갱이 같은 것이 한 곳에 복잡하게 많이 모여있다가 아주 급하게 흩어지는 모양을 나타내는 말.

　　　흰옷 입은 사람들이 이 골목 저 골목에서 와그르르 쏟아져나왔다.

　　　　　　　　　　　　　　　　　　　(장편소설 ≪백두산 기슭≫)

## 2. 복수의 의미 표현

　조선어에서 문법적 범주의 하나인 수범주의 수량적 의미는 보통의 개념 대응적 단어들에서는 주로 복수토 '-들'에 의하여 표현되는데 본딴말에서는 말뿌리를 반복시키는 방법으로 나타내는 일이 많다.

　'일을 와작와작들 한다'에서와 같이 본딴말에 복수토가 붙기도 하지만 이와 같은 수법보다도 말뿌리 반복의 수법이 보다 활발히 이용된다.

　문장 '처마끝에 명태두름이 주렁주렁 매달려있었다'에서 말뿌리 반복형 본딴말 '주렁주렁'은 매달려있는 명태두름이 하나가 아니라 둘 이상이라는 것을 나타낸다.

　'가시쇠줄에 주렁주렁 달린 깡통들이 눈가루를 쓸며 지나가는 바람을 타고 간단없이 거들거렸다.'에서 '주렁주렁'과 '깡통들이'는 다 복수의 의미를 나타내는 것으로 하여 서로 논리적으로 맞물린다.

　'떠꺼머리 총각애들과 길게 머리채를 따늘인 처녀애들이 굽벅굽벅 인사하고 물러갔다.'에서 '굽벅굽벅'과 '총각애들', '처녀애들이'는 역시 다 복수의 의미를 나타내기 때문에 서로 논리적으로 맞물린다.

　말뿌리 반복형 본딴말이 표현하는 복수의 의미는 어디까지나 본딴말에 의하여 수식된 술어가 표현하는 행동이나 상태의 주체로 되는 대상

이 둘 이상임을 나타내는 것으로서 술어로 표현된 행동이 다회적임을
나타내는 태적 의미와는 본질적으로 구별된다.

### 3. 강조의 의미 표현

조선어 반복형 본딴말들 가운데는 강조의 뜻을 나타내는 것들도 적지
않다. '반들반들 윤이 나는 가구', '보동보동 젖살이 오른 애기', '빡빡
깎은 머리', '노냥노냥 걷다', '사뿐사뿐 발걸음을 옮기다', '텅텅 비다',
'듬뿍듬뿍 담다'에서 '반들반들'은 '물체의 거죽이 반반하고 윤기가 나
는 모양'을 '보동보동'은 '살이 통통하게 오른 모양'을 '빡빡'은 '털 같
은 것을 하나도 없이 말끔히 깎은 모양'을 강조하여 나타낸다.

또한 '노냥노냥'은 '덤비지 않고 천천히 걷는 모양'을 '사뿐사뿐'은
'소리 없이 가볍게 걷는 모양'을 '텅텅'은 '완전히 빈 모양'을 '듬뿍듬
뿍'은 '그릇이 넘어날 정도로 많이 담은 모양'을 힘주어 나타낸다.

말뿌리 반복형 본딴말이 나타내는 강조의 의미는 사물현상에 대한 말
하는 사람의 주관적 태도나 요구, 느낌이 반영된 것으로서 사물현상의 객
관적이며 구체적인 특성과 관련되어 있는 태적인 의미와는 차이가 있다.

말뿌리 반복형 본딴말이 나타내는 강조의 의미는 기본적으로 문맥과
장면에 의해 결정된다.

그러면 위에서 본 말뿌리 반복형 본딴말들 중 '사뿐사뿐', '노냥노
냥', '텅텅'을 놓고 강조의 의미가 어떻게 문맥과 장면의 제약 속에서
실현되는가를 보기로 하자.

◦ '사뿐사뿐'

'모두 발걸음 소리가 나지 않게 <u>사뿐사뿐</u> 걸었다'에서 '사뿐사뿐'은 이 본딴말에 의하여 수식된 동사술어 '걸었다'가 표현하는 행동의 주체가 둘 이상이라는 의미, 즉 복수의 의미를 나타낸다.

때문에 사전에서는 이렇게 쓰인 '사뿐사뿐'에 대해서는 '여럿이 다 소리가 나지 않게 가볍게 걷는 모양을 나타내는 말'과 같이 뜻풀이한다.

그러나 '무용배우는 습관이 되었는지 보통 생활에서도 늘 <u>사뿐사뿐</u> 걷는다'와 같은 문맥 속에서는 '사뿐사뿐'이 소리 없이 가볍게 걷는 모양을 힘주어 강조하는 의미를 가진다.

◦ '노냥노냥'

이 본딴말은 '덤비지 않고 천천히 행동하는 모양'을 나타내는 단순형 본딴말 '노냥'이 반복되어 이루어진 말이다.

'노냥노냥'은 '모두 <u>노냥노냥</u> 비탈길을 걸어 올라갔다'와 같은 문장에서는 '여럿이 다 덤비지 않고 천천히 걷는 모양을 나타내는 말'로서의 의미 즉 복수의 의미를 가진다.

하지만 '노인님! 밤길이니 <u>노냥노냥</u> 걸으십시오'라는 문장에서 '노냥노냥'은 덤비지 말고 조심하여 천천히 걸으라는 것을 강조하는 의미를 나타낸다.

◦ '텅텅'

본딴말 '텅'의 반복형인 '텅텅'은 '곡간들은 <u>텅텅</u> 비었다.'와 같은 문맥 속에서는 여럿이 다 비어있는 모양을 나타내는 말로서의 의미, 즉 둘 이상의 대상과 관련되는 복수의 의미를 가지나 '마을은 사람 그림자

라고는 볼 수없이 **텅텅** 비였다.'와 같은 문맥 속에서는 '완전히 비었음'
을 강조하는 의미를 나타낸다.

이상에서 본 바와 같이 조선어 말뿌리반복 형식의 본딴말들에는 행
동의 다회성이나 행동이나 상태의 지속성, 점차성 또는 행동이나 상태
의 정도 등과 같은 태적의미, 복수의 의미, 강조의 의미들 중 어느 한
의미를 또는 몇 개의 의미를 동시에 나타내는 것들이 있다.

그러므로 ≪조선말대사전≫에서는 반복형 본딴말이 가지는 이러한
문법적 의미들이 잘 들어날 수 있게 풀이방식을 다음과 같이 규격화하
고 있다.

<u>행동의 다회성을 나타내는 본딴말</u>~ '···**자꾸**···나타내는 말.'
실례 : 깡충깡충ー짜름한 다리를 모으고 매우 힘 있게 <u>자꾸</u> 높이 솟
구어 뛰는 모양을 나타내는 말.

생끗생끗ー눈과 입을 귀엽게 움직이며 소리 없이 가볍게 <u>자꾸</u> 웃는
모양을 나타내는 말.

뻐꾹뻐꾹ー뻐꾹새가 <u>자꾸</u> 우는 소리를 나타내는 말.

<u>행동이나 상태의 지속성을 나타내는 본딴말</u>~ '···**잇달아**···나타내는말.'
실례 : 땅땅ー연이어 총을 쏘거나 작은 쇠붙이나 딴딴한 물건을 맞부
딪치게 할 때 <u>잇달아</u> 여무지게 울리어나는 소리를 나타내는 말.

날름날름ー혀나 손같은 것을 <u>잇달아</u> 날래게 내밀었다 들였다 하는
모양을 나타내는 말.

<u>행동의 점차성을 나타내는 본딴말</u>~ '···**차츰**(조금씩)···나타내는말.'

실례 : 살살－배가 조금씩 아파나는 모양을 나타내는 말.

<u>행동이나 상태의 정도를 나타내는 본딴말</u>~ '…좀(꽤, 제법), 매우(몹시),
…나타내는말.'

실례 : 설렁설렁－<u>좀</u> 소란스럽게 설레이며 물이 끓어오르는 모양을
나타내는 말.

썰렁썰렁－찬 바람이 <u>꽤(제법)</u> 써늘하게 불어오는 모양을 나타내는 말.

콩당콩당－<u>매우(몹시)</u> 탄력있게 뛰어오르는 모양을 나타내는 말.

<u>복수의 의미를 나타내는 본딴말</u>~ '…여럿이 다…나타내는 말.'

실례 : 겁석겁석－여럿이 다 고개나 몸을 가볍고 크게 숙이는 모양을
나타내는 말.

<u>강조의 의미를 나타내는 말</u>~ '…강조하여 이르는 말.'

실례 : 빨랑빨랑

흔히 '빨랑빨랑 일을 해치우다'와 같은 서술문에서는 몹시 재빠른 동
작으로 움직이는 모양을 나타내는 말로 되지만 '자! 빨랑빨랑 손을 놀
립시다'와 같은 권유문이나 '애! 빨랑빨랑 숙제를 해라'와 같은 명령문
에서는 '동작이나 일을 매우 빨리함을 강조하여 이르는 말'로 된다.

## 제3절 다의어, 소리같은말, 뜻같은말에서의 의미 실현

### 1. 다의어에서의 의미실현

다의어란 둘 또는 그 이상의 뜻을 가진 단어 또는 단어결합을 말한다.

다의어의 존재는 객관세계의 모든 사물현상들이 연관 속에서 존재하며 인간의 발음기관에 의하여 발성되는 말소리에 비하여 언어로 표현하여야 할 내용이 훨씬 다양하다는 사실과 관련되어 있는 만큼 조선어도 포함한 모든 언어들에서 보편적인 현상으로 된다. 조선어 본딴말들 가운데도 다의어가 매우 많다.

조선어 본딴말에서의 다의성은 개념대응의 일반단어에서 볼 수 있는 다의적 현상과 비교해 볼 때 일련의 특성이 있다.

그 특성은 첫째, 의미체계가 넓고 다면적인 데 있다. 이러한 특성은 특히 모양본딴말에서 두드러지게 나타난다. ≪조선말대사전≫에서는 본딴말 '푹'의 의미를 다음과 같이 주석하였다.

> 푹-Ⅰ ① 안의 것이 드러나지 않게 빈틈없이 아주 덮어싸거나 가리는
> 　　　　모양을 나타내는 말. | 모자를 눈 우까지 푹 눌러쓰다.
> ② 가루나 먼지같은 것이 몹시 많이 덮인 모양을 나타내는 말. | 푹 들
> 　　쓰다
> ③ 몹시 익거나 녹은 모양을 나타내는 말. | 푹 녹은 쇠물. 닭을 푹 익
> 　　도록 고다.
> ④ 몹시 삭거나 썩은 모양을 나타내는 말. | 푹 녹쓴 파철. 푹 섞은 두
> 　　엄더미.
> ⑤ 크게 실패하거나 망한 모양을 나타내는 말. | 푹 망하고 말다.
> ⑥ 충분히 자거나 휴식하는 모양을 나타내는 말. | 한잠 푹 자다. 마음
> 　　놓고 푹 쉬다.

⑦ 흠뻑 젖거나 배인 모양을 나타내는 말. | 비에 옷이 푹 젖다. 기름 냄새가 푹 배인 작업복.

⑧ 어떤 생각, 사상, 생활환경, 분위기 등에 깊이 잠겨 있는 모양을 나타내는 말. | 새 생활에 몸을 푹 잠그다.

⑨ 분량이나 힘, 능력, 기능 등이 많이 늘거나 준 모양을 나타내는 말. | 강물이 푹 줄다. 기술이 푹 눌다.

⑩ 아래우로 또는 옆으로 몹시 커지거나 작아진 모양을 나타내는 말. | 산이 푹 낮아지다. 옆으로 푹 퍼진 뚱뚱보.

⑪ 부피가 심하게 부풀어났거나 졸아든 모양을 나타내는 말. | 푹 부푼 삶은 당콩

⑫ 깊이 우무러지거나 크게 구멍이 뚫린 모양을 나타내는 말. | 구멍이 푹 뚫리다. 푹 꺼져들어간 눈확.

⑬ 안개, 연기 같은 것이 몹시 낀 모양을 나타내는 말. | 앞을 가려볼 수 없게 안개가 푹 끼다.

⑭ 기세, 열정 같은 것이 아주 뚝 떨어진 모양을 나타내는 말. | 사기가 푹 떨어지다. 정열이 푹 사그라지다

⑮ 목소리가 몹시 가라앉은 모양을 나타내는 말. | 푹 가라앉은 목소리.

Ⅱ ① 힘없이 넘어지는 모양 또는 그 소리를 나타내는 말. | 푹 쓰러지다. 푹 꼬꾸라지다.

② 힘껏 내지르거나 깊이 찌르거나 박거나 하는 모양 또는 그 소리를 나타내는 말. | 삽을 땅에 푹 박다.

③ 깊이 빠지거나 잠기는 모양을 나타내는 말. | 강물에 몸을 푹 잠그다.

④ 무엇을 많이 퍼내는 모양 또는 그 소리를 나타내는 말. | 모래 한삽을 푹 퍼담다

⑤ 가루나 연기같은 것이 세게 쏟아져나오는 모양 또는 그 소리를 나타내는 말. | 밀가루가 푹 쏟아지다.

⑥ 마음을 아주 편안하게 가지는 모양을 나타내는 말. | 생각을 푹 눅잦히다.

⑦ 고개를 깊이 숙이는 모양을 나타내는 말. | 고개를 푹 숙이다. 고개

　　를 푹 숙인 벼이삭들.

　　⑧ 숨을 깊이 쉬는 모양을 나타내는 말.[1] | 한숨을 푹 내쉬다.

　본딴말 '푹'의 의미 체계 속에 들어가는 뜻갈래는 이와 같이 23개에 달한다. 이 뜻갈래 수는 개념대응의 보통단어들의 뜻갈래 수와 비교해 볼 때 매우 많은 것이다.

　조선어 개념대응의 보통 단어들 가운데는 의미적 추상화 정도가 매우 높은 '하다', '되다', '가다', '살다', '크다', '작다', '있다', '없다', '죽다', '먹다', '좋다', '나쁘다' 등과 같은 단어들이 있다. 이러한 단어들은 뜻폭이 매우 넓은데 그것들 가운데서 동사 '하다'(뜻갈래수 48개)를 제외한 나머지 단어들은 본딴말 '푹'과 비교해 볼 때 뜻갈래 수가 동사 '가다'(22개), '되다'(22개), '크다'(20개)의 경우에는 대등하며 '살다'(18개), '죽다'(12개), '있다'(16개), '작다'(13개), '좋다'(12개), '나쁘다'(7개)는 적다.

　본딴말 '푹'의 뜻갈래 수는 이처럼 의미적 추상화 정도가 특별히 높은 몇 개의 단어들을 제외한다면 보통의 단어들에서 볼 수 있는 뜻갈래 수보다 훨씬 많은 것이다.

　다의어가 차지하는 비중을 놓고 보아도 본딴말이 보통의 일반단어에서 보다 높으며 다의어들의 평균 뜻갈래 수를 보아도 본딴말이 일반단어에서 보다 많은 편이다.

　본딴말다의어가 이와 같이 의미체계의 폭이 넓고 다면적인 것은 본의로부터의 전의과정이 말소리의 성질이나 소리느낌을 매개로 하여 유연하게 이루어지기 때문이라고 말할 수 있다.

　다의적 현상과 관련된 본딴말의 특성은 둘째로, 다의어의 의미체계가

---

1) 뜻 ⑧은 필자가 새로 보충한것임.

이루어지는 데서 표식의 유사성에 기초한 전이과정이 기본으로 된다는 데 있다.

다의어의 의미체계는 어떤 뜻으로부터 다른 뜻이 파생되는 전이과정을 밟아 이루어지며 이 과정은 기본적으로 은유나 환유 또는 제유와 같은 의미변화방식에 의하여 실현된다.

은유는 대상의 색깔, 형태, 상태, 운동 등의 유사성에 기초하여 한 대상의 이름이 다른 대상에 옮겨지면서 단어의 의미체계가 풍부화되고 다양화되는 방식이다. 예를 들면 사람의 청각기관을 이르는 '귀'가 그것과 생김새가 비슷한 바늘의 윗쪽 구멍이 난 부분을 이르는 이름으로 넘어가는 것과 같은 것이다.

환유는 단어의 의미체계가 인접성에 의한 전의과정을 밟아 확대 풍부화되는 방식이다.

다시 말해 어떤 대상의 이름이 그 대상과 공간적으로나 시간적으로 가까이 있거나 또는 논리적으로 연관되어 있는 다른 대상의 이름으로 넘어가 쓰이게 되는 것이다.

몸의 한 부분을 이르는 말인 '허리'가 '허리에 닿는 옷의 부분'을 나타나게 되는 것과 같은 것이다.

제유는 단어의 의미체계가 어떤 부분을 이르는 이름이 그 부분을 포함한 전체의 이름으로 되거나 반대로 전체의 이름이 거기에 포함된 부분의 이름으로 되면서 확대 풍부화되는 것이다. 사람의 몸에서 무엇을 쥐거나 만지는 부분을 이르는 이름인 '손'이 이 부분을 포함한 사람으로서의 '노력'이나 '일손'을 가리키는 이름으로 넘어가는 것과 같은 것이다.

그런데 다의적인 조선어 본딴말의 의미체계의 발전, 풍부화 과정은 기본적으로 은유적 전이과정을 밟아 실현된다.

그러면 이와 관련된 몇 가지 실례를 들어보기로 한다.

본딴말 '펄펄'은 '물이 펄펄 끓다', '불길이 펄펄 일다', '펄펄 날리는 람홍색 공화국깃발', '경기장을 종횡으로 펄펄 달리는 축구선수들', '선창에서 펄펄 뛰는 고등어들', '성이 독같이 올라 펄펄 뛰다', '독감에 걸려 열이 펄펄 나다' 등에서와 같이 여러 가지 의미로 쓰인다.

본딴말 '솔솔'도 '가루를 솔솔 뿌리다', '솔솔 내리는 가을밤의 가는 비', '솔솔 피여 오르는 가는 연기', '고소한 냄새가 솔솔 풍기다', '약한 불에 물을 솔솔 끓이다', '대오에서 솔솔 빠져나가다', '재미가 솔솔 나다', '얽히였던 실이 솔솔 풀리다', '말을 솔솔 잘 엮어나가다', '바람이 솔솔 불다' 등에서와 같이 여러 가지 의미로 쓰인다.

본딴말 '바글바글'은 '남비에서 바글바글 끓는 물', '비누거품이 바글바글 일다', '바글바글 끓는 장거리', '바글바글 끓는 애간장' 등에서와 같이 여러 가지 뜻으로 쓰인다.

여기에서 본딴말 '펄펄'의 여러 뜻들은 각기 자기의 고유한 독자적인 의미내용을 가지지만 이 본딴말이 나타내는 대상 현상들의 모양이 세차거나 정도가 심한 움직임과 관련된 것이라는 점에서 유사성이 있는 모양인 것으로 하여 한 개 본딴말의 의미 체계 속에서 의미적 연관관계가 맺어지는 갈래뜻들로 된다.

본딴말 '솔솔'의 여러 뜻들은 '펄펄'과는 반대로 순하거나 정도가 약하거나 가볍고 부드럽다는 점에서 서로 유사한 움직임들의 모양을 나타내는 것으로 하여 의미적 연관관계가 맺어지면서 한개 본딴말의 의미체계 속에 들어가는 갈래뜻들로 된다.

본딴말 '바글바글'의 여러 가지 뜻들은 매우 야단스럽고 걷잡을 수 없이 복잡하다는 점에서 유사성이 있는 움직임들의 모양을 나타내므로 한 개 본딴말의 의미체계 속의 의미적 연관이 있는 갈래뜻들로 된다.

이처럼 다의적인 본딴말에서의 뜻 전의과정은 기본적으로 표식의 유사성에 기초한 전이, 즉 은유적인 전이 수법에 의하여 이루어진다.

다의적인 본딴말의 전의과정에서 나타나는 이와 같은 특성은 본딴말 자체가 사물현상의 소리나 모양(색깔, 형태, 움직임, 성질) 등을 말소리로 모방하여 직관적으로 나타내는 말인 것으로 하여 생긴 것이라고 볼 수 있다.

다의적인 본딴말에서 의미전의 방향은 대부분의 개념대응적인 다의어들에서와 마찬가지로 구체적인 의미로부터 추상적인 의미로 넘어가는 것이다.

> 실례 : 달랑달랑
> 의미-① 작은 방울이나 작은 물체같은 것이 흔들리면서 잇달아 내는 소리 또는 그 흔들리는 모양을 나타내는 말. | 동무들은 그를 은방울이라고 불렀다. 정말 그의 몸에서 달랑달랑 은방울소리가 나는 것 같았다(장편소설 ≪석개울의 새봄≫). / 조그마한 주먹을 부르쥐고 할딱거리며 달려오는 계집애의 깡뚱한 치마꼬리에서는 장난감같은 빨간 유치원 가방이 달랑달랑 춤추고 있었다(장편소설 ≪정복자들≫).
> ② 갑자기 겁이 나거나 놀랐을 때 가슴이 몹시 따끔하게 자꾸 울리는 모양을 나타내는 말. | 겁이 많은 그는 웬만한 일에도 가슴이 달랑달랑 놀라곤 한다.
> ③ 어린아이가 몹시 귀염성 있게 행동하는 모양을 나타내는 말. | 달랑달랑 춤을 추며 노래하는 유치원 어린이들.
> ④ 행동이나 몸가짐새가 듬직하고 침착하지 못하고 경망스러운 모양을 나타내는 말. | 그는 언제 보아도 달랑달랑 믿음이 덜 가게 행동한다.

본딴말 '달랑달랑'의 뜻들은 '구체적인 물리적인 것→심리적인 것→정서적인 것→품성적이거나 태도적인 것'의 단계를 밟는 추상화과정을 거쳐 하나의 의미체계를 이루었다고 볼 수 있다.


## 2. 소리같은말(동음이의어)에서의 의미실현

소리같은말이란 말소리는 같으나 뜻이 완전히 다른 단어이다. 하늘에서 내리는 '눈'과 사람의 '눈', 사람의 교제수단으로서의 '말'과 동물인 '말', '배가 부르다'할 때 '배'와 '배를 타고 간다'할 때 '배', '과수원에서 배를 따다' 할 때의 '배'와 같은 것이다.

조선어 본딴말에는 소리같은말들이 적지 않다.

≪조선말대사전≫에 올라있는 소리같은말들 가운데서 사용빈도가 비교적 높은 것들을 목록으로 보이면 다음과 같다.

[표 5] 2개 대응 소리 같은 말

| | |
|---|---|
| 가들막가들막1 (가들막가들막 고개를 흔들다) | 가들막가들막2 (그릇마다 물을 가들막가들막 담다) |
| 그렁그렁1 (가래가 그렁그렁 끓다) | 그렁그렁2 (눈물이 그렁그렁 고인 눈) |
| 깜작깜작1 (눈을 깜작깜작 떴다 감았다 하다) | 깜작깜작2 (까만 점이 깜작깜작 여기저기 박히다) |
| 꺼덕꺼덕1 (꺼덕꺼덕 졸다) | 꺼덕꺼덕2 (꺼덕꺼덕 말라가는 빨래) |
| 꼬박1 (꼬박 절을 하다) | 꼬박2 (밤을 꼬박 패다) |
| 꽁꽁1 (꽁꽁 다지다, 꽁꽁 얼다) | 꽁꽁2 (꽁꽁 앓음소리를 내다) |
| 깨작깨작1 (깨작깨작 숟갈만 놀리다) | 깨작깨작2 (글을 깨작깨작 쓰다) |
| 꼭꼭1 (시간을 꼭꼭 지키다) | 꼭꼭2 (글씨를 꼭꼭 박아쓰다) |
| 노닥노닥1 (노닥노닥 기운 옷) | 노닥노닥2 (노닥노닥 지껄이다) |
| 댕댕1 (댕댕 울리는 종소리) | 댕댕2 (댕댕 켕긴 활줄, 댕댕 성난 얼굴) |
| 둥실1 (둥실둥실 뜬 뭉게구름) | 둥실2 (둥실둥실 빚은 메주덩이) |
| 딱1 (시계가 딱 멎다) | 딱2 (돌이 벽에 딱 부딪쳤다) |

| | |
|---|---|
| 맴맴1(맴맴 돌다) | 맴맴2(맴맴 매미소리) |
| 바싹바싹1(바싹바싹 마른 락엽들) | 바싹바싹2(바싹바싹 다가앉다) |
| 댕강1(쇠붙이들이 부딪는 댕강소리) | 댕강2(평양장사의 한칼에 댕강 떨어져 나가는 왜적의 머리) |
| 동실1(동실 뜬 처녀의 눈) | 동실2(물우에 동실 뜬 장난감 배) |
| 둥실1(흰구름 송이가 둥실 뜬 하늘가) | 둥실2(보름달같이 둥실 환한 새색시) |
| 바득바득1(바득바득 대들다, 바득바득 애쓰다) | 바득바득2(바득바득 이빨 가는 소리) |
| 박박1(박박 긁다) | 박박2(박박 얽은 얼굴) |
| 부들부들1(부들부들 떠는 몸) | 부들부들2(부들부들 손맛이 좋은 천) |
| 빙글빙글1(빙글빙글 웃다) | 빙글빙글2(빙글빙글 돌다) |
| 빽1(빽 둘러앉다) | 빽2(소리를 빽 지르다) |
| 삼빡1(손가락이 삼빡 베여지다) | 삼빡2(눈을 삼빡 감았다 뜨다) |
| 숭글숭글1(숭글숭글 생긴 얼굴) | 숭글숭글2(숭글숭글 솟는 구슬땀) |
| 시근시근1(뼈마디가 시근시근 아프다) | 시근시근2(시근시근 가쁜 숨을 쉬다) |
| 오글오글1(오글오글 잡힌 주름) | 오글오글2(남비물이 오글오글 끓다) |
| 오물오물1(한데 모여 오물오물 움직이는 송사리떼) | 오물오물2(언제나 오물오물 입을 오물거리는 토끼) |
| 와싹1(얼음이 와싹 부서지다) | 와싹2(곡식이 와싹 자라다) |
| 와짝1(기운이 와짝 나다) | 와짝2(유리를 와짝 밟아깨다) |
| 우쩍1(사과를 우쩍 베어 우물다) | 우쩍2(우쩍 허세를 돋구다) |
| 우쩍우쩍1(무김치를 우쩍우쩍 깨물다) | 우쩍우쩍2(키가 우쩍우쩍 크다) |
| 웽웽1(바람에 웽웽 우는 전기줄) | 웽웽2(글을 웽웽 읽다) |
| 자분자분1(자분자분 모래가 씹히다) | 자분자분2(자분자분 부드럽게 이야기 하다) |
| 반뜻반뜻1(반뜻반뜻 빛나다) | 반뜻반뜻2(종이를 반뜻반뜻 펴다) |
| 뱅글뱅글1(뱅글뱅글 돌다) | 뱅글뱅글2(뱅글뱅글 웃다) |
| 부득부득1(부득부득 달라붙다) | 부득부득2(부득부득 이를 갈다) |
| 빨빨1(빨빨 땀을 흘리다) | 빨빨2(빨빨 쏘다니다) |
| 뺑글뺑글1(뺑글뺑글 웃다) | 뺑글뺑글2(뺑글뺑글 돌다) |
| 뻘뻘1(땀을 뻘뻘 흘리다) | 뻘뻘2(뻘뻘 쏘다니다) |
| 살랑살랑1(바람이 살랑살랑 불다) | 살랑살랑2(살랑살랑 말하다) |
| 삼박1(삼박 눈을 감았다 뜨다) | 삼박2(두부를 삼박 자르다) |
| 새근1(뼈마디가 새근 저리다) | 새근2(잠자는 애기의 새근 소리) |
| 쌈박쌈박1(생선살을 쌈박쌈박 저며내다) | 쌈박쌈박2(눈을 쌈박쌈박 감았다 떴다 하다) |
| 썩썩1(무우를 썩썩 썰다) | 썩썩2(일을 썩썩 해치우다) |

| | |
|---|---|
| 오르르1(오르르 모이다) | 오르르2(오르르 떨다) |
| 와싹1(나무통이 와싹 부서지다) | 와싹2(와싹당기다, 와싹자라다) |
| 와작1(김치를 와작와작 깨물다) | 와작2(와작와작 걸음을 다그치다) |
| 왈왈1(개가 왈왈 짖다) | 왈왈2(왈왈 몸을 떨다) |
| 왱왱1(자동차가 왱왱 달리다) | 왱왱2(왱왱 외우는 글소리) |
| 우르르1(두 주먹을 쥐고 우르르 떨다) | 우르르2(양무리가 우르르 몰려오다) |
| 우적우적1(무우를 우적우적 씹다) | 우적우적2(벼들이 우적우적 자라다) |
| 움질움질1(몸을 움질움질 놀리다) | 움질움질2(고기를 움질움질 씹다) |
| 자끈자끈1(나뭇가지를 자끈자끈 꺾다) | 자끈자끈2(골치가 자끈자끈 쑤시다) |
| 잘강잘강1(쇠소리가 잘강잘강 나다) | 잘강잘강2(종이쪽지를 잘강잘강 씹다) |
| 잘뚝잘뚝1(잘뚝잘뚝 절다) | 잘뚝잘뚝2(나무혹이 잘뚝잘뚝 튀여 오른다) |
| 잘뚝잘뚝1(잘뚝잘뚝 절다) | 잘뚝잘뚝2(살이 올라 잘뚝잘뚝 마디진 애기의 다리) |
| 잘록잘록1(잘록잘록 조금씩 절다) | 잘록잘록2(잘록잘록 살이 오른 귀여운 애기손) |
| 잘박잘박1(진창길을 걷는 잘박잘박 소리) | 잘박잘박2(솥에 밥물을 손이 잘박잘박 잠기게 붓다) |
| 제꺽1(맡은 일을 제꺽 해치우다) | 제꺽2(문걸쇠를 채우는 제꺽소리) |
| 종종1(종종 군소리) | 종종2(종종 발걸음을 재게 옮기다) |
| 지끈지끈1(지끈지끈 때리다, 지끈지끈 우레소리) | 지끈지끈2(머리가 지끈지끈 아프다) |
| 질뚝질뚝1(지팽이를 짚고 질뚝질뚝 걷다) | 질뚝질뚝2(여기저기 질뚝질뚝 패인 물건) |
| 짜글짜글1(짜글짜글 쪼그라진 깡통) | 짜글짜글(찌개가 짜글짜글 끓다) |
| 짝짝1(짝짝 달라붙는 흙) | 짝짝2(짝짝 미끄러지다) |
| 째깍1(안경알이 째깍 깨지다) | 째깍2(일을 째깍 끝내다) |
| 째깍째깍1(걸음을 옮길 때마다 발아내서 째깍째깍 유리가 깨진다) | 째깍째깍2(맡은 과업들을 째깍째깍 해치우다) |
| 쩨꺽1(쩨꺽 부러지다) | 쩨꺽2(무슨 일이든 쩨꺽 해치우다) |
| 쩨꺽쩨꺽1(쩨꺽쩨꺽 격발기 소리) | 쩨꺽쩨꺽2(일을 쩨꺽쩨꺽 해치우는 일솜씨) |
| 차랑차랑1(동이에 차랑차랑 넘치는 물) | 차랑차랑2(양철판이 차랑차랑 울리다) |
| 착착1(착착 들어붙는 찰흙) | 착착2(착착 늘어진 수양버들) |
| 척1(척 들어붙다) | 척2(척 늘어지다) |
| 충충1(충충 걸어가다) | 충충2(물이 충충 피이다) |
| 콩콩1(콩콩 뛰다) | 콩콩2(콩콩 짖는 강아지 소리) |
| 통통1(통통 붓다) | 통통2(공이 통통 튀다, 기계배의 통통 소리) |
| 팡팡1(팡팡 터지다, 팡팡 구멍이 뚫리다) | 팡팡2(함박눈이 팡팡 내리다) |
| 지르르1(지르르 전기가 통하다) | 지르르2(개기름이 지르르 흐르는 얼굴) |

| | |
|---|---|
| 질근질근1(질근질근 씹다) | 질근질근2(수건으로 머리를 질근질근 동여매다) |
| 잘똑잘똑1(잘똑잘똑 절다) | 잘똑잘똑2(잘똑잘똑 마디진 애기의 다리) |
| 짤름1(그릇을 짤름 넘어나는 물) | 짤름2(다리를 짤름 절다) |
| 착1(착 달라붙다) | 착2(착 돌아서다) |
| 총총1(총총 걷다) | 총총2(총총 별이 뜬 하늘) |
| 투덕투덕1(이불을 투덕투덕 두드려털다) | 투덕투덕2(투덕투덕 살이 찐 얼굴) |
| 퉁퉁1(얼굴이 퉁퉁 붓다) | 퉁퉁2(대고소리가 퉁퉁 울리다) |
| 펑펑1(펑펑 터지다, 펑펑 물이 쏟아지다, 펑펑 두드리다) | 펑펑2(펑펑 쏟아지는 함박눈) |
| 해뜩1(푸른빛 바탕에 흰색이 해뜩 얼비치다) | 해뜩2(해뜩 자빠지다, 해뜩 쳐다보다) |
| 해죽1(해죽 웃다) | 해죽2(해죽 팔을 젓다) |
| 희끗1(희끗 쳐다보다) | 희끗2(희끗 나타났다 없어지다) |

[표 6] 3개 대응 소리같은말

| | | |
|---|---|---|
| 가랑가랑1 (가래가 가랑가랑 끓다) | 가랑가랑2 (독물이 가랑가랑 차다) | 가랑가랑3 (가랑가랑 돌아가는 기계소리) |
| 골골1(골골 앓다) | 골골2(골골 자고 있는 아이) | 골골3(닭이 알을 골골 걷다) |
| 달달1(달달 돌아가는 활차) | 달달2(턱을 달달 떨다) | 달달3(콩을 달달 볶다) |
| 부썩1(다치면 부썩 소리를 내는 마른 풀단) | 부썩2(키가 부썩 크다) | 부썩3(부썩 우기다) |
| 짝1(종이가 벽에 짝 붙다) | 짝2(얼음판에 짝 미끄러지다) | 짝3(소문이 짝 퍼지다) |
| 까닥까닥1(까딱까딱 졸다) | 까닥까닥2(까닥까닥 웃다) | 까닥까닥3 (까딱까딱 마른 빨래) |
| 팽팽1(줄을 팽팽 당기다) | 팽팽2(팽이를 팽팽 돌리다) | 팽팽3(팽팽 날아오는 총탄) |

이상의 소리같은 본딴말 자료는 ≪조선말대사전≫의 소리같은 본딴말 올림정형의 전모를 기본적으로 반영한 것이다.

이 자료를 통하여 우리는 다음과 같은 몇 가지 이해를 가질 수 있다.

◦ 소리같은 본딴말은 발음은 같으나 음운구성이 다른 이철 소리같은말이나 음운구성이 단어의 어느 한 문법적 형태에서만 일치하는 형태

소리같은말은 없고 다 음운구성도, 철자도 문법적 성질도 똑같은 절대적 소리같은 말이다.

◦소리같은 본딴말은 의미상연관이 전혀 없는 동일한 어음복합체들의 우연한 일치로 생긴 것이다.

실례 :

빙글빙글[1] / 빙글빙글[2]

빙글빙글[1] – 입술을 슬며시 벌릴듯 말듯하면서 소리 없이 부드럽게 자꾸 웃는 모양을 나타내는 말(≪조선말대사전≫).

> '…그놈의 싱거운 맘보를 아무것으루라두 좀 골려줘야지' 빙글빙글 웃
> 으며 쌈지를 펴들고 자랑이다.
>
> (단편소설 <호랑령감>)

빙글빙글[2] – 한점을 중심으로 가볍게 자꾸 돌아가는 모양을 나타내는 말(≪조선말대사전≫)

> 소에선 늘 시퍼런 물이 빙글빙글 소용돌이를 하고 여울에 선물이 구슬
> 같은 흰 갈기를 날린다.
>
> (장편소설 ≪석개울의 새봄≫)

'빙글빙글[1]'은 웃는 모양을 형용하여 나타낸 본딴말이고 '빙글빙글[2]'는 무엇이 돌아가는 모양을 형용하여 나타낸 본딴말인만큼 두 단어는 아무런 의미적 공통성이나 연관성이 없다. '빙글빙글[1]'과 '빙글빙글[2]'는 서로 전혀 다른 뜻을 나타내는 말임에도 불구하고 순수 음운구성이 우연적으로 일치한 것으로 하여 소리같은말의 쌍으로 되였다.

지끈지끈1 / 지끈지끈2

지끈지끈1 – 단단한 물건이 갑자기 세게 자꾸 부러지거나 깨지는 소리 또는 그 모양을 나타내는 말.

> 지끈지끈 나무가지가 부러지는 소리.

지끈지끈2 – 골치가 자꾸 쿡쿡 쑤시는듯 아픈 모양을 나타내는 말.

> 그는 지금 두통이 올라 골 속에서 지끈지끈 방망이질을 하지만 깨알 같은 글자를 열심히 들여다보고 있다.
>
> (장편소설 ≪유격구의 기수≫)

'지끈지끈 나무가지 부러지는 소리'에 쓰인 '지끈지끈'은 물건이 부러지거나 깨지는 과정과 관련된 본딴말이고 '…골속에서 지끈지끈 방망이질을 하지만…'에 쓰인 '지끈지끈'은 머리가 쑤시는 듯이 아픈 상태와 관련된 본딴말인 만큼 두 단어들 사이의 의미적 연관성은 전혀 찾아볼 수 없다. 그러므로 두 단어들의 음운구성에서의 일치는 우연적인 일치이다.

◦ 소리같은 본딴말의 계열에는 단어음운구성에서의 우연적인 일치와는 다른 성격의 일치, 즉 다의어의 의미체계 속에 속해있는 어떤 개별적인 뜻이 기본바탕 뜻으로부터 거리가 멀어지면서 새로운 단어의 뜻으로 되어버림으로써 생겨나는 의미론적 소리같은 말은 거의 없다.

본딴말에서는 단어의 어떤 한 뜻이 그 뜻의 전의기초로 되는 바탕뜻으로부터 상당하다고 할 정도로 거리가 멀어진 경우에도 그것이 발생적으로 바탕뜻과 연관되어 있는 이상은 한 다의어의 의미체계 속에 속하는 갈래뜻으로 되는 것이 일반적이다.

이와 같이 소리같은 본딴말계열에서 단어음운구성의 우연적인 일치로 생긴 어휘론적 소리같은 말이 기본을 이루고 다의어의 갈래뜻들 사이의 의미적 연관관계가 멀어지면서 생기는 의미론적 소리같은 말이 극히 드문 것은 본딴말의 본질적 특성과 관련된 필연적 현상이다.

본딴말은 사물현상의 소리나 모양(생김새, 색깔, 움직임, 성질 등)에 대한 직관적인 표상을 말소리로 모방하여 나타낸 말인 것만큼 원칙적으로 단어들 간에 말소리에서 나타나는 일체 차이는 뜻의 차이로 나타나며 반대로 뜻에서의 차이는 말소리에서의 차이를 가져오게 마련이다. 그러므로 소리같은 본딴말의 존재는 오직 말소리의 우연적 일치와 관련된다.

또한 다의적인 본딴말에서 뜻의 전의과정은 말소리의 성질이나 소리느낌을 매개로 하여 나타나는 표식의 유사성에 기초하여 이루어지는 은유적인 의미 변화 과정이기 때문에 갈래 뜻들 간의 관계가 매우 유연하다. 따라서 갈래뜻은 바탕뜻으로부터 거리가 멀어질 수는 있지만 바탕뜻과 관계가 완전히 끊어지는 경우는 극히 드물다.

≪조선말대사전≫에서는 소리같은 본딴말의 올림과 주석에서 이 부류의 단어에서 나타나는 어휘론적 뜻같은말이 지배적이고 의미론적 뜻같은말은 극히 적은 특성을 잘 살림으로써 사전의 과학성을 보장하였다.

그러면 이와 관련하여 ≪조선말대사전≫과 다른 어느 한 사전을 놓고 대비, 고찰하여 보기로 한다.

이 두 사전은 올림말수가 비슷한 대사전류에 속하는 사전들이다. 그런데 소리같은 본딴말처리에서 일정한 차이를 보인다.

우선 양적으로 볼 때 ≪조선말대사전≫에 오른 '펑펑¹'(구멍이 펑펑 뚫리다) / '펑펑²'(함박눈이 펑펑 내리다), '퉁퉁¹'(얼굴이 퉁퉁 붓다) / '퉁퉁²'(퉁통 울리는 대고소리)와 같은 소리같은 본딴말 쌍의 수에 비해 비교되는 사전에는 소리같은 본딴말 쌍이 약 2배가 올라있다.

이것은 소리같은 본딴말을 올린 수에서 두 사전이 상당한 정도의 차이가 있음을 보여주는 것인데 이 차이는 주로 두 사전에서 본딴말에서의 다의어와 소리같은말의 계선을 같은 기준에서 세우지 않은 데 있다고 볼 수 있다.

《조선말대사전》에서는 다의적인 본딴말의 뜻풀이에서 본딴말의 본성적 특성에 맞게 뜻폭을 넓게 잡고 그 속에 바탕뜻과 가까운 뜻만이 아니라 비교적 먼 뜻들까지도 포괄시켜 풀이되는 본딴말의 의미체계를 풍부화, 다양화하는 방향으로 나감으로써 소리같은 본딴말의 수가 필요없이 늘어나는 편향이 없게 하였다.

그러나 대비되는 다른 사전에서는 일부 다의적인 본딴말의 뜻풀이에서 바탕뜻과 의미적 연관이 밀접하다고 보아지는 뜻들은 하나의 의미체계 속에 넣고 거리가 멀다고 인정되는 뜻들은 따로 갈라내어 새로운 소리같은 말이 생겨나게 하였다. 결과 다의어 의미체계의 폭은 좁아지고 소리같은 말의 수는 많아지는 결과가 초래되었다.

그러면 이와 관련된 실례 몇 가지를 들어보기로 한다.

▶ 딱1 / 딱2 : 딱1 / 딱2 / 딱3

《조선말대사전》에서는 '딱¹', '딱²'의 2개 소리같은말을 올리고 다음과 같이 뜻풀이를 하였다.

딱1 – I ① 아주 멎거나 서버리는 모양을 나타내는 말.

　　　　　　시계가 딱 멎다, 울음을 딱 그치다.

② 굳세게 버티는 모양을 나타내는 말.

　　딱 버티고 서다.

③ 아주 막혀버리는 모양을 나타내는 말.

구멍이 딱 막히다, 말문이 딱 막히다.
④ 정확히 맞닿거나 들어맞는 모양을 나타내는 말.
눈을 딱 감다.
⑤ 단단히 들어붙는 모양을 나타내는 말.
곁에 딱 붙어서다.
Ⅱ ① 활짝 바라지거나 한껏 벌려지는 모양을 나타내는 말.
입을 딱 벌리다.
② 연계를 끊거나 자르는 모양을 나타내는 말
소식이 딱 끊어지다.
③ 몹시 심할 정도로 싫거나 언짢은 모양을 나타내는 말.
딱 질색이다.

딱² - 단단한 물건이 서로 부딪치거나 부러질 때 나는 소리 또는 그 모
양을 나타내는 말.
탁구공이 탁구판에 딱 떨어지다.

그런데 대비되는 사전에서는 '딱¹', '딱²', '딱³'의 3개 소리같은말을
올리고 '딱¹'은 조선말대사전의 '딱²'와 같이 뜻풀이하였고 '딱²'는 조선
말대사전에 오른 '딱¹'의 뜻갈래들인 Ⅰ의 ①, Ⅱ의 ②, ③을, '딱³'은
Ⅱ의 ①, Ⅰ의 ④, ②, ⑤를 갈래뜻으로 하였다.
그리하여 조선말대사전에 오른 소리같은말 '딱¹'의 하나의 뜻체계에
속한 갈래뜻들이 대비되는 사전에서는 소리같은말 '딱²'와 '딱³'의 갈래
뜻들로 분할되었다.
그런데 이러한 분할은 뜻들 간의 의미적 연관이 지어지므로 맞지 않
는다고 보인다.

▶ 자분자분¹ / 자분자분² : 자분자분¹ / 자분자분² / 자분자분³
◦ ≪조선말대사전≫

　　자분자분[1] – ① 좀 시끄럽게 지꿎은 말이나 행동으로 남을 귀찮게 구는 모양을 나타내는 말. | 자분자분 달라붙다.

　　② 음식에 섞인 잔 모래같은 것이 귀찮게 자꾸 씹히는 모양을 나타내는 말. | 자분자분 모래가 씹히다.

　　자분자분[2] – 성질이 부드럽고 찬찬한 모양을 나타내는 말.

　　| 언제나 말없이 자분자분 애들을 돌봐주는 보육원.

◦ 대비되는 사전

자분자분[1] – 좀 시끄럽게 지꿎은 말이나 행동으로 자꾸 남을 귀찮게

　　　　　　하는 모양

자분자분[2] – 음식에 섞인 잔모래 같으 것이 자꾸 씹히는 모양

자분자분[3] – 성질이나 태도가 부드럽고 조용하며 찬찬한 모양

자분자분[4] – 부드러운 물건이 씹히는 모양

　　그리하여 ‘자분자분’은 ≪조선말대사전≫에서는 두 개의 소리같은말의 쌍으로 올랐으나 대비되는 사전에서는 4개의 소리같은말로 처리되었다. 그런데 이와 같이 4개의 소리같은말 본딴말들로 다룬 것은 ‘자분자분[1]’의 뜻과 ‘자분자분[2]’의 뜻, ‘자분자분[3]’의 뜻과 ‘자분자분[4]’의 뜻이 각각 의미적 연관이 있으므로 정확하지 못하다.

　　▶ 왈왈[1] / 왈왈[2] : 왈왈[1] / 왈왈[2] / 왈왈[3]

◦ ≪조선말대사전≫

　　왈왈[1] – ① 개가 짖어대는 소리를 나타내는 말. | 정지문 밑의 개구멍에서 검둥이가 머리만 내밀고 이 불청객을 향하여 왈왈 짖어댔다. (장편소설 ≪근거지의 봄≫) |

　　② 여럿이 알아들을 수 없게 지껄여대는 소리를 나타내는 말.

　　| 왈왈 술에 취한 사람들의 말소리가 들리다.

　　③ 물이 급하게 많이 흘러가는 모양 또는 그 소리를 나타내는 말.

　　왈왈[2] – ‘와들와들’의 준말.

∘ 대비되는 사전
왈왈¹ – 물이 급하게 많이 흐르는 모양
왈왈² – '와들와들'의 준말
왈왈³ – ①개가 짖는 소리.
② 알아들을 수 없을 만큼 크고 소란스럽게 떠드는 소리.

그런데 '왈왈¹'의 뜻이나 '왈왈³'의 뜻 ①, ②가 다 같이 소리가 요란함을 나타내므로 의미적 연관이 맺어지며, 따라서 '왈왈¹'의 뜻과 '왈왈²'의 뜻은 응당한 올림말의 하나의 뜻 체계 속에 들어가는 갈래뜻으로 되어야 한다.


## 3. 뜻같은말에서의 의미 실현

조선어 본딴말의 의미실현에 대한 문제 고찰에서 가장 주목되는 것의 하나는 뜻같은본딴말이다.

뜻같은본딴말은 조선어 본딴말의 의미적 풍부성과 섬세성을 집약적으로 보여준다. 그러므로 뜻같은본딴말에 대한 의미론적 연구는 조선민족어의 민족적 특성과 우수성을 논증하고 이해함에 있어서도 매우 중요하다.

뜻같은말이라고 하면 일반적으로 말소리는 다르고 뜻은 같은 말의 쌍이라고 말할 수 있다. 그러나 이때 '뜻이 같다'고 하는 것은 어디까지나 '뜻이 비슷하다'는 말로 이해되는 것이며 따라서 어휘론에서 '뜻같은말'이라는 용어는 '뜻이 비슷한 말'이라는 개념을 담은 말로 된다.

만일 뜻이 명명되는 사물현상뿐만 아니라 그것에 대한 개념, 문체적 뜻빛갈에서까지도 똑같은 말 다시 말해 '절대적 뜻같은 말'이 있다고 하면 그런 말들은 어휘구성을 풍부화하는 것이 아니라 오히려 복잡하게 만들며 사회의 언어생활에 부담만 주게 된다.

그러므로 민족어 어휘구성의 정상적인 발전과정에서는 '절대적인 뜻같은 말'이 생겨날 수 없다. 절대적 뜻같은 말에 가까운 어휘쌍들은 다만 한 민족어어휘구성에 다른 민족어의 영향이 강하게 미칠 때, 특히 언어발전의 합법칙과정의 요구에 의해서가 아니라 침략과 예속과 같은 사회정치적 원인에 의해 민족어의 어휘구성에 외래적 언어요소가 침습되는 것과 같은 비정상적 경우에 많이 생긴다.

조선어의 역사적 발전 과정에 어휘구성 안에는 고유조선어와 한자말 사이에 뜻같은 말의 쌍들이 적지 않게 생겨났는데 이것은 바로 사대주의에 물젖은 봉건통치배들의 반인민적 언어정책의 산물이다.

그런데 이렇게 생긴 고유어와 외래적 어휘 간에 이루어진 뜻같은 말의 쌍은 자기 발전과정에 '절대적 동의어'로써의 성격을 점차 상실한다.

만일 고유어와 외래적 어휘의 쌍이 호상 보충하는 관계가 아니라 충돌의 관계로 된 상태에서 계속 존속한다면 그것들 중 어느 하나는 소극화되어 어휘구성에서 자취를 감춘다.

지난날 고유어들인 '나', '밭', '칼치', '타이르다', '서늘하다', '하물며'와 같은 어휘들의 사용이 적극화되면서 이 어휘들에 각각 뜻같은 관계로 대립되어 있던 한자말들인 '여', '족', '도어', '설유하다', '양하다', '우황'같은 어휘들이 어휘구성에서 빠져나간 것은 그러한 실례이다.

또한 고유와 외래적 어휘 사이에 이루어진 뜻같은말의 관계는 대응되는 어휘들의 뜻들이 차이나면서 절대적 뜻같은 관계의 성격을 상실하고 뜻 비슷한 관계로 되기도 한다.

실례 :
◦ 심장 / 염통

　한자말 '심장'에는 '온 몸에 피가 돌게 하는 피순환계통의 가장 중요한 부분'이라는 말뜻을 가지고 있기 때문에 고유어 '염통'과 뜻같은 말로 된다. 그러나 심장에 '염통'의 뜻 외에 '순결하고 뜨거운 마음(심장의 맹세, 심장의 목소리)', '담력(무쇠같은 심장, 경기 심장)', '사물의 존재와 발전에서의 중심, 중추' 등과 같은 파생적 뜻이 있으나 '염통'에는 '심장'이 가지고 있는 파생적인 뜻들이 없다. 또한 '심장'과 '염통'은 다 같이 생리기관을 이르는 말로 쓰이는 경우에도 대상논리적인 뜻은 같으나 뜻빛갈에서 차이가 있다. '심장'은 특별한 감정적 색채가 없으므로 사람이나 동물에 대해 두루 쓰이지만 '염통'은 대상을 하대하거나 천시하여 이르는 뜻빛갈을 가지고 있으므로 욕으로 이르는 경우를 제외하고는 동물에게만 쓰이고 사람에 대해서는 별로 쓰이지 않는다.

　◦ 길 / 도로

　'길'은 '한 곳으로부터 다른 곳으로 다닐 수 있게 길게 난 일정한 너비의 공간'을 이르는 말로써 한자말 '도로'와 뜻이 같다. 그러나 '길'은 구체적인 대상으로서의 '도로'뿐만 아니라 '방향', '방도'와 같은 추상적 뜻도 가지나 '도로'에는 그런 뜻이 없다. '그는 길닦기 공사에 참가하였다'에서 '길닦기'는 '도로수리'로 교체될 수 있으나 '그는 자기가 나아갈 길에 대해 생각했다', '그에게는 이렇게 하는 수밖에 다른 길은 없었다'에서 '길'은 '도로'로 교체할 수 없다.

　고유어와 외래적 어휘사이에 이루어진 뜻같은 말의 쌍이 논리대상적 의미에서 완전히 일치하여 절대적 뜻같은말로 보일 수 있는 경우도 있다.

그러나 이러한 경우에 있어서조차도 절대적인 뜻같은 말로는 되지 않는다.

실례로 돌다리 / 석교, 뽕밭 / 성전, 남새 / 채소, 송곳이 / 견치, 아버지 / 부친, 나이 / 연령, 오늘 / 금일, 여름옷 / 하복 등의 뜻같은말의 쌍을 들어볼 수 있다.

이 어휘쌍들은 명명하는 대상이나 개념에 있어서는 거의 차이가 없다. 그러나 물체론적 견지에서 보면 뜻빛갈에서는 명백히 차이가 있다. 오늘 우리시대의 언어의식, 어감에서 볼 때 이와 같은 한자말들은 낡은 말투의 뜻빛갈을 가진다.

이처럼 우리가 말하는 '뜻같은말'은 사실상 '뜻비슷한말'을 의미하는 것이다. 그런데 뜻비슷한말로써의 성격은 뜻같은본딴말에서 보다 짙게 나타난다. 뜻같은본딴말은 바로 이러한 특성으로 하여 개념대응의 보통의 뜻같은말과 명백히 구별된다.

뜻같은본딴말이 뜻비슷한말로써의 특성을 뚜렷이 지니는 것은 역시 본딴말의 본질적 특성과 관련되어 있다.

본딴말의 본질적 특성, 다시 말해 사물현상의 소리나 모양에 대한 감성적이며 직관적인 표상을 말소리로 모방하여 나타내는 말로서의 특성은 다의적인 본딴말이나 소리같은 본딴말의 특성뿐 아니라 뜻같은본딴말의 특성도 제약하는 근본조건으로 된다.

본딴말에서는 말소리의 음향학적 성질이나 소리느낌이 단어의 어휘적 의미와 직선적으로 연결되기 때문에 뜻같은 본딴말에서 말소리 구성상태는 곧 의미적으로 실현된다. 뜻같은본딴말의 쌍에서 어음적공통성은 뜻의 공통성을, 어음적 차이는 뜻의 차이를 가져온다.

그리하여 어음구성이 한두 개의 음운을 시차적 표식으로 하여 구분되는 뜻같은본딴말의 쌍은 뜻이 같으면서도 같지 않은 말, 즉 뜻비슷한 말의 특성이 직관적으로 명백히 나타나게 된다.

뜻같은본딴말에 대한 이해에서 주요하게 나서는 문제의 하나는 뜻같은 관계로 대응되는 단어들 간의 의미적 차이가 의미분화적인 것인가 아니면 표현정서적인 것인가 하는 것이다. 다시 말해 뜻같은본딴말의 계열에 속한 단어들 간의 의미적 차이가 기본적으로 같으나 구체적면에서는 다른 데가 있는 사물현상들 사이의 미세한 차이가 반영된 것인가 아니면 꼭 같은 사물에 대한 감정 정서적 면에서의 차이와 관련된 것인가 하는 것이다.

이 문제와 관련하여 일부학자들은 그 차이는 말맛의 대응 즉 표현정서면에서의 대응일 뿐 지적인 의미에서의 대응 곧 의미분화적인 차이가 아니라고 주장하고 있다.

그런데 이러한 견해는 조선어 본딴말에 대한 피상적이고 단순한 고찰의 결과로 보아진다.

뜻같은말의 존재가 가지는 의의를 단순히 '말맛'과만 결부시키는 것은 언어의 사회적 기능을 높이는 데서 뜻같은말이 노는 중요한 역할을 보지 못한 것이다.

일반적으로 뜻같은말은 객관세계의 사물현상들의 다양한 특성, 측면들에 대한 인간의 인식이 깊어지고 그 인식의 결과를 밝혀서 보다 정밀하게 표현하려는 사람들의 요구로부터 생겨났다.

그러므로 뜻같은말은 객관적인 사물현상 또는 그것에 대한 개념의 여러 측면들을 언어적으로 섬세하게 나타내는 수단으로서 언어의 표현성을 높임에 있어서 매우 중요한 작용을 한다.

뜻같은본딴말이 언어생활에서 가지는 의의를 말하는 사람의 주관적 감정정서를 표현하는 문제만 결부시키는 것은 또한 뜻같은본딴말의 의미가 언어생활에서 실현되는 구체적 과정을 놓고 보아도 맞지 않는다.

그러면 이와 관련하여 몇 가지 뜻같은본딴말 쌍들을 실례로 들어보기로 하자

○ 까시시 / 꺼시시

'오늘 따라 별로 손이 시리고 온몸이 오싹해서 보슴털이 <u>까시시</u> 내돋았다.'

(장편소설 ≪잊지 못할 겨울≫)

'그의 <u>꺼시시한</u> 구레나루 수염이 움씩거렸다.'

(단편소설 <한 인간의 초상>)

○ 반짝 / 번쩍

'한 순간 상설은 아들의 눈에서 볼꽃이 <u>반짝</u> 튀는것을 보았다.'

(장편소설 ≪서해전역≫)

'박신철은 한참 침묵을 지키더니 <u>번쩍</u> 눈길을 들었다.'

(장편소설 ≪총대≫)

○ 땡땡 / 뗑뗑

'닭우리 앞에선 계사책임자가 큰방울을 흔들고 돼지우리 앞에선 읍벌이가 밥바리만한 종을 들고 <u>땡땡</u> 두드리였다.'

(장편소설 ≪석개울의 새봄≫)

'드디여 오전 10시, 남산재우에 새로 거연히 일떠선 인민대학습당의

종시계가 <u>뗑뗑</u> 울리며 제막의 시각을 알려주었다. 제야의 종소리마냥 멀리 하늘가로 은은히 울려퍼지는 그 장중한 음향에 맞추어 제막사가 랑독된 후였다.'

(장편소설 ≪전환의 년대≫)

◦ 상긋 / 쌍긋

영실이가 <u>상긋</u> 웃더니 먼저 어머님에게서 호미를 앗아줘였다.

(장편소설 ≪불구름≫)

'예가 어딘가유? 상기두 공주땅인가유?' 한마디 묻고는 한번 <u>상끗</u> 웃는데, 웃을 때 왼쪽볼에 살짝 나타났다가 스러져버리는 보조개가 사내가 보아도 홀딱 반할만치 아주 귀엽다.

(장편소설 ≪계명산천은 밝아오느냐≫)

위의 문장들에 쓰인 '까시시'와 '꺼시시', '반짝'과 '번쩍', '땡땡'과 '뗑뗑', '쌍긋'과 '상긋'은 각각 뜻같은 말의 쌍을 이룬다.

그런데 '까시시'와 '꺼시시'는 짧은 털이 거칠게 일어나는 모양과 긴 털이 일어나는 모양의 차이로, '반짝'과 '번쩍'은 작은 빛이 갑자기 잠간동안 나타나는 모양과 크고 환한 빛이 갑자기 잠깐 동안 나타나는 모양의 차이로 의미적으로 대응된다.

그리고 '땡땡'과 '뗑뗑'은 작은 종을 잇달아 빨리 칠 때 여무지게 울리어 나는 소리와 좀 큰 종을 천천히 칠 때 둔하게 울리어 나는 소리의 차이로, '쌍긋'과 '상긋'은 눈과 입을 매우 곱게 움직이며 소리 없이 웃는 모양과 그렇게 웃되 그 정도가 심하지는 않게 보통으로 웃는 모양의 차이로 의미적으로 대응된다.

그러므로 매 뜻같은 말의 쌍들에서 나타나는 의미적 차이는 서로 비슷하면서도 미세한 차이가 있는 사물현상들 자체의 객관적인 특성과 관련된 의미분화적인 것이 결코 하나의 동일한 사물현상들에 대한 이야기하는 사람의 주관적인 감정 정서적 느낌이나 태도, 평가와 관련된 문체론적 의미분화가 아니다.

그러나 그렇다고 하여 뜻같은본딴말에서 문체론적 의미가 표현되지 않는 것은 아니다.

본딴말에서는 흔히 의미분화적인 뜻이 기본이 되고 그 위에 문체적인 뜻이 덧붙는다.

앞에서 든 본딴말 '땡땡'과 '뗑뗑'을 놓고 보면 종소리 자체의 물리 음향학적 특성에서의 차이가 표현되는 것과 함께 소리가 예리하고 여무지다는 느낌 또는 둔하다는 느낌이 동시에 나타난다.

이와 같이 의미분화적인 뜻변화가 기본이 되면서 그것과 함께 문체적인 의미가 아울러 표현되는 것은 본딴말이 가지고 있는 의미적 특성이다.

그러면 뜻같은본딴말에서 어떤 수법으로 어떤 의미분화가 이루어지는가?

우리는 앞에서 이미 본딴말의 의미가 말소리와의 밀접한 관계 속에서 실현되는 과정에 대하여 고찰하면서 높은 모음, 낮은 모음, 그리고 순한소리, 된소리, 거센소리가 각각 어떤 음성 상징적 의미와 대응되는가에 대하여 비교적 상세히 보았다. 그러나 그것 자체가 곧 뜻같은본딴말에서의 의미론적 과정에 대한 고찰은 아니다. 그러므로 여기에서는 앞에서 본 것과 측면을 달리하여 뜻같은본딴말에서의 의미 분화 정형에 대하여 고찰하려고 한다.

조선어 뜻같은본딴말의 쌍에서 나타나는 의미론적 과정은 기본적으로 말소리바뀜의 수법으로 이루어진다. 이 수법은 동사, 형용사, 명사

등 다른 품사에서도 볼 수 있으나 본딴말에서처럼 전형적으로, 규칙적으로 나타지는 않는다. 따라서 조선어 본딴말은 조선어에서 특징적인 말소리바뀜의 수법이 가장 집중적으로, 체계적으로 작용하는 어휘부류이라고 할 수 있다.

말소리바뀜 수법에는 크게 모음바뀜의 수법과 자음바뀜의 수법이 있다.

뜻같은본딴말의 쌍에서 의미적 대응관계는 또한 말소리바뀜 수법과는 성격이 다른 상징소바뀜 수법에 의해서도 이루어지기도 한다.

그러면 아래로 내려가면서 이 수법들에 대하여 각각 보기로 한다.

### 1) 모음바뀜

이 수법은 본딴말에서 조선어 모음체계의 특성에 따라 'ㅏ, ㅗ'계열의 낮은 모음(밝은 모음)과 'ㅓ, ㅜ'계열의 높은 모음(어두운 모음), 또는 'ㅗ, ㅚ, ㅜ, ㅟ'와 같은 둥근입술모음과 'ㅣ, ㅡ, ㅓ, ㅏ, ㅐ, ㅔ'와 같은 가로입술모음을 서로 바꾸면서 의미가 비슷하면서도 일정한 차이로 대응되는 뜻같은 말의 쌍이 이루어지게 하는 수법이다.

실례 :

。낮은 모음과 높은 모음의 바뀜에 의해 뜻같은본딴말 쌍이 이루어지는 예

• 팔락팔락 / 펄럭펄럭('ㅏ'와 'ㅓ'의 바뀜)

'팔락팔락'과 '펄럭펄럭'은 다같이 바람에 날리며 나부끼는 소리나 모양을 나타내므로 의미적 공통성이 있으며 이로하여 뜻같은말의 쌍을 이룬다. 그러나 이 두 본딴말은 미세한 의미적 차이가 있다.

'경기장에는 약동하는 청춘의 기상을 상징하는듯 오색기가 봄바람에 <u>팔락팔락</u> 나부낀다.'

　　'치마자락을 메꽃처럼 활짝 펼치고 단발머리카락을 <u>펄럭펄럭</u> 날렸다.
　　　　　　　　　　　　　　　　　　　　　　(장편소설 ≪준엄한 전구≫)

　　첫문장에 쓰인 '팔락팔락'은 바람에 가볍고 빠르게 나붓기는 모양이나 소리를 나타낸다면 둘째문장에 쓰인 '펄럭펄럭'은 바람에 힘있고 뜨게 나붓기는 모양이나 소리를 나타낸다. 따라서 이 뜻같은말의 쌍은 가볍고 빠른 것과 힘있고 뜬 것의 차이로 의미분화적인 대응관계를 이루고 있다.

　　• 깡충깡충 / 껑충껑충('ㅏ'와 'ㅓ'의 바뀜)
　　'깡충깡충'은 비교적 작은 사람이나 동물이 폭이 작고 빠르고 가볍게 뛰는 동작을 나타내며 아울러 작고 귀엽다는 정서적 뜻빛갈도 표현한다. 그러나 '껑충껑충'은 상대적으로 큰 사람이나 짐승이 폭이 크고 느리고 무겁게 뛰는 동작을 나타내며 이와 함께 시원스럽거나 활달하다는 정서적 뜻빛갈도 표현한다.
　　따라서 '깡충깡충'과 '껑충껑충'의 경우에 'ㅏ'와 'ㅓ'의 대응은 행동 수행의 주체로 되는 대상의 크기, 동작의 폭, 속도, 무게 등에서의 미세한 차이, 그리고 감정 정서적 뜻빛갈에서의 섬세한 차이를 나타낸다.

　　• 모닥모닥 / 무덕무덕('ㅗ'와 'ㅜ'의 바뀜)

　　'땅에 <u>모닥모닥</u> 붙어있던 초가집들은 이제는 영화 화면에서나 볼 수 있는 먼 과거의 사실로 되였다.'

　　'네모반듯한 논배미들마다 거름더미들이 여기저기 <u>무덕무덕</u> 널려 있었다.

첫 문장에 쓰인 '모닥모닥'은 작은 무데기들이 종종 놓여 있는 모양
을 나타낸다면 둘째 문장에 쓰인 '무덕무덕'은 상대적으로 큰 무데기들
이 여기저기 널려있는 모양을 나타낸다. 그리하여 이 두 본딴말은 하나
는 작은 것을, 다른 하나는 상대적으로 큰 것을 나타내는 것으로 하여
의미분화적으로 대응되어 있다.

* 모락모락 / 무럭무럭('ㅗ'와 'ㅜ'의 바뀜)

  '어린 것들이 <u>모락모락</u> 자라는 모습을 바라보는 것은 그에게 있어서
  더없는 기쁨이었다.'

  '어서어서 <u>무럭무럭</u> 커서 조국의 훌륭한 역군이 되어라.'

위의 첫 문장에 쓰인 '모락모락'과 두 번째 문장에 쓰인 '무럭무럭'
은 사람이나 동식물이 잘 자라는 모양을 나타내는 말로서 의미적 공통
성이 있으므로 뜻같은본딴말의 쌍을 이룬다. 그러나 '모락모락'은 상대
적으로 작은 대상이 고이 순조롭게 조금씩 자라나는 모양을 나타낸다
면 '무럭무럭'은 상대적으로 큰 대상이 많이 싱싱 자라는 모양을 나타
내므로 의미분화적으로 대응된다.

그리고 또한 '모락모락'의 경우에는 귀엽다는 정서를, '무럭무럭'의 경
우에는 대견스럽거나 흐뭇하다는 정서를 표현하므로 두 본딴말은 문체
적 뜻빛갈에서도 대응된다.

* 회회 / 휘휘('ㅚ'와 'ㅟ'의 바뀜)
'ㅚ'와 'ㅟ'의 바뀜에 의하여 대응되는 본딴말의 쌍도 낮은 모음(밝은

모음)과 높은 모음(어두운 모음)의 대응관계로 이루어지는 뜻같은 본딴말의 쌍으로서 작은 것 또는 적은 것과 큰 것 또는 많은 것의 차이를 나타내는 의미분화적 뜻같은말이다.

'하얀 연기가 실오리처럼 <u>회회</u> 감겨올라간다'에 쓰인 본딴말 '회회'와 '아침 안개 <u>휘휘</u> 발길에 감기는 오솔길'에 쓰인 본딴말 '휘휘'를 비교해 볼 때 '회회'는 여러 번 작게 휘감거나 휘감기는 모양을, '휘휘'는 여러 번 크게 휘감거나 휘감기는 모양을 나타낸다.

◦ 가로입술모음과 둥근입술모음의 바뀜에 의해 뜻같은본딴말의 쌍이 이루어지는 실례

• 잘잘 / 졸졸('ㅏ'와 'ㅗ'의 바뀜)

'잘잘'과 '졸졸'은 다 적은 물이 순하게 연달아 계속 <u>흐르는</u> 소리 또는 그 모양을 나타내는 말이므로 뜻같은본딴말의 쌍을 이룬다. 그러나 '시내물은 단풍든 나뭇잎을 싣고 비단결 같은 부드러운 파문을 지으며 <u>잘잘</u> 흘러간다'에서 볼 수 있는 것처럼 '잘잘'은 물이 바닥면을 따라 넓게 조용히 흐르는 모양이나 소리를 나타내나 '졸졸'은 '바위짬에서 솟아오른 물은 남실남실 주름을 일구면서 한쪽 홈태기로 <u>졸졸</u> 흘러내렸다'(장편소설 ≪1932년≫)에서 쓰인 것처럼 적은 물이 가는 물줄기를 이루면서 순하게 흘러가는 모양이나 소리를 나타낸다.

그러므로 '잘잘'과 '졸졸'은 의미분화적인 관계로 대응되는 뜻같은본딴말의 쌍을 이룬다.

• 나근나근 / 노근노근('ㅏ'와 'ㅗ'의 바뀜)

'나근나근'이나 '노근노근'은 다 꽛꽛하지 않고 만문하고 부드러운

모양을 나타내는 말로서 의미적 공통성이 있다. 그러나 '나근나근'은
매우 만문한 모양을 나타낸다면 '노근노근'은 좀 만문한 모양을 나타내
므로 이 두 본딴말은 만문하고 부드러운 상태나 성질의 정도의 차이로
대응된다.

- 퍼드득 / 포드득('ㅓ'와 'ㅡ'의 바뀜)

  '닭이 퍼드득 소리를 내며 지붕에 날아올랐다.'

  '참새가 포드득 날아 울타리에 앉더니 눈을 뙤록거리며 다시 벼알을
  노린다.'

위의 첫 문장에 쓰인 '퍼드득'은 큰새가 힘 있고 크게 날개를 치는
소리 또는 모양을 나타내며 둘째 문장에 쓰인 '포드득'은 작은 새가 가
볍고 빠르게 날개를 치는 소리나 모양을 나타낸다. 그리하여 '퍼드득'과
'포드득'은 다 같이 새가 날개를 치는 소리나 모양을 나타내므로 뜻같
은본딴말의 쌍을 이루면서도 큰 것과 작은 것, 무거운 것과 가벼운 것
의 차이로 의미분화적으로 대응된다.

### 2) 자음 바뀜

조선어 뜻같은본딴말 쌍에서의 의미적 대응관계는 모음 바뀜에 의해
서만이 아니라 자음의 바뀜에 의해서도 이루어진다.

자음 바뀜에는 조선어 자음체계에서 특징적인 3유음체계를 이루는
순한소리, 된소리, 거센소리의 바뀜과 단어끝자음의 바뀜 두 가지 유형
이 있다.

그러면 이 두 가지 유형의 수법으로 뜻같은본딴말의 쌍들이 이루어 지는 어음-의미론적 과정에 대하여 각각 보기로 하자.

• 순한소리와 된소리, 거센소리의 바뀜

본딴말에서의 자음의 바뀜은 기본적으로 순한소리를 한 편으로 하고 된소리나 거센소리를 다른 한 편으로 하여 실현된다.

◦ 순한소리와 된소리의 바뀜

맡은 과업을 언제나 <u>시원시원</u> 해치우는 내밀성 있는 일군.

그는 말을 해도 일을 해도 어물어물하지 않고 <u>씨원씨원</u> 해치우는 활달 한 성격의 소유자였다.

위의 첫 문장에 쓰인 '시원시원'은 마음이 후련하도록 거뿐한 모양을 나타내고 둘째 문장에 쓰인 '씨원씨원'은 마음이 몹시 후련하도록 매우 거뿐한 모양을 나타낸다.

…배는 계속 한곳에서 뱅뱅 돌다가 끝내 풍당물에 가라앉고 말았다.
(단편소설 <세월>)

금방울이 신 옷을 내여입고 장단을 맞추어 춤 한바탕을 늘어지게 추다 가 매암 한번을 **뺑뺑** 돌며 왼손에 들었던 방울을 쩔레쩔레 흔들더니…
(단편소설 <구마검>)

이 두 문장 중 첫 문장에 쓰인 '뱅뱅'은 일정한 범위를 자꾸 도는 모 양을 나타내고 둘째 문장에 쓰인 '뺑뺑'은 일정한 좁은 범위를 좀 빠르게 자꾸 도는 모양을 나타낸다.

우리는 위의 문장들에 쓰인 순한소리와 된소리를 시차적 표식으로 하여 대응되는 뜻같은본딴말의 쌍을 분석해보는 과정을 통하여 이와 같은 뜻같은본딴말들이 기본적으로 어떤 정도에서 센 것과 그렇지 않은 것의 차이로 하여 분화된다는 것을 알 수 있다.

○ 순한소리와 거센소리의 바뀜

상봉령감은 …논물이 <u>괄랑괄랑</u> 고이여 좋다리까지 팡－팡－빠지는 검은 진흙논판을 허우적허우적 바삐 걸어나갔다.

물둥이 열리자 저수지물이 <u>콸랑콸랑</u> 쏟아져 물길을 따라 흘러가기 시작하였다.

령롱한 안개들이 <u>빙글빙글</u> 말리며 풀리며 초조히 흐르기 시작했다.

갑자기 눈앞의 모든것이 <u>핑글핑글</u> 돌아가는 것처럼 그는 심한 현기증을 느꼈다.

첫 문장의 '괄랑괄랑'과 둘째 문장의 '콸랑콸랑'으로 이루어지는 뜻같은본딴말의 쌍은 물 흐름이 세차거나 거센 것과 그렇지 않은 것의 차이로, 셋째 문장의 '빙글빙글'과 넷째문장의 '핑글핑글'로 이루어지는 뜻같은본딴말의 쌍은 돌아감이 몹시 세차거나 거친 것과 그렇지 않은 것의 대응으로 각기 의미분화적인 동의적 관계를 맺는다.

○ 된소리와 거센소리의 바뀜

뜻같은본딴말의 쌍에서의 된소리와 거센소리의 바뀜은 앞에서 본 '순

한소리 → 된소리’, ‘순한소리 → 거센소리’의 바뀜과는 성격에서 차이가
있다. 앞의 것은 된소리나, 거센소리에 대한 소리느낌과 관련된 의미가
있는 것과 그러한 의미가 없는 것의 대응으로 이루어지는 의미분화 과
정이라면 뒤의 것은 말소리의 물리음향학적 성질로부터 연상되는 의미
들 간의 대응으로 이루어지는 의미 분화 과정이다.

된소리와 거센소리의 바뀜으로 생긴 의미분화적인 뜻같은말의 실례
로 ‘꽐꽐’과 ‘콸콸’을 들어볼 수 있다.

소낙비에 도랑물이 꽐꽐 흐른다.

처음엔 물이 관밑으로 빨리여 내려가면서 꺽극꺽극 소리를 내던 쫄장
물꼭지에서 지하수가 콸콸 쏟아져나오기 시작하였다.

(장편소설 ≪력사에 묻다≫)

첫 문장에 쓰인 ‘꽐꽐’은 많은 양의 액체가 물길이 넘쳐나거나 물구
멍이 꽉 메일 정도로 많이 흐르는 소리나 모양을 나타내며 둘째 문장에
쓰인 ‘콸콸’은 많은 양의 액체가 급하고 세차게 흐르는 소리 또는 모양
을 나타낸다.

• 단어끝 자음의 바뀜

조선어 본딴말에서 볼 수 있는 자음 바뀜에는 3유음의 바뀜 밖에 단
어끝자음 교체현상도 있다. 이와 같은 자음교체에서 특징적인 것은 예
외없이 의미분화적인 것이고 감정 정서적 뜻빛갈의 분화, 즉 문체론적
분화가 아니며 높은 모음과 낮은 모음의 바뀜이나 순한소리와 된소리
나 거센소리의 바뀜에 비하여 의미분화가 극히 미세하고 단조로운 점

이다.

본딴말의 단어끝 자음 바뀜에서 가장 전형적인 것은 'ㄹ→ㅅ'바뀜과 'ㄱ→ㅇ'바뀜이다.

그러면 이 두 유형의 단어 끝 자음 바뀜에 대하여 실례를 들어 보기로 한다.

◦ 'ㄹ→ㅅ'바뀜의 실례

방글방글 / 방긋방긋

'선희는 운전견습공이 된 것이 그리도 좋은지 얼굴이 활짝 핀 살구꽃 같이 환해서 <u>방글방글</u> 웃기만 했다.'

(장편소설 ≪생명수≫)

'…나무에서 새가 울어도 그 애는 팔을 벌리고 밝은 해빛이 눈을 스쳐도 <u>방긋방긋</u> 웃군 하였다.'

(단편소설 <거룩한 자욱>)

위의 첫 문장에 쓰인 '방글방글'은 입을 벌리며 소리 없이 명랑하게 자꾸 웃는 모양을 나타낸다면 둘째 문장에 쓰인 '방긋방긋'은 입을 예쁘게 벌리며 소리 없이 가볍게 자꾸 웃는 모양을 나타낸다.

따라서 이 두 본딴말은 다 같이 입을 예쁘게 벌리며 소리 없이 웃는 모양을 나타내기 때문에 뜻같은말의 쌍을 이루되 하나는 명랑하게 웃는 모양을 다른 하나는 가볍게 웃는 모양을 나타내는 것으로 하여 의미분화적인 대응관계에 놓인다.

○ 'ㄱ→ㅇ'바뀜의 실례

### 덜커덕 / 덜커덩

본딴말 '덜커덕'과 '덜커덩', '단단하고 큰 물건이 세게 맞부딪칠 때 거칠게 나는 소리를 나타내는 말'이라는 점에서 의미적 공통성이 있으며 바로 이로써 뜻같은말로 된다. 그러나 마지막 소리가 'ㄱ'으로 끝난 '덜커덕'은 끊겨 나는 소리이고 마지막 소리가 'ㅇ'으로 끝난 '덜커덩'은 울려 나는 소리이기 때문에 이 두 단어는 의미분화적인 대응관계에 있게 된다.

그런데 'ㄱ→ㅇ'바뀜에 의해 뜻같은 말이 이루어지는 현상이 그리 많지는 않다.

이와 같은 어음교체가 뜻같은 본딴말쌍에서 시차적 표식으로 되는 것은 대응되는 두 본딴말의 의미적인 연관을 전제로 한다. 그렇지 않은 경우에는 'ㄱ→ㅇ'바뀜이 결코 뜻같은본딴말의 시차적 표식으로 되지 않는다. 이러한 경위의 실례로 '철버덕'과 '철버덩'의 관계를 들어볼 수 있다. 이 두 단어를 어음적으로 구별시켜 주는 것은 마지막 말소리들인 'ㄱ'과 'ㅇ'이다. 그런데 '철버덕'은 '옅은 물이나 진창을 마구 세게 밟거나 칠 때 나는 소리'를 나타내는 말이고 '철버덩'은 '무거운 물건이 깊은 물에 세게 떨어지는 소리'를 나타내는 말이므로 두 단어의 의미적 연관성이 희박하며 따라서 '철버덕'과 '철버덩'은 뜻같은본딴말의 쌍으로 될 수 없다.

이상에서 우리는 조선어 본딴말에서 모음 간 또는 자음간의 체계적이며 규칙적인 바뀜에 의하여 다양한 뜻같은본딴말의 쌍이 이루어지는 데 대하여 보았다.

그런데 조선에 본딴말에서의 모음 바뀜과 자음 바뀜을 비교해보면 모음 바뀜이 자음 바뀜에 비해 훨씬 더 다양하고 정연하며 생산적인 뜻 같은말 조성수법임을 알 수 있다.

모음의 바뀜에는 일부 겹모음을 제외하고는 거의 모든 조선어모음들이 참가하므로 모음바뀜에 의한 뜻같은본딴말들의 쌍이 이루어지는 현상이 매우 다양하다.

그러나 자음의 바뀜은 순한소리, 된소리, 거센소리의 3열체계에 속한 말소리들에만 국한되어 있다.

### 3) 본딴말조성 상징소의 바뀜

조선어 본딴말에서는 동질적인 말뿌리임에도 불구하고 끝음절이 서로 다른 상징소로 바뀌면서 뜻같은본딴말의 계열이 이루어지는 경우들도 적지 않다.

실례로 '거뭇거뭇 / 거밋거밋 / 검실검실 / 검숭검숭'과 같은 뜻같은 말의 계열을 들어볼 수 있다.

이 계열 속의 본딴말들은 다 군데군데가 거므스름한 모양을 나타내므로 하나의 뜻같은본딴말의 계열을 이룬다. 그러나 말뿌리의 끝음절이 서로 다른 상징소들로 바뀌면서 의미에서 다음과 같은 섬세한 차이를 보인다.

<u>거뭇거뭇</u>-빛갈이 군데군데 약간 거무스름한 모양을 나타내는 말.

… 나뭇가지 사이로 비쳐드는 오후의 따스한 해볕에 나무줄기들이 <u>거뭇거뭇</u> 젖어보이고 눈밑에서는 락엽썩는 냄새가 풍겨올라 숲속에 진동하였다.
(장편소설 ≪근거지의 봄≫)

<u>거밋거밋</u>－빛갈이 군데군데 어렴풋이 거므스름한 모양을 나타내는 말.

> …해가 지자 <u>거밋거밋</u> 황혼이 기여든다.
>
> (장편소설 ≪축원≫)

<u>검실검실</u>－빛갈이 군데군데 꽤 거므스름한 모양을 나타내는 말.

> …10년이면 강산이 변한다고 여기서 솜털이 보스스했던 어린 전사의 턱에 검실검실 턱수염이 자랐을 것이고 그들의 청춘시절이 흘러갔을 것이 아닌가.
>
> (장편소설 ≪총검을 들고≫)

<u>검숭검숭</u>－빛갈이 군데군데 고르지 않게 거므스름한 모양을 나타내는 말.

> …구레나룻수염이 검숭검숭 난 장년 / 검숭검숭 얼룩진 소.

조선어 본딴말조성 상징소 문제에 대한 논의에서는 응당 상징소의 어휘－문법적 본질, 그 유형 등에 대한 고찰이 필요하다. 이에 대해서는 제3장 '조선어 본딴말의 구조적 특성'에서 구체적으로 보려고 한다.

# 제3장 조선어 본딴말의 형태적 구조

언어의 구조라고 하면 일정한 전일체로서의 언어를 이루고 있는 구성부분들과 그 구성부분들 사이의 호상관계의 체계 곧 언어의 구성부분들과 그것들의 의존제약적인 호상관계의 체계를 말한다.

이와 같은 언어구조의 개념을 본딴말에 적용하면 본딴말의 구조란 어휘구성 속에 하나의 독특한 어휘부류로 존재하는 본딴말의 구성단위들과 그것들 사이에 맺어지는 관계들의 체계라고 말할 수 있다.

필자는 본딴말구조에 대한 이와 같은 이해에 기초하여 조선어 본딴말의 구성단위에 대한 고찰을 통하여 조선어 본딴말의 형태적 구조에 대하여 서술하려고 한다.

## 제1절 조선어 본딴말의 형태부 구성

조선어 본딴말의 기본구성 단위는 다른 보통의 단어들에서와 마찬가지로 형태부이다. 그런데 본딴말의 구성요소로 되는 형태부는 보통의 단어들의 형태부와 비교해 볼 때 일련의 특성이 있다.

그것은 첫째, 형태부가 거의 다 말뿌리적인 것이라는 것이다.

조선어 본딴말에서는 '헛손질'에서의 '헛-질', '씨름군'에서의 '-군', '뛰기'에서의 '-기', '높이'에서의 '-이', '부끄러움'에서의 '-ㅁ'과 같은 붙이적형태부를 찾아볼 수 없다.

그 특성은 둘째로 적지 않은 반복형 또는 합성형 본딴말에서 그 구성요소로 되는 말뿌리가 형태부로 되는 일반적인 기준에서 벗어진다는 점이다.

조선어 본딴말 체계에는 '철석', '얼핏', '깜박'과 같은 하나의 말뿌리로 이루어진 단순형도 있고 두 개의 말뿌리가 겹쳐진 '포동포동', '우락부락'과 같은 반복형, '알뜰살뜰'과 같은 합성형도 있는데 여기에서 전형적인 것은 반복형이다.

≪조선말대사전≫에는 7,488개의 본딴말이 올라있는데 그중 말뿌리 반복형은 사전에 등록된 총 본딴말 수의 61.9%에 해당하는 4,634개이다.

조선어 본딴말에서 많은 수를 차지하는 반복형 본딴말의 말뿌리를 일반적인 형태부 성립조건의 견지에서 분석하여 보면 여러 가지 양상을 보인다.

형태부는 단어에서 분석되어 나오는 뜻을 가진 가장 작은 단위이다.

단어의 구성요소로서의 형태부가 갖추어야 할 표식은 첫째, 각이한 언어환경에서도 늘 같은 의미를 가지고 나타나는 것, 즉 '의미적 일관성'이며 둘째, 단어의 구성요소로서 논리적으로나 언어관습적으로 허용하는 한에서는 여러 가지 다른 단어구성요소들과 결합되어 쓰일 수 있는 것 다시 말해 '분포의 다양성'이다.

이와 같은 '의미적일관성'과 '분포의 다양성'을 형태부의 표식으로, 그 성립조건으로 보고 그것을 기준으로 하면 조선어 말뿌리 반복형 본딴말은 기본적으로 '형태부＋형태부'형, '불완전형태부＋불완전형태부' 형, '비형태부＋비형태부'형의 3가지 유형으로 나누어진다. 그러면 아래로 내려가면서 이 매 유형에 대하여 각각 고찰하기로 한다.

## 1. '형태부＋형태부'형

이 유형은 일반적인 형태부 성립조건에 만족되는 형태부들로 구성된 본딴말의 유형이다.

실례 :

◦ 반짝반짝

석개울사람들은 전설을 사랑하고 강물을 사랑했다. 쌍룡소를 지나니 물이 <u>반짝반짝</u> 부서지는 여울이 있다.

(장편소설 ≪석개울의 새봄≫)

겨울의 눈덮인 벌판처럼 하얀 벌판이 시야에 안겨오는 어둠 속에서 <u>반짝반짝</u> 빛을 발산할 때…

(장편소설 ≪아침해≫)

이슬이 내린 감나무 잎사귀는 어슴푸레하게 달그림자를 울안으로 던지고 월광에 부딪쳐서 <u>반짝반짝</u> 빛난다.

(장편소설 ≪고향≫)

위의 문장들에 쓰인 본딴말 '반짝반짝'은 말뿌리 '반짝'의 반복형 본딴말인데 말뿌리적 구성요소인 '반짝'은 일반적인 형태부 성립조건에 완전히 부합된다.

앞의 각 문장들에서 '반짝'은 같은 하나의 의미, 즉 '작은 빛이 갑자기 잠깐 동안 빛나는 모양을 나타내는 말'로 쓰였다.

또한 '반짝'은 그것의 반복형 본딴말인 '반짝반짝'을 조성할 뿐만 아니라 '-하다, -대다, -거리다, -이다'와 결합하여 '반짝하다', '반짝대다', '반짝거리다', '반짝이다'와 같은 동사들을 파생시킬 수 있다. 그러므로 '의미의 일관성', '분포의 다양성'이라는 기준에서 볼 때 반복형 본딴말 '반짝반짝'은 일반적인 형태부 성립조건에 만족되는 두 개의 형태부들이 합성되어 이루어진 본딴말 유형에 속한다.

◦ 텀벙텀벙

반복형 본딴말 '텀벙텀벙'도 일반적인 형태부 성립조건에 만족되는 형태부들을 구성요소로 하여 이루어졌다.

말뿌리 '텀벙'은 '큰 물건이 깊은 물에 떨어져 잠기는 소리 또는 모양을 나타내는 말'로서 각이한 언어적 환경에서 쓰일 수 있다. '<u>텀벙</u>! 물에 뛰어드는 개구리는 두 다리를 쭉 뻗고 뻐드러진다.'(장편소설 ≪고향≫), '너무 안타까와 발을 동동 구르던 달래는 <u>텀벙</u> 내물에 들어섰다.'

위의 문장들에서 '텀벙'은 같은 의미를 가진 상황어로 쓰였다.

또한 '텀벙'은 '텀벙텀벙'과 같은 반복형 본딴말뿐만 아니라 '텀벙하다', '텀벙거리다', '텀벙대다', '텀벙이다'와 같은 동사들도 파생시킨다.

결국 반복형 본딴말 '텀벙텀벙'은 '의미의 일관성'과 '분포의 다양성'을 갖춘 완전한 형태부를 구성요소로 하는 '형태부+형태부'형 본딴말의 부류에 들어간다.

◦ 꾸벅꾸벅

반복형 본딴말 '꾸벅꾸벅'의 말뿌리적 구성요소인 '꾸벅'은 '(졸거나 절할 때)머리나 허리를 좀 빠르면서도 깊이 있게 숙였다가 드는 모양'을 나타내는 말이다.

'꾸벅'은 이와 같은 의미로 각이한 언어 환경들에서 쓰일 수 있다.

'재옥은 어리둥절한 눈길로 진영을 향해 <u>꾸벅</u> 절을 하고는 향옥에게 묻는 눈길을 주며 문을 활짝 열었다.'

(장편소설 ≪평양의 봉화≫)

'그는 잠시 유심히 림성욱을 쳐다보더니 싱긋 웃으며 <u>꾸벅</u> 머리숙여 인사를 하였다.'

(장편소설 ≪전환의 년대≫)

'그때 또 첫째가 나서며 머리를 <u>꾸벅</u> 숙여 절을 하였다.'

(장편소설 ≪1932년≫)

'상철이와 종한은 <u>꾸벅</u> 인사를 드리고 머뭇거리다가 달음박질을 치기 시작하였다.'

(장편소설 ≪평양시간≫)

'록건은 주밋거리다가 그 스케트를 두손으로 받으며 <u>꾸벅</u> 례를 표하였다.'

(장편소설 ≪력사에 묻다≫)

'꾸벅'은 또한 '하다', '-거리다', '-대다', '-이다'와 결합하면서 '꾸벅하다', '꾸벅거리다', '꾸벅대다', '꾸벅이다'와 같은 동사를 파생시킨다. 그러므로 말뿌리 '꾸벅'의 반복형 본딴말인 '꾸벅꾸벅'은 앞에서 본

'반짝반짝', '텀벙텀벙'과 마찬가지로 '형태부＋형태부'형 본딴말에 속한다.

## 2. '불완전형태부＋불완전형태부'형

조선어 반복형 본딴말들 가운데는 형식상으로는 두 개의 완전한 말뿌리적 형태부로 구성되어 있는 것처럼 보이나 구성요소들인 개개의 말뿌리가 일반적인 형태부 성립조건의 어느 한 측면, 즉 '의미적 일관성'과 '분포의 다양성'의 두 측면에서가 아니라 그 가운데 어느 한 측면에서만 형태부적인 것으로 된 것들이 있다.

그러므로 이러한 반복형 본딴말을 '불완전형태부＋불완전형태부'형의 본딴말이라고 할 수 있다. 이 유형의 반복형 본딴말에는 '의미적일관성'의 표식을 갖추었으나 '분포의 다양성'의 표식은 갖추지 못한 것과 표식 갖춤이 이와 반대로 된 것의 두 가지 부류가 있다.

그러면 이 두 부류의 반복형 본딴말들에 대하여 각각 실례를 들어 고찰하기로 한다.

'의미적 일관성'의 표식만 갖추고 '분포의 다양성'의 표식을 갖추지 못한 것의 실례

∘ '부쩍부쩍'

반복형 본딴말 '부쩍부쩍'의 말뿌리적 구성요소인 '부쩍'은 '강물이 <u>부쩍</u> 불어나다.', '찌개가 <u>부쩍</u> 졸아들다.', '<u>부쩍</u> 재미를 보다.', '<u>부쩍</u> 힘을 주다.', '<u>부쩍</u> 기세를 올리다.', '<u>부쩍</u> 고집을 부리다.', '<u>부쩍</u> 달라붙다.' 등에서와 같이 여러 가지 동사들과 상황어적 결합을 이룰 수 있

는데 이러한 결합들에서 쓰인 '부쩍'의 뜻들은 '어떤 움직임이나 상태가 몹시 심한 모양'이라는 하나의 뜻으로 일반화된다.

'부쩍'은 바로 이러한 의미를 가지고 여러 가지 언어환경에서 실현된다. 그러한 실례로 다음과 같은 문장들을 들어볼 수 있다.

'끝내 잠자리에서 일어나 앉은 그는 요새 사람들 속에서 <u>부쩍</u> 인기가 오른 독초를 말아 가슴이 알알해나도록 빨고 또 빨았다.'

(장편소설 ≪력사의 대하≫)

'오늘 자강도사람들이 일떠세운 발전소들을 돌아보아서 그런지 <u>부쩍</u> 입맛이 당기는구만.'

(장편소설 ≪별의 세계≫)

'부위원장동무, 군을 <u>부쩍</u> 추켜세워야 하겠소. 잘 꾸려야겠소.'

(장편소설 ≪평양은 선언한다≫)

'군관은 억센 두손으로 반기는 경희부터 <u>부쩍</u> 높이 추켜 들어올리였다.'

(장편소설 ≪불구름≫)

'<봉변이라니요, 혹시 문전축객이라도 당했는가요?> 대좌는 <u>부쩍</u> 구미가 동해서 앞질러 말했다.'

(장편소설 ≪전환의 년대≫)

'그렇게 해서 전차운행의 고속도화를 실현하면 광물생산을 <u>부쩍</u> 늘일 수 있습니다.'

'…억삼이는 회의에서 그 문제를 <u>부쩍</u> 들고 일어섰다.'

(장편소설 ≪석개울의 새봄≫)

'그는 자기에게 맡겨지는 일이 많아지면 질수록 마음의 나사를 <u>부쩍</u>
죄였으며 기쁨과 행복감에 잠겼던 것이다.'

(단편소설 <로동일가>)

위의 예문들에서 볼 수 있는 바와 같이 본딴말 '부쩍부쩍'의 말뿌리
인 '부쩍'은 그 쓰임에서 '의미적 일관성'을 견지하고 있다.

그러나 반복형 본딴말 '부쩍부쩍'을 내놓고는 그 어떤 합성어나 파생
어를 조성하는 수단으로는 되지 못한다. 본딴말로부터 많이 파생되는
'-하다, -거리다, -대다, -이다'형 동사는 파생되지 않는다.

이것은 '부쩍부쩍'의 말뿌리적인 형태부 '부쩍'이 형태부 성립조건의
한 측면인 '의미적 일관성'은 갖추었으나 다른 한 측면인 '분포의 다양
성'은 갖추지 못한 불완전한 형태부라는 것을 말해준다.


○ '성큼성큼'

반복형 본딴말 '성큼성큼'의 말뿌리적 구성요소인 '성큼'의 뜻체계에
는 바탕뜻 '다리를 가볍게 높이 들고 크게 떼여놓는 모양'과 그로부터
전이된 파생적인 뜻 '동작이 망설임이 없이 매우 시원스럽고 빠른 모
양'이 있다.

'성큼'은 바로 이러한 뜻들을 그대로 유지하면서 각이한 언어행위들
에서 쓰인다.

'중은 <u>성큼</u> 뜰로 내려서더니 바랑 안에서 둘둘 말아두었던 검을 꺼냈
다. 그것을 손으로 펴니 서리발 풍기는 장검이였다.'

(고전소설 ≪파수편≫)

'이놈 한마디, 저놈 한마디 지껄이는 중에 키는 작아도 다부지게 생긴

자가 <u>성큼</u> 마루 우로 올라가더니 구석에 걸린 사방등을 떼여들고…'
(장편소설 ≪계명산천은 밝아오느냐≫)

'좌석의 맨 뒤구석에서 <u>성큼</u> 일어난 그는 자기에게 쏠린 눈길들에 무
슨 연극배우나 되는 것처럼 고개를 끄덕이며 뛰듯이 걸어나갔다.'
(장편소설 ≪평양의 봉화≫)

그러나 '성큼'은 '-하다, -거리다, -대다, -이다' 등과 결합하지 못
한다.

◦ '벌렁벌렁'

반복형 본딴말 '벌렁벌렁'의 말뿌리적 구성요소인 '벌렁'은 '팔을 쩍
벌리고 가볍게 뒤로 자빠지거나 눕는 모양'을 나타내는 말로서 여러 가
지 문장들에서 꼭 같은 의미로 실현되면서 뒤에 오는 술어로 표현된 행
동을 수식한다.

실례 :

'한창수가 <u>벌렁</u> 침대에 누우며 말을 던지였다.'
(장편소설 ≪전환≫)

'삼덕은 울화에 못견디여 누군가를 저주하는 말을 한바탕 늘여놓더니
갑자기 <아-아-> 하고 울음소리 같은 울부짖음을 토하고 <u>벌렁</u> 뒤로
나가 넘어졌다.'
(장편소설 ≪무성하는 해바라기들≫)

'풀을 깎아가지고 지게 곁으로 온 그는 지게를 의지하여 <u>벌렁</u> 누워버렸다.'
(장편소설 ≪인간문제≫)

그러나 '벌렁'은 '-거리다', '-대다', '-이다' 등과 결합할 수 없다.

'분포의 다양성'의 표식만 갖추고 '의미적 일관성'의 표식은 갖추지 못한 것의 실례
　◦'소곤소곤'

'정산의 눈으로 보건대 윤철소 대장은 아직 한번도 어느 한 처녀와 <u>소 곤소곤</u> 이야기를 나눠보지 못한 것 같았다.'

(장편소설 《력사의 대하》)

'서서히 회오리치는 듯한 은회색 안개바다… 그 속에서 <u>소곤소곤</u> 주고 받는 말소리들이 다른 행성의 언어처럼 들려왔다.'

'경일이만이 여기 와 <u>소곤소곤</u> 저기 가 소곤소곤하며 값은 고하간에 흥정만 붙이려고 서둘러댔다.'

(단편소설 〈소〉)

'그 풍만한 가슴팍 우에 다리를 쭉 펴고누워 기쁜 이야길 <u>소곤소곤</u> 속삭 이고도 싶고 그 부드러운 품에서 디굴디굴 굴고도 싶었다.'

(장편소설 《석개울의 새봄》)

위의 문장들에서 '소곤소곤'은 '남에게 잘 들리지 않게 낮은 목소리 로 빠르게 이야기하는 모양이나 소리'를 나타내는 말로 쓰였다.

그런데 반복형 본딴말 '소곤소곤'의 말뿌리적 구성요소인 '소곤'은 그 것이 반복되어 이루어진 '소곤소곤' 속에서만 의미를 가지며 단독으로 는 의미적 일관성을 상실한다. '소곤 말하다.', '소곤 주고받는 이야기', '소곤 속삭이다'와 같은 결합은 불가능하다. 그러나 다른 한편 단순형

'소곤'은 '-거리다', '-대다'와 결합하여 '소곤거리다', '소곤대다'와 같은 동사들을 파생시킬 수 있다.

◦ '아장아장', '술렁술렁', '두근두근'

위의 반복형 본딴말들에서 말뿌리적 구성요소들인 단순형 '아장', '술렁', '두근'은 반복형 본딴말 속에서만 의미를 가지며 단독으로는 의미적 일관성을 상실한다.

'아기가 <u>아장</u> 걷다', '가슴이 <u>두근</u> 뛰다', '장내가 <u>술렁</u> 끓다'와 같은 결합은 이루어지지 못한다.

그렇지만 하나의 말뿌리로서 다른 형태부와 결합할 때 새로운 단어를 만들 수 있다.

> 아장－아장걸음, 아장거리다, 아장대다
> 두근－두근거리다, 두근대다
> 술렁－술렁거리다, 술렁대다, 술렁이다

3. '비형태부＋비형태부'형

이 유형의 본딴말에는 형식적으로는 말뿌리적 형태부들로 구성된 것처럼 보이나 그 개개의 구성요소들은 일반적형태부 성립조건의 어느 한 측면에도 만족되지 않는 반복형 본딴말들이 속한다. 실례로 '포동포동', '무럭무럭' 등을 들 수 있다.

∘ 포동포동

　'바둑이는 그동안 벌써 꽤 컸다. …몸뎅어리는 살이 <u>포동포동</u> 지고기름이 반지르르 흘렀다.'(단편소설 <인력거군>)

　'<u>포동포동</u> 살이 오른 량볼이 사과빛이라면 작은 입술은 앵두와도 같다고 할 수 있다.'(단편소설 <크나큰 어버이품>)

　'하나같이 <u>포동포동</u> 고운 염소들.'(<염소가 매매 노래합니다>)

　위의 문장들에 쓰인 '포동포동'은 '매우 통통하게 살이 올라있는 모양'을 나타내는 말이다. 그러나 이 반복형 본딴말의 구성요소인 '포동'은 그것이 참가한 반복형 본딴말인 '포동포동' 밖에서는 단독으로 '통통하게 살이 올라있는 모양'의 뜻을 나타내는 말로 실현 될 수 없다. '<u>포동</u> 살이 진 토끼', '<u>포동</u> 살이 오른 아기손'과 같은 표현은 성립되지 않는다. 또한 단순형 '포동'은 다른 형태부들과 결합되지도 않는다.

　　×포동거리다　　×포동손
　　×포동대다　　　×포동팔
　　×포동하다　　　×포동얼굴
　　×포동이다　　　×포동볼

∘ 무럭무럭

　반복형 본딴말 '무럭무럭'의 의미체계에서 바탕뜻은 '힘있고 순조롭게 잘 자라는 모양'이고 전의된 파생뜻은 '냄새, 김, 연기 같은 것이 계속 많이 떠오르는 모양', '어떤 생각이나 느낌이 계속 자꾸 떠오르는 모양'이다.

'이 나무도 오늘을 생각하며 힘을 내여 <u>무럭무럭</u> 잘클거다.'

(장편소설 ≪불구름≫)

'그 누구나 젖은 옷에서 흰 김이 <u>무럭무럭</u> 피여올랐다.'

(장편소설 ≪강계정신≫)

'사람들의 가슴마다에 감격과 기쁨이 <u>무럭무럭</u> 용솟음쳤다.'

'무럭무럭'이 나타내는 '힘있게', '계속 많이', '계속 자꾸'와 같은 행동의 태적의미는 말뿌리적 구성요소가 반복되면서 표현되는 것인 것만큼 단순형 '무럭'도 응당 그러한 태적의미를 나타내야 할 요소 같지만 단독으로는 아무런 뜻도 실현되지 않는다.

    × 키가 <u>무럭</u> 크다.
    × 연기가 <u>무럭</u> 피여오른다.
    × 감격과 기쁨이 <u>무럭</u> 솟구치다.

'무럭'은 또한 분포영역이 반복형 '무럭무럭'에만 국한되어 있다.

    × 무럭하다
    × 무럭거리다
    × 무럭대다

따라서 반복형 본딴말 '무럭무럭'은 일반적인 형태부 성립조건의 두 측면을 다 갖추지 못한 구성요소들로 이루어진 유형에 속하는 반복형 본딴말이다.

반복형 본딴말에는 앞에서 본 세 가지 유형 밖에도 '형태부＋<비형

태부>'형, '<비형태부>＋형태부'형, '불완전형태부＋<비형태부>'형, '<비형태부>＋불완전형태부'형 등이 있다.

이와 같은 유형들은 유음반복형 본딴말들에서 찾아볼 수 있다.

실례 :

◦ 얼럭덜럭

유음반복형 본딴말 '얼럭덜럭'의 말뿌리적 구성요소인 '얼럭'은 '어떤 바탕에 다른 빛의 굵은 줄이나 점같은 것이 있는 모양'을 나타내는 말로서 '얼럭구름', '얼럭바위', '얼럭무늬', '얼럭광대', '얼럭말', '얼럭소' 등과 같은 합성어의 말뿌리로 되는가 하면 '얼럭이 가다', '얼럭이 지다'와 같은 성구적결합의 구성요소로도 참가한다.

그러나 '덜럭'은 오직 반복형 본딴말 '얼럭덜럭' 속에서만 '얼럭'의 뜻을 더 강조하는 뜻을 나타낼 뿐 독자적인 의미적 단위나 단어조성적 단위로 쓰이는 일이 없다. 그러므로 '얼럭덜럭'은 '형태부＋<비형태부>'형 본딴말로 된다.


◦ 울퉁불퉁

유음반복형 본딴말 '울퉁불퉁'에서는 앞에서 본 '얼럭덜럭'의 경우와는 정반대로 뒷자리에 있는 '불퉁'이 형태부적인 것이고 앞자리의 '울퉁'은 비형태부적인 것이다.

'불퉁'은 '불퉁나온 염소의 눈', '불퉁 삐여진 탄력있는 근육'에서와 같이 '둥글게 나온 모양'을 나타내는 말로서 이러 저러한 언어환경에서 쓰일 수 있으며 형용사 '불퉁하다'와 동사들인 '불퉁거리다', '불퉁대다'를 파생시킬 수 있다.

그러나 '울퉁'은 오직 '울퉁불퉁'과 같은 반복형 본딴말의 구성부분

으로 되면서 '고르지 못하게 불퉁하거나 보기 싫게 불퉁하다'는 의미색
깔을 더해줄 뿐 자립적인 의미적 단위나 단어조성적 단위로 쓰이는 일
이 없다.


∘ 허둥지둥

이 유음반복형 본딴말은 '불완전형태부＋＜비형태부＞'형 본딴말이다.

'허둥지둥'에서의 '허둥'은 단독적으로 자립적인 부사적 의미단위로
쓰이는 일은 없다. 그러나 '허둥'은 '허둥거리다', '허둥대다'와 같은 동
사를 파생시킨다.

실례 :

'어떻게 대답했으면 좋을지 몰라서 <u>허둥거리는데</u> 윤원구는 그냥 자기
를 지켜보고 있다.'

(장편소설 ≪두만강지구≫)

'땅딸보 리상범은 …마당에 나서자 벌써 주눅이 들어 눈길을 <u>허둥대기</u>
시작하였다.'

(장편소설 ≪봄우레≫)

그런데 '지둥'은 자립적인 의미단위로 되지 못할 뿐 아니라 '～하다',
'～거리다', '～이다' 형동사도 파생시키지 못한다.

　× 지둥하다
　× 지둥거리다
　× 지둥대다
　× 지둥이다

'지둥'은 단지 '허둥지둥'의 구성요소로 참가하여 '어찌할 줄 몰라서 다급히 서두르는 모양'을 나타내는 '허둥'의 뜻을 강조해 줄 뿐이다.

○ 우불구불

유음반복형 본딴말 '우불구불'은 '허둥지둥'과 같은 유형과는 반대되는 '<비형태부>＋불완전형태부'형의 본딴말이다.

'우불구불'에서 앞의 '우불'은 단독으로 쓰이거나 새로운 단어를 파생시키는 경우가 없다면 뒤의 '구불'은 우선 자립적인 부사로 쓰이는 일이 많다.

실례 : '쇠돌은 대형자동차에 실리여 구름을 헤치며 이리 <u>구불</u> 저리 <u>구불</u> 산허리를 안고 감돌면서 산정길을 따라 낙광정으로 운반된다.'

또한 '구불'은 '구불밸', '구불사위', '구불수양버들' 등에서와 같이 합성어의 말뿌리적 구성요소로 되기도 하고 동사 '구불거리다', '구불대다'를 파생시키기도 한다.

이상에서 우리는 '의미적 일관성'과 '분포의 다양성'이라는 두 가지 표식의 갖춤을 형태부 성립의 조건, 형태부가 되는 기준으로 보는 견지에서 반복형 본딴말을 구조적으로 분석해 보았다.

그런데 이 분석의 결과는 우리로 하여금 현실적으로 반복적인 구조를 가진 적지 않은 본딴말들을 더는 분할할 수 없는 단순형 본딴말, 즉 하나의 말뿌리로 된 본딴말로 보아야 하는 모순점에 봉착하게 한다.

일반적인 형태부 성립조건의 견지에서 보면 앞에서 본 '<비형태부>＋<비형태부>'형, '형태부＋<비형태부>'형, '<비형태부>＋형태부'형, '불완전형태부＋<비형태부>'형, '<비형태부>＋불완전형태부'형과 같은 본딴말들은 두개의 구조적 단위로 분할할 수 없는 하나의 단순구조의 본

딴말이지만 조선어로 말하는 사람의 언어의식에서는 '무럭무럭', '포동
포동', '얼럭덜럭', '울퉁불퉁', '허둥지둥', '우불구불'이 각각 '포동＋포
동', '무럭＋무럭', '얼럭＋덜럭', '울퉁＋불퉁', '허둥＋지둥', '우불＋
구불'같은 두개의 구조적 단위를 가진 반복형 본딴말로 이해되는 것이
현실이다.

그러면 왜 조선어 본딴말의 기본형으로 되는 반복형 본딴말의 구조
적 단위 다시 말해 형태부적 단위를 분석함에 있어서 이와 같은 이해하
기 어려운 문제가 제기되는가?

필자는 그 원인이 단어형태부 분석의 보편적인 원리, 즉 '의미적인
일관성'과 '분포의 다양성'이라는 표식을 갖춘 단어의 구성요소를 형태
부로 인정하고 단어의 구조적 단위를 분석하는 원리를 본딴말의 구조
적분석에 적용함에 있어서 조선어 어휘구성에서 독특한 부류인 본딴말
의 구체적인 특성이 고려되지 않은 데 있다고 보아진다.

조선어 본딴말은 다른 보통의 일반단어들과 비교할 때 사물현상의
소리나 모양을 말소리로 모방하여 나타내는 말로서 말소리 구성과 의
미가 매우 밀착되어 있으며 반복형구조가 많은 것이 특징적이다.

조선어 본딴말의 이러한 특성을 고려한다면 반복형 본딴말에서 반복
되는 단위로 구획되어 나오는 어음복합체에 대하여서는 그것이 자립적인
의미를 가지고 다른 여러 가지 언어요소들과 다양한 결합을 이루면서 쓰
이는가, 그렇지 않은가에 관계없이 하나의 형태부로 다시 말해 본딴말의
구조적 단위로 볼 수 있다. 예를 들면 앞에서 든 본딴말 '무럭무럭', '포
동포동', '우불구불', '얼럭덜럭', '울퉁불퉁'에서 '무럭', '포동', '우불',
'덜럭', '울퉁'같은 어음복합체를 본딴말 형태부로 인정할 수 있다.

그것은 이러한 단위들은 비록 의미적 자립성과 다양한 단어조성이나

단어결합기능을 가지지 않으나 반복형구조에 참가하면서 본딴말 전체의 의미를 결정하고 제약하기 때문이다.

그런데 구성부분들이 단음절로 된 반복형 본딴말인 경우에는 위에서와 같은 방식으로만 구조적 단위를 분석하기 어렵다.

물론 '둥둥(뜨다)', '훌훌(불다)', '쑥쑥(들어가다)', '푹푹(파다)', '뚱뚱(살지다)' 등과 같은 단음절 구성요소로 된 반복형 본딴말의 구성부분은 당당히 구조적 단위인 형태부로 볼 수 있다.

'둥뜬생각', '훌날려버리다', '쑥넣다', '푹파헤치다', '뚱보, 뚱녀'와 같은 단어결합이나 합성어가 이루어진다. 또한 단음절 단순형의 상태에서도 사람들은 그것의 상징적 의미를 쉽게 이해할 수 있다.

그러나 '반반(쓸어놓다, 없애다)', '술술(물이 새다)', '풀풀(락엽이 떨어지다, 담배연기를 뿜다, 한숨만 쉬다)', '줄줄(시내물이 흐르다, 모래가 새다, 미끄러지다, 외우다, 따라다니다)'과 같은 반복형 본딴말의 구성부분들은 의미적 자립성이 없고 다른 단어와 어울려 합성어나 단어결합을 이룰 수 없을 뿐만 아니라('마당을 반 쓸다', '실이 술 풀리다', '담배연기를 풀 뿜다', '꽁무니를 줄 따라다니다'와 같이는 말하지 않는다) 그 하나만으로는 구별적기능이 희박하므로 아무런 상징적 의미도 나타낼 수 없는 하나의 무의미한 말소리덩어리로 밖에 될 수 없다.

따라서 이러한 단음절로 된 단위를 구성요소로 하는 반복형 본딴말은 그 자체가 더 분화할 수 없는 하나의 구조적 단위인 형태부로 된다.

## 제2절 조선어 본딴말의 최소의 구조적 단위인 상징소

### 1. 상징소의 본질

조선어 본딴말의 형태구조적 특성을 분석적으로 고찰하면 우리는 두 개 이상의 음절로 이루어진 말뿌리적 형태부들 중 일부 것들은 마지막 음절이 단순한 말소리단위가 아니라 일정한 어음-의미적인 구조적 단위로 분석된다는 것을 어렵지 않게 알 수 있다.

실례 :

넘실넘실-[넘-실]+[넘-실]
생긋생긋-[생-긋]+[생-긋]
기신기신-[기-신]+[기-신]
들먹들먹-[들-먹]+[들-먹]

상징소란 이와 같은 본딴말의 말뿌리적 형태부 끝위치에 있는 구조적 단위로 파악되는 것을 말한다.

그러면 위의 실례에서 볼 수 있는 '-실', '-신', '-긋', '-먹'과 같은 구조적 단위, 즉 상징소의 본질은 무엇인가?

지금까지 나온 많은 문법서들에서는 이 논문에서 <상징소>라고 하는 요소에 대하여 본딴말의 구조적 단위로 갈라내지 않았다. 다시 말해 '넘실넘실'을 구조적으로 분석한다면 '넘실(말뿌리)+넘실(말뿌리)'식으로 두개의 말뿌리적 형태부로 가르는데 머무르고 '넘실' 자체를 더 분석해 나가는 문제에 대해서는 주의를 돌리지 않았다.

그러나 다른 한편 일부 학자들 속에서는 '상징소'를 본딴말 조성뒤붙이로 규정하였다.

필자는 이와 같은 서로 다른 견해들에 대한 의견을 보이는 것을 통하여 이 논문에서 상징소라고 하는 것의 본질이 무엇이겠는가에 대해 서술하려고 한다.

### 1) 상징소는 본딴말의 말뿌리 안에 존재하는 최소의 구조적 단위

위에서 본 '-실', '-긋', '-신', '-먹'과 같은 본딴말 말뿌리의 끝음절들은 일반적인 형태부 성립조건에 어느 정도 부합되는 성질을 띠고 있다.

우선 이러한 요소들은 여러 가지 본딴말 말뿌리를 형성하는 데 매우 빈번히 참가한다.

실례 :

'-실'
가실가실 덩실덩실 비실비실 터실터실 함실함실 욱실욱실
고실고실 득실득실 방실방실 토실토실 흠실흠실 와실와실 나실나실
뭉실뭉실 새실새실 포실포실 움실움실 넘실넘실 벙실벙실 억실억실
푸실푸실 으실으실

'-긋'
나긋나긋 생긋생긋 빨긋빨긋 쫑긋쫑긋 지긋지긋 멀긋멀긋 삥긋삥긋
쨍긋쨍긋 어긋버긋 발긋발긋 힐긋힐긋 씰긋씰긋 종긋종긋 벙긋벙긋
향긋향긋 씽긋삥긋 울긋불긋

'-신'
굽신굽신 납신납신 팍신팍신 기신기신 넙신넙신 옥신각신 푹신푹신
겁신겁신 녹신녹신 족신족신 깝신깝신 개신개신 북신북신 죽신죽신

'-먹'

거들먹거들먹 굴먹굴먹 들먹들먹 줄루먹줄루먹 뜰먹뜰먹 울먹줄먹
건들먹건들먹 그들먹그들먹 서먹서먹 줄먹줄먹 울먹울먹


이와 같이 상징소는 같은 어음구성을 가지고 각이한 본딴말 조성에 참가하므로 그 분포의 면에서 형태부성립의 한 조건인 '결합의 다양성'이라는 특성을 지니고 있다고 볼 수 있다.

상징소는 또한 분포의 측면에서만이 아니라 그 의미적 측면에서도 형태부 성립의 다른 한 조건인 '의미적 일관성'이라는 특성도 가지고 있다.

그러면 본딴말 말뿌리에서 분석되어 나오는 상징소라고 하는 것이 일정한 고유한 의미를 가지고 본딴말의 전체 의미를 결정하는 데 참가하는 의미론적 과정에 대하여 앞에서 본 실례 '-실', '-굿', '-신', '-먹'을 다시 들어 고찰하기로 한다.


'-실' :

'논에도 밭에도 곡식들이 넘실넘실 물결치는 풍요한 가을이 왔다.'


'무시무시한 홍수의 바다 우에서도 배집은 둥실둥실 떠간다. 장마철이 지나면 배집이 땅기슭에 닻을 내린다.'

(장편소설 ≪평양시간≫)


'왜장을 잡았다! 왜장을 잡았다!' 그는 덩실덩실 춤이라도 출것처럼 어깨를 들썩거렸다.

(장편소설 ≪평양성 사람들≫)

'흰구름덩이들이 몽실몽실 피여오르는 푸른 하늘.'

위의 문장들에 쓰인 본딴말들의 구성요소인 '-실'은 바탕의미가 기본적으로 같다.

《조선말대사전》에서는 예문에 쓰인 본딴말들의 뜻을 다음과 같이 풀이하였다.

> 넘실넘실-물결처럼 부드럽고 느리게 굽이치는 모양을 나타내는 말.
> 덩실덩실-팔과 다리를 장단에 맞추어 흥겹게 자꾸 놀리는 모양을 나타내는 말
> 둥실둥실-물건이 공중에 떠서 자꾸 움직이는 모양을 나타내는 말
> 뭉실뭉실-구름이나 연기 같은 것이 큰 덩어리를 지으며 피여오르는 모양을 나타내는 말

《조선말대사전》에 주어진 이와 같은 각이한 뜻들이 내용을 분석종합해보면 우리는 위의 네 가지 본딴말들의 뜻에서 '무엇이 부드럽고 가볍게 움직이는 모양'이 공통적인 의미소로 되고 있으며 그것은 각 본딴말들에 존재하는 상징소인 '-실'에 의하여 표현된다는 것을 발견할 수 있다.

'-긋' :

'입에서 <u>나긋나긋</u> 감치는 두릅나물의 별미'에서 '나긋나긋'의 뜻은 '감촉이 매우 부드럽고 연한 모양'이고 '늘 <u>생긋생긋</u> 웃는 얼굴로 사람들을 대하는 판매원 처녀'에서 '생긋생긋'의 뜻은 '눈과 입을 귀엽게 움직이며 소리 없이 가볍게 자꾸 웃는 모양이며', '<u>힐긋힐긋</u> 이 사람 저 사람 쳐다보는 그의 눈길은 별로 곱지 않았다.'에서 '힐긋힐긋'의 뜻은 '가벼운 곁눈질로 자꾸 슬쩍 흘겨보는 모양'이다. 또한 '산과 들에 <u>향긋</u>

향긋 풍겨오는 무르익는 과일내'에서 '향긋향긋'의 뜻은 '향기로운 냄새
가 자꾸 은근히 나는 모양'이며 '발긋발긋 꽃송이들처럼 익기 시작하는
딸기송이들'에서 '발긋발긋'의 뜻은 '점점이 산뜻하게 발그스름한 모양'
이다.

그런데 본딴말 '나긋나긋', '생긋생긋', '힐긋힐긋', '향긋향긋', '발긋
발긋'의 공통적인 구성요소로 되고 있는 상징소 '-긋'의 뜻은 결국 '어
떤 움직임이나 상태의 정도가 심하지 않고 연한 모양'이라는 하나의 공
통적인 뜻으로 추상화, 일반화된다.

'-신' :

'-신'이 구성요소로 참가한 '굽신굽신', '폭신폭신', '죽신죽신' 등을
놓고 보면 이 본딴말에 쓰인 '-신'이 다 '굳거나 세지 않고 부드럽고
연하면서 좀 탄력성 있는 모양'이라는 같은 하나의 뜻을 나타낸다는 것
을 직감할 수 있다.

그러면 이와 관련된 몇 가지 실례를 들어보기로 한다.

'명호는 방에 들어서자 여기저기 앉아있는 사람들을 향해 재빨리 굽신
굽신 절부터 하였다.'

'걸음을 옮길때마다 폭신폭신 밟히는 잔디밭.'

'죽신죽신 오르내리는 자동차판용수.'

'-먹' :

'-먹'이 구성요소로 된 본딴말 '거들먹거들먹'은 '거들먹거들먹 갈지
자로 걸음을 옮기는 술주정군'에서와 같이 '미울 정도로 마구 행동하는

모양'을, '들먹들먹'은 '발밑의 땅이 <u>들먹들먹</u> 요동치는 듯 싶은 충격'
에서와 같이 '무엇이 들렸다 내려앉았다 하는 모양'을, '울먹줄먹'은
'<u>울먹줄먹</u> 잇달린 높고 낮은 봉오리들'에서와 같이 '무엇이 고르지 않
게 늘어서 있는 모양'을, '울먹울먹'은 '설음이 북받친 상옥이는 <u>울먹울</u>
<u>먹</u> 얼굴이 이그러진다.'에서와 같이 '울상이 되어 울듯말듯한 모양'을
나타낸다.

그런데 위에서 든 본딴말들의 구체적인 뜻은 차이가 있지만 이 본딴
말 말뿌리들의 공통적인 구성요소인 '-먹'은 다 같이 어떤 행동이나 상
태가 '고르럽지 못하고 안정되지 못한 모양'을 특징짓는 의미소를 지니
고 여러 본딴말의 말뿌리 구성에 참가한다.

이상의 고찰을 통하여 볼 수 있는 바와 같이 '상징소'는 '분포의 다
양성'과 '의미의 일관성'이라는 일반적인 형태부 성립조건에 일정하게
부합되는 성질을 가지므로 본딴말 말뿌리에서 갈라낼 수 없는 단순하
고 무의미한 하나의 어음복합체, 음절이 아니라 말뿌리 속에 존재하는
독자인 의미와 말소리의 통일체이며 하나의 구조적 단위이다.

### 2) 상징소는 비뒤붙이적인 구조적 단위

조선어 본딴말의 구조적 특성에 대해 논한 일부 논문들에서는 우리
가 '상징소'라고 하는 언어적 요소들 예를 들면 앞에서 본 '넘실넘실'
에서의 '-실', '들먹들먹'에서의 '-먹', '죽신죽신'에서의 '-신', '생긋
생긋'에서의 '-긋' 같은 것을 본딴말의 뒤붙이로 보았다. 이것은 '상징
소'가 '의미적 일관성'과 '분포의 다양성'이라는 형태부가 갖추어야 할
일반적인 표식을 어느 정도 갖추고 있다는 데 근거한 견해일 것이다.

그러나 그렇다고 하더라도 상징소가 하나의 뒤붙이로 되기는 어렵다고

보아진다.

그 이유는 다음과 같은 점에 있다.

첫째, 본딴말 말뿌리끝에 오는 상징소는 우리가 일반적으로 이해하고 있는 형태부의 한 가지인 뒤붙이에 비해 의미적 추상성이 훨씬 약하다.

앞에서 상징소 '-실'은 '무엇이 부드럽고 가볍게 움직이는 모양'을, '-긋'은 '어떤 움직임이나 상태가 심하지 않고 연한 모양'을, '-신'은 '굳거나 세지 않고 부드럽고 연하면서 좀 탄력성이 있는 모양'을, '-먹' 은 '어떤 행동이나 상태가 고르럽지 못하거나 안정되지 못한 모양'을 나타내는 것으로 보았다.

그런데 이러한 의미들은 상당한 정도로 추상화된 것이기는 하지만 그것은 어디까지나 구체적이고 실질적인 의미로서 범주적인 의미가 될 정도로 추상화된 것은 아니다.

그러나 조선어 뒤붙이가 나타내는 의미는 일반적으로 매우 높은 추상성으로 특징지어진다.

그러면 이에 대하여 몇 가지 뒤붙이들을 놓고 고찰하여보기로 하자.

- '-기'~어떤 행동을 하는 것, 또는 그렇게 하는 일(뛰기, 달리기) 어떤 행동을 하는 데 쓰이는 도구(돋보기), 어떤 상태로 된 물건(두루마기)등의 뜻을 나타낸다.
- '-게'~어떤 행동이나 일을 하는 데 쓰는 간단한 도구(지게, 집게)의 뜻을 나타낸다.
- '-ㅁ'~사람의 심리적인 느낌(기쁨, 슬픔, 부끄러움), 어떤 행동과 관련된 대상이나 행동의 결과로 이루어진 상태(잠, 꿈)의 뜻을 나타낸다.
- '-이'~사람(간난이, 젊은이, 늙은이, 더펄이, 애꾸눈이)도구, 수단, 물건, 과정(손잡이, 못뽑이, 해돋이, 모살이), 어떤 일이나 사업(풀이,

고기잡이), 어떤 성질적인 특성(깊이, 넓이, 높이)
- '-질'~어떤 일(바느질, 빨래질, 솔질, 풀질), 되풀이 되는 동작이나 행동(망치질, 새김질, 딸국질), 일정한 직업이나 노릇(목수질, 교원질, 며느리질, 삼촌질) 등의 뜻을 나타낸다.

그런데 이 뒤붙이들이 나타내는 '일', '사람', '도구', '수단' 등의 뜻은 외연이 매우 넓은 추상적인 개념과 관련된 뜻이며 특히 '대상', '행동', '성질적 특성', '상태' 등의 뜻은 추상화정도가 가장 높은 범주적 의미에 속하는 것이다.

그리하여 우리는 본딴말 말뿌리의 끝에 오는 상징소를 일정한 구체적인 어휘적 의미를 나타내는 요소로서 그 의미적 추상성의 정도에서 뒤붙이적인 것에 이르지 못하는 것이라고 볼 수 있다.

본딴말의 상징소를 일반적인 뒤붙이의 부류에 포괄시킬 수 없는 이유는 둘째, 뒤붙이는 단어에 일정한 뜻이나 뜻빛갈을 더해줄 뿐 아니라 그 단어를 일정한 품사에 속하게 하는 문법적 기능을 가지지만 상징소에는 그러한 기능이 없다는 데 있다.

조선어의 가장 전형적인 단어 조성적 뒤붙이들이라고 볼 수 있는 '-기', '-ㅁ', '-개'들을 보면 일부 용언의 말줄기에 붙어서 명사를 만든다.

실례 :

걷기[걷-＋-기], 모내기[모＋내-＋-기], 기쁨[기쁘-＋-ㅁ], 아픔[아프-＋-ㅁ], 덮개[덮-＋-개], 띠개[띠-＋-개]

또한 조선어단어조성에서 매우 적극적으로 활용되는 뒤붙이 '-이'의 경우에는 위에서 본 '-기', '-ㅁ', '-개'와 마찬가지로 용언의 말줄기에 붙어서 명사를 만들기도 하고 일부 명사적 말뿌리 또는 본딴말 말뿌리에 붙어서 명사를 이루기도 하며 형용사적 말뿌리나 본딴말 말뿌리에 붙어서 부사를 만들기도 한다.

실례 :

> 손잡이[손+잡-+-이], 못뽑이[못+뽑-+-이], 길이[길-+-이],
> 넓이[넓-+-이], (산의)높이[높-+-이], 애꾸눈이[애꾸눈+-이],
> 꿀꿀이[꿀꿀+-이], 가벼이[가볍-+-이], 즐거이[즐겁-+-이],
> (하늘)높이[높-+-이], 방긋이[방긋+-이], 생긋이[생긋+-이]

그런데 본딴말 말뿌리끝의 상징소는 단어의 품사소속관계를 결정하지 않는다.

본딴말 '들락날락', '넘실넘실', '기우뚱기우뚱'을 보면 마치 '들락날락'의 경우는 동사 '들어가다'와 '나가다'의 말뿌리에 '-락'이 붙고 '넘실넘실'의 경우에는 동사 '넘다'의 말뿌리에 '-실'이 붙어서 동사로부터 부사가 이루어진 것처럼 보인다.

그리고 '길쭉길쭉', '굵직굵직', '짧막짤막'을 보면 '길쭉길쭉'은 형용사 '길다'의 말뿌리에 '-쭉'이, '굵직굵직'은 형용사 '굵다'의 말뿌리에 '-직'이, '짤막짤막'은 형용사 '짧다'의 말뿌리에 '-막'이 붙어서 형용사로부터 부사가 이루어진 것처럼 생각될 수 있다.

그러나 '펄펄'과 '펄럭펄럭', '살살'과 '살금살금', '줄줄'과 '줄레줄레'를 각각 비교해보면 '상징소'라고 하는 것이 단어의 품사소속관계를 결정하는 데서 아무런 작용도 하지 않는다는 것을 알 수 있다.

'펄펄', '살살', '줄줄'도 부사이고 '펄-'에 상징소 '-럭'이 붙어 이루어진 '펄럭펄럭'도 부사이고 '살-'에 '-금'이 붙어 이루어진 '살금살금'도

부사이며 '줄-'에 '-레'가 붙어 이루어진 '줄레줄레'도 부사이다.

본딴말의 상징소를 단어 조성적 뒤붙이로 볼 수 없는 이유는 셋째, 그것이 어디까지나 말뿌리 내부의 언어적 요소라는 데 있다.

원래 뒤붙이는 '뒤붙이'라는 용어자체가 말해주듯이 말뿌리의 뒤에 붙어서 일정한 뜻이나 뜻빛갈을 더해주면서 새말을 만드는 덧붙이의 한가지로서 말뿌리 밖의 형태부이다. 그러나 상징소는 말뿌리 밖이 아니라 말뿌리 안에 내속되어 말뿌리 자체가 이루어지게 하는 것이다.

실례로 상징소 '-글'이 붙은 본딴말 몇 개를 들어보자.

본딴말 '우글우글', '와글와글', '바글바글', '부글부글'을 보면 '-글'이 하나의 구조적 단위로 분석은 되지만 그것을 제외한 '우-', '와-', '바-', '부-'는 말뿌리로써의 면모가 전혀 갖추어져있지 않은 하나의 무의미한 음절에 불과하다.

이 음절들은 반드시 '-글'과 결합되어야 '우글', '와글', '바글', '부글'과 같은 말뿌리로 만들어진다. 다시 말해 '-글'은 말뿌리에서 갈라낼 수 없는 것이다.

이처럼 '상징소'라고 하면 말뿌리적 형태부와의 관계에서 볼 때 '뒤붙이'라는 개념이 적용될 수 없는 것이다.

본딴말의 상징소를 뒤붙이와 동일시할 수 없는 이유는 넷째, 두 언어적 요소가 다른 언어적 요소와의 결합능력에서 큰 차이를 보이는 데 있다.

뒤붙이는 주요한 단어조성수단으로서 명사, 동사, 형용사, 부사 등 기본 품사들의 말뿌리와 결합을 이루며 다양한 품사들을 파생시키지만 상징소는 그 분포가 상징부사에서만 나타난다.

이상에서 우리는 조선어 본딴말의 구조적 단위로서의 '상징소'의 개념과 특성에 대해 분석하였다.

그러면 상징소의 본질은 무엇인가.

필자는 앞에서 진행한 고찰을 통하여 상징소의 본질은 본딴말의 말뿌리적 형태부 안에 존재하면서 말소리의 성질이나 소리느낌에 기초하고 있는 음성상적 의미를 부여해주며 본딴말(주로 모양본딴말)의 구조적 특성이 보다 뚜렷해지도록 하는 하나의 특수한 구조적 단위로 되는데 있다는 결론에 도달하였다.

## 2. 본딴말에서의 상징소 실현 상황

조선어 본딴말에서 일종의 구조적 단위로 구획되는 상징소는 매우 풍부하고 다양하다.

≪조선말대사전≫에 오른 4음절 말뿌리 반복형 본딴말(유음반복형도 포함) 3,719개를 분석한 데 의하면 말뿌리의 끝음절로 두 번 이상 출현하는 상징소들이 약 221개나 된다.

이 상징소들을 본딴말에 나타나는 빈도순에 따라 열거하면 다음과 같다.

[표 1] 상징소를 포함한 본딴말

| 번호 | 상징소 | 빈도수 | 본딴말 실례 |
|------|--------|--------|-------------|
| 1 | 닥 | 132 | 간닥간닥, 따닥따닥 |
| 2 | 렁 | 127 | 그렁그렁, 출렁출렁 |
| 3 | 덕 | 119 | 너덕너덕, 숙덕숙덕 |
| 4 | 적 | 113 | 뒤적뒤적, 문적문적 |
| 5 | 랑 | 112 | 가랑가랑, 발랑발랑 |
| 6 | 실 | 106 | 남실남실, 푸실푸실 |

| 번호 | 상징소 | 빈도수 | 본딴말 실례 |
|---|---|---|---|
| 7 | 글 | 107 | 빙글빙글, 서글서글 |
| 8 | 럭 | 100 | 꿀럭꿀럭, 무럭무럭 |
| 9 | 락 | 98 | 가드락가드락, 모락모락 |
| 10 | 작 | 90 | 깝작깝작, 납작납작 |
| 11 | 들 | 88 | 산들산들, 건들건들 |
| 12 | 득 | 87 | 그득그득, 바득바득 |
| 13 | 룩 | 83 | 두룩두룩, 머룩머룩 |
| 14 | 당 | 65 | 꽝당꽝당, 송당송당 |
| 15 | 긋 | 65 | 누긋누긋, 상긋상긋 |
| 16 | 죽 | 64 | 걸죽걸죽, 삐죽삐죽 |
| 17 | 근 | 60 | 수근수근, 푸근푸근 |
| 18 | 쩍 | 49 | 늘쩍늘쩍, 버쩍버쩍 |
| 19 | 덩 | 48 | 건덩건덩, 쑹덩쑹덩 |
| 20 | 물 | 46 | 가물가물, 시물시물 |
| 21 | 질 | 46 | 간질간질, 바질바질 |
| 22 | 슬 | 43 | 고슬고슬, 나슬나슬 |
| 23 | 뚝 | 43 | 대뚝대뚝, 절뚝절뚝 |
| 24 | 름 | 42 | 가름가름, 널름널름 |
| 25 | 딱 | 42 | 뚝딱뚝딱, 발딱발딱 |
| 26 | 쭉 | 39 | 갤쭉갤쭉, 실쭉실쭉 |
| 27 | 떡 | 38 | 꺼떡꺼떡, 헐떡헐떡 |
| 28 | 짝 | 36 | 깔짝깔짝, 살짝살짝 |
| 29 | 록 | 35 | 대록대록, 꼬록꼬록 |
| 30 | 직 | 35 | 묵직묵직, 뜨직뜨직 |
| 31 | 금 | 34 | 살금살금, 야금야금 |
| 32 | 깃 | 33 | 구깃구깃, 잘깃잘깃 |
| 33 | 릿 | 33 | 또릿또릿, 푸릿푸릿 |
| 34 | 둥 | 33 | 건둥건둥, 우둥우둥 |
| 35 | 박 | 32 | 꼬박꼬박, 또박또박 |
| 36 | 끈 | 32 | 따끈따끈, 불끈불끈 |
| 37 | 벅 | 31 | 구벅구벅, 터벅터벅 |
| 38 | 끗 | 28 | 희끗희끗, 방끗방끗 |

| 번호 | 상징소 | 빈도수 | 본딴말 실례 |
|------|--------|--------|-------------|
| 39 | 둑 | 28 | 꾸둑꾸둑, 석둑석둑 |
| 40 | 각 | 28 | 발각발각 티각태각 |
| 41 | 걱 | 28 | 뚜걱뚜걱, 삐걱삐걱 |
| 42 | 끔 | 27 | 깔끔깔끔, 띠끔띠끔 |
| 43 | 리 | 27 | 두리두리, 서리서리 |
| 44 | 뚱 | 26 | 기우뚱기우뚱, 뒤뚱뒤뚱 |
| 45 | 신 | 26 | 갑신갑신, 죽신죽신 |
| 46 | 뜩 | 26 | 반뜩반뜩, 피뜩피뜩 |
| 47 | 싹 | 26 | 골싹골싹, 폴싹폴싹 |
| 48 | 깍 | 25 | 꼴깍꼴깍, 잘깍잘깍 |
| 49 | 썩 | 25 | 덜썩덜썩, 우썩우썩 |
| 50 | 룽 | 24 | 대룽대룽, 주룽주룽 |
| 51 | 꺼 | 24 | 꿀꺼꿀꺼, 벌꺼벌꺼 |
| 52 | 롱 | 23 | 아롱아롱, 새롱새롱 |
| 53 | 삭 | 23 | 갑삭갑삭, 답삭답삭 |
| 54 | 석 | 23 | 버석버석, 어석어석 |
| 55 | 강 | 21 | 불강불강, 살강살강 |
| 56 | 르 | 20 | 바그르, 보그르 |
| 57 | 불 | 20 | 가불가불, 사불사불 |
| 58 | 겅 | 20 | 불겅불겅, 설겅설겅 |
| 59 | 씬 | 19 | 늘씬늘씬, 물씬물씬 |
| 60 | 독 | 19 | 고독고독, 오독오독 |
| 61 | 분 | 17 | 가분가분, 사분사분 |
| 62 | 막 | 17 | 가들막가들막, 달막달막 |
| 63 | 뻑 | 17 | 껌뻑껌뻑, 꾸뻑꾸뻑 |
| 64 | 칵 | 17 | 물칵물칵, 발칵발칵 |
| 65 | 싯 | 16 | 당싯궁싯, 덩싯덩싯 |
| 66 | 굴 | 16 | 대굴대굴, 디굴디굴 |
| 67 | 먹 | 16 | 끄먹끄먹, 꺼먹꺼먹 |
| 68 | 등 | 15 | 바등바등, 빠등빠등 |
| 69 | 레 | 15 | 덜레덜레, 설레설레 |
| 70 | 정 | 15 | 빈정빈정, 건정건정 |
| 71 | 빡 | 15 | 깜빡깜빡, 끄빡끄빡 |

| 번호 | 상징소 | 빈도수 | 본딴말 실례 |
|---|---|---|---|
| 72 | 덜 | 15 | 거덜거덜, 너덜너덜 |
| 73 | 벙 | 15 | 덤벙덤벙, 절벙절벙 |
| 74 | 얼 | 14 | 중얼중얼, 흥얼흥얼 |
| 75 | 컥 | 14 | 물컥물컥, 울컥울컥 |
| 76 | 알 | 14 | 꽁알꽁알, 쟁알쟁알 |
| 77 | 동 | 13 | 보동보동, 오동오동 |
| 78 | 뚝 | 13 | 모뚝모뚝, 오뚝오뚝 |
| 79 | 쑥 | 13 | 갤쑥갤쑥, 듬쑥듬쑥 |
| 80 | 칫 | 13 | 거칫거칫, 흠칫흠칫 |
| 81 | 달 | 13 | 나달나달, 토달토달 |
| 82 | 울 | 13 | 개울개울, 너울너울 |
| 83 | 틀 | 12 | 꿈틀꿈틀, 오틀오틀 |
| 84 | 칠 | 12 | 거칠거칠, 비칠비칠 |
| 85 | 숭 | 12 | 건숭건숭, 맨숭맨숭 |
| 86 | 기 | 12 | 뚱기뚱기, 엉기엉기 |
| 87 | 탕 | 12 | 고불탕고불탕, 몽탕몽탕 |
| 88 | 붓 | 11 | 거붓거붓, 구붓구붓 |
| 89 | 래 | 11 | 갈래갈래, 살래살래 |
| 90 | 장 | 11 | 꼬장꼬장, 난장난장 |
| 91 | 풀 | 11 | 거풀거풀, 나풀나풀 |
| 92 | 뜰 | 11 | 거뜰거뜰, 와뜰와뜰 |
| 93 | 컹 | 11 | 늘컹늘컹, 멀컹멀컹 |
| 94 | 골 | 11 | 개골개골, 보골보골 |
| 95 | 듯 | 10 | 건듯건듯, 반듯반듯 |
| 96 | 청 | 10 | 뭉청뭉청, 휘청휘청 |
| 97 | 뚤 | 10 | 휘뚤휘뚤, 우뚤우뚤 |
| 98 | 슥 | 10 | 메슥메슥, 으슥으슥 |
| 99 | 척 | 10 | 뒤척뒤척, 지척지척 |
| 100 | 절 | 10 | 엉절엉절, 주절주절 |
| 101 | 지 | 10 | 꼬지꼬지, 덕지덕지 |
| 102 | 뭇 | 10 | 거뭇거뭇, 머뭇머뭇 |
| 103 | 성 | 10 | 건성건성, 듬성듬성 |

| 번호 | 상징소 | 빈도수 | 본딴말 실례 |
|------|--------|--------|-------------|
| 104 | 설 | 10 | 데설데설, 수설수설 |
| 105 | 충 | 10 | 강충강충, 대충대충 |
| 106 | 밋 | 10 | 거밋거밋, 주밋주밋 |
| 107 | 큰 | 9 | 말큰말큰, 새큰새큰 |
| 108 | 창 | 9 | 깡창깡창, 쿵창쿵창 |
| 109 | 캉 | 9 | 말캉말캉, 살캉살캉 |
| 110 | 큼 | 8 | 냉큼냉큼, 생큼생큼 |
| 111 | 착 | 8 | 배착배착, 흠착흠착 |
| 112 | 뚱 | 8 | 깡뚱강뚱, 뾰쪽뾰쪽 |
| 113 | 돌 | 8 | 곤돌곤돌, 오돌오돌 |
| 114 | 쪽 | 8 | 발쪽발쪽, 뾰쪽뾰쪽 |
| 115 | 밀 | 8 | 가밀가밀, 고밀고밀 |
| 116 | 뜻 | 7 | 산뜻산뜻, 반뜻반뜻 |
| 117 | 퉁 | 7 | 불퉁불퉁, 허퉁허퉁 |
| 118 | 송 | 7 | 맨송맨송, 포송포송 |
| 119 | 찍 | 7 | 갤찍갤찍, 멀찍멀찍 |
| 120 | 북 | 7 | 다북다북, 소북소북 |
| 121 | 팍 | 7 | 얄팍얄팍, 질팍질팍 |
| 122 | 족 | 6 | 뾰족뾰족, 해족해족 |
| 123 | 쓱 | 6 | 으쓱으쓱, 해쓱해쓱 |
| 124 | 릇 | 6 | 노릇노릇, 푸릇푸릇 |
| 125 | 른 | 6 | 알른알른, 어른어른 |
| 126 | 춤 | 6 | 거춤거춤, 무춤무춤 |
| 127 | 짱 | 6 | 말짱말짱, 알짱알짱 |
| 128 | 멍 | 6 | 설멍설멍, 우멍우멍 |
| 129 | 텅 | 6 | 뭉텅뭉텅, 구불텅구불텅 |
| 130 | 잘 | 6 | 재잘재잘, 앙잘앙잘 |
| 131 | 쑹 | 6 | 들쑹날쑹, 얼쑹덜쑹 |
| 132 | 팡 | 6 | 갈팡갈팡, 갈팡질팡 |
| 133 | 진 | 6 | 껍진껍진, 녹진녹진 |
| 134 | 전 | 6 | 주전주전, 허전허전 |
| 135 | 악 | 6 | 까악까악, 흐악흐악 |
| 136 | 퍽 | 6 | 더퍽더퍽, 움퍽움퍽 |

| 번호 | 상징소 | 빈도수 | 본딴말 실례 |
|---|---|---|---|
| 137 | 종 | 6 | 간종간종, 강종강종 |
| 138 | 줄 | 6 | 연줄연줄, 휘줄휘줄 |
| 139 | 똘 | 6 | 오똘오똘, 호똘호똘 |
| 140 | 듬 | 5 | 더듬더듬, 따듬따듬 |
| 141 | 빗 | 5 | 비빗, 주빗 |
| 142 | 푼 | 5 | 사푼사푼, 거푼거푼 |
| 143 | 끌 | 5 | 까끌까끌, 미끌미끌 |
| 144 | 찔 | 5 | 아찔아찔, 옴찔옴찔 |
| 145 | 풋 | 5 | 거풋거풋, 나풋나풋 |
| 146 | 둘 | 5 | 우둘우둘, 두둘두둘 |
| 147 | 찐 | 5 | 늘찐늘찐, 얼찐얼찐 |
| 148 | 펄 | 5 | 너펄너펄, 더펄더펄 |
| 149 | 팔 | 5 | 나팔나팔, 다팔다팔 |
| 150 | 뎅 | 5 | 건뎅건뎅, 뎅뎅 |
| 151 | 그 | 5 | 보그그, 와그그 |
| 152 | 탁 | 5 | 몽탁몽탁, 둑탁툭탁 |
| 153 | 상 | 5 | 고상고상, 남상남상 |
| 154 | 축 | 5 | 들축들축, 지축지축 |
| 155 | 늘 | 4 | 넘늘넘늘, 하늘하늘 |
| 156 | 쩡 | 4 | 늘쩡늘쩡, 얼쩡얼쩡 |
| 157 | 퉁 | 4 | 뒤퉁뒤퉁, 불퉁불퉁 |
| 158 | 런 | 4 | 두런두런, 치런치런 |
| 159 | 렷 | 4 | 또렷또렷, 뚜렷뚜렷 |
| 160 | 뻣 | 4 | 조뻣조뻣, 주뻣주뻣 |
| 161 | 툭 | 4 | 뭉툭뭉툭, 불툭불툭 |
| 162 | 문 | 4 | 드문드문, 뜨문뜨문 |
| 163 | 게 | 4 | 둥게둥게, 뭉게무에 |
| 164 | 썸 | 4 | 걸썸걸썸, 글썸글썸 |
| 165 | 영 | 4 | 비영비영, 허영허영 |
| 166 | 살 | 4 | 사살사살, 속살속살 |
| 167 | 낏 | 4 | 할낏할낏, 흘낏흘낏 |
| 168 | 개 | 4 | 둥개둥개, 몽개몽개 |

| 번호 | 상징소 | 빈도수 | 본딴말 실례 |
|---|---|---|---|
| 169 | 탈 | 4 | 가탈가탈, 나탈나탈 |
| 170 | 땅 | 4 | 몽땅몽땅, 뚱땅뚱땅 |
| 171 | 럼 | 4 | 드럼드럼, 츠럼츠럼 |
| 172 | 욱 | 4 | 까욱까욱, 께욱께욱 |
| 173 | 람 | 4 | 다람다람, 찰람찰람 |
| 174 | 턱 | 4 | 문턱문턱, 툭턱투턱 |
| 175 | 댕 | 4 | 간댕간댕, 한댕한댕 |
| 176 | 쫄 | 4 | 오쫄오쫄, 쫄쫄 |
| 177 | 억 | 4 | 서억서억, 씨억씨억 |
| 178 | 늑 | 3 | 하늑하늑, 흐늑흐늑 |
| 180 | 톡 | 3 | 몽톡몽톡, 볼톡볼톡 |
| 181 | 뿐 | 3 | 사뿐사뿐, 가뿐가뿐 |
| 182 | 슷 | 3 | 어슷비슷, 비슷비슷 |
| 183 | 뻣 | 3 | 가뻣가뻣, 사뻣사뻣 |
| 184 | 쭝 | 3 | 들쭝날쭝, 얼쭝얼쭝 |
| 185 | 툴 | 3 | 도툴도툴, 오툴오툴 |
| 186 | 중 | 3 | 강중강중, 우중우중 |
| 187 | 꽁 | 3 | 맹꽁맹꽁, 몽꽁징꽁 |
| 188 | 란 | 3 | 도란도란, 차란차란 |
| 189 | 복 | 3 | 소복소복, 오복오복 |
| 190 | 쯤 | 3 | 길쯤길쯤, 걀쯤걀쯤 |
| 191 | 총 | 3 | 강총강총, 깡총깡총 |
| 192 | 쓸 | 3 | 비쓸비쓸, 오쓸오쓸 |
| 193 | 쭐 | 3 | 우쭐우쭐, 쭐쭐 |
| 194 | 엿 | 3 | 뉘엿뉘엿, 무엿무엿 |
| 195 | 툴 | 3 | 두툴두툴, 우툴우툴 |
| 196 | 벌 | 3 | 터벌터벌, 씨벌씨벌 |
| 197 | 발 | 3 | 나발나발, 다발다발 |
| 198 | 친 | 3 | 회친회친, 휘친휘친 |
| 199 | 마 | 3 | 조마조마, 하마하마 |
| 200 | 선 | 3 | 두선두선, 우선우선 |
| 201 | 식 | 3 | 미식미식, 피식피식 |
| 202 | 푹 | 3 | 움푹움푹, 옴푹옴푹 |

| 번호 | 상징소 | 빈도수 | 본딴말 실례 |
|------|--------|--------|-------------|
| 203 | 폭 | 3 | 옴폭옴폭, 움폭움폭 |
| 204 | 망 | 2 | 살망살망, 허망허망 |
| 205 | 골 | 2 | 보골보골, 송골송골 |
| 206 | 목 | 2 | 다목다목, 오목오목 |
| 207 | 든 | 2 | 가든가든, 허든허든 |
| 208 | 비 | 2 | 곰비임비, 곰비곰비 |
| 212 | 순 | 2 | 고순고순, 오순도순 |
| 214 | 쏭 | 2 | 알쏭알쏭, 알쏭달쏭, |
| 216 | 쌍 | 2 | 갈쌍갈쌍, 날쌍날쌍 |
| 217 | 곡 | 2 | 차곡차곡, 채곡채곡 |
| 219 | 깡 | 2 | 잘깡잘깡, 딸깡딸깡 |
| 222 | 졸 | 2 | 오졸오졸, 옹졸옹졸 |
| 223 | 댁 | 2 | 까댁까댁, 꼬꼬댁꼬꼬댁 |
| 224 | 드 | 2 | 포드드포드드, 푸드드푸드드 |
| 225 | 묵 | 2 | 우묵우묵, 울묵울묵 |

본딴말, 말뿌리, 끝음절로 나타나는 상징소의 평균 빈도는 약 18.9% 정도이다.

상징소들은 본딴말 말뿌리 구성에 참가하는 빈도에서 상당한 차이를 보인다.

표에 제시된 상징소들을 말뿌리끝음절로 출현하는 빈도를 기준으로 하여 분류한다면 일반적으로 고빈도부류, 중간빈도부류, 저빈도부류의 세 가지 부류로 크게 나누어진다.

고빈도부류에는 상징소 '닥(간닥간닥－빈도수 132)'으로부터 '벅(구벅구벅－빈도수 31)'까지 사이의 상징소들이 속한다. 이 부류의 상징소들은 전체 상징소수(221개)의 16%에 해당하는 37개에 불과한데 그것들이 분포된 본딴말은 전체 말뿌리 반복형 본딴말의 57%나 된다.

중간빈도부류에는 상징소 '큰(말큰말큰－빈도수 9)'으로부터 '슴(서슴서슴－

빈도수 1)'까지 사이에 있는 상징소들인데 이것들은 개수로서는 전체 상
징소수의 58%에 해당하는 149개인데 그것이 분포된 본딴말은 전체 말
뿌리반복형 본딴말의 16%밖에 안 된다.

이와 같이 조선어 본딴말 조성에 참가하는 상징소들은 수적으로 많
고 다양하지만 본딴말 말뿌리끝음절로 나타나는 상징소로서 적극적으
로 역할하는 것은 전체 상징소의 절반정도이다.

본딴말 말뿌리의 구조적 단위로서의 상징소의 면모와 성격은 빈도수
가 높을수록 보다 뚜렷하고 빈도수가 낮을수록 희박하다.

그러면 여기에서 조선어 본딴말에서의 상징소의 실현상황을 이해하
는데 도움을 주기 위해 앞에서 갈라 본 각 상징소 부류에서 빈도가 중
간 정도 되는 것을 하나씩 선택하고 그것들이 분포된 본딴말 계열을 각
각 보이기로 한다.

고빈도부류의 상징소 '긋(빈도수 65)'을 말뿌리 끝음절로 하는 본딴말들

나긋나긋　벙긋벗긋　쌩긋쌩긋　지긋지긋　노긋노긋　불긋불긋　쎌긋쎌긋
중긋중즛　누긋누긋　봉긋봉긋　씰긋씰긋　자긋자긋　느긋느긋　빙긋빙긋
씽긋씽긋　짜긋짜긋　말긋말긋　빨긋빨긋　아긋아긋　째긋째긋　물긋멀긋
빵긋빵긋　야긋야긋　쨍긋쨍긋　몽긋몽긋　뻘긋뻘긋　어긋어긋　쫑긋쫑긋
뭉긋뭉긋　뱅긋뱅긋　오긋오긋　찌긋찌긋　발긋발긋　뽈긋뽈긋　옹긋옹긋
찡긋찡긋　방긋방긋　뼁긋뼁긋　우긋우긋　할긋할긋　뱅긋뱅긋　상긋상긋
웅긋웅긋　핼긋핼긋　벌긋벌긋　쌍긋쌍긋　일긋일긋　홀긋홀긋

중간빈도부류의 상징소 '등(빈도수 15)'을 말뿌리 끝음절로 하는 본딴
말들

바드등바드등　빠등빠등　와드등와드등　키등키등　바등바등　뿌드등뿌드

등 으드등으드등 포드등포드등 부등부등 뿌등뿌등 으등으등 푸드등푸
드등 빠드등빠드등 아드등아드등 캐등캐등

저빈도부류의 상징소 '늘(빈도수 4)'을 말뿌리끝음절로 하는 본딴말들

넘늘넘늘 아늘아늘 하늘하늘 흐늘흐늘

# 제4장 조선어 본딴말의 구조적 부류

조선어 본딴말은 그 조성의 특성에 따라 크게 본래부터 본딴말로 생겨난 고유한 본딴말과 일반적인 동사나 형용사, 명사 등과 발생적인 상관관계를 가지는 파생적 본딴말의 두 부류로 갈라진다.

우리는 이 두 부류의 서로 다른 길을 밟아 이루어진 본딴말을 대비, 고찰함으로써 본딴말의 의미-구조적 특성에 대하여 보다 깊은 이해를 가질 수 있다.


## 제1절 고유한 본딴말 부류

이 부류는 본딴말의 원형적인 구조가 순수하게 체현되어 있는 본딴말의 전형적인 부류이다.

고유한 본딴말 부류에는 하나의 말뿌리로 이루어진 단순형, 같은 말뿌리가 겹치면서 이루어진 반복형, 서로 다른 말뿌리의 결합으로 이루어진 합성형의 세 가지 유형이 있다.

## 1. 단순형 본딴말

하나의 말뿌리로 이루어진 단순형 본딴말은 시초적인 형태이다.

실례 :

> 텀벙-물에 <u>텀벙</u> 뛰여들다
> 빙-한자리에 <u>빙</u> 둘러앉았다
> 획-휘바람을 <u>획</u> 불다
> 건듯-근심이 <u>건듯</u> 가시다
> 뚝-비가 갑자기 <u>뚝</u> 멎다

'단순형 본딴말'은 반드시 단순형으로만 쓰일 수 있고 그 반복형이나 합성형으로 쓰일 수 없는 본딴말이라는 의미에서 쓰이는 용어는 아니다. 단순형 본딴말은 일반적으로 그 반복형이나 합성형의 구성요소로 쓰일 수 있다. 위에서 든 예를 놓고 보면 '텀벙'은 '텀벙텀벙'의, '빙'은 '빙빙'의, '획'은 '획획'의, '건듯'은 '건듯건듯'의, '뚝'은 '뚝뚝'의 구성요소로 될 수 있다.

단순형 본딴말이 갖추어야 할 본질적인 표식은 쓰임의 자립성이다. 비록 반복형이나 합성형 본딴말의 구성요소로 되어도 단독으로 쓰일 수 없는 경우에는 단순형 본딴말로 될 수 없다.

실례 :

> 살금살금 걸어가다-×<u>살금</u> 걸어가다
> 반질반질 윤이나다-×<u>반질</u> 윤이나다
> 무럭무럭 자라나다-×<u>무럭</u> 자라다
> 가슴이 두근두근 뛰다-×가슴이 <u>두근</u> 뛰다
> 부들부들 몸을 떨다-×<u>부들</u> 몸을 떨다

나무에 열매가 주렁주렁 달리다-×나무에 열매가 <u>주렁</u> 달리다

단순형 본딴말은 흔히 어떤 소리나 모양이 되풀이되지 않고 단 한번만 있는 경우에 반복형 본딴말이나 합성형 본딴말이 나타내는 것과 구별하여 표현하기 위하여 쓰인다.

이러한 구조를 가진 본딴말은 언어행위에서 드믈게 나타나므로 전형적인 본딴말로는 되지 못한다.

## 2. 반복형 본딴말

하나의 같은 말뿌리가 반복되어 이루어진 반복형 본딴말은 이미 앞에서 이야기된 바와 같이 조선어 본딴말 체계에서 기본적인 지위를 차지한다. 반복형 본딴말이 차지하는 이러한 지위는 거의 대부분의 본딴말들이 언어행위에서 반복적 구조의 형태로 나타나고 따라서 반복적 구조가 본딴말의 구조적 본성으로 되는 것과 관련된다.

이 유형의 본딴말에는 완전반복형과 유음반복형의 두 가지가 있다.

### 1) 완전반복형 본딴말

어음-형태적으로 꼭같은 말뿌리가 반복된 본딴말이다.

실례 : 텅텅, 쿵쿵, 가굴가굴, 난작난작, 달각달각, 모뚝모뚝, 바삭바삭,
　　　　사뿐사뿐, 잘각잘각, 출썩출썩, 캬득캬득, 털썩털썩, 팔락팔락,
　　　　할깃할깃

이와 같은 말뿌리 반복구조를 가진 본딴말들은 대체로 나타내는 소리나 모양의 지속성, 다회성, 강조 등의 태적인 의미, 복수의 의미 등을

나타낸다.

이에 대해서는 이미 제2장 2절 '말뿌리의 반복형식에 의한 여러 가지 의미실현'에서 구체적으로 보았다.

말뿌리 반복형 구조에서 전형적인 것은 2음절 말뿌리 '둥실'이 반복된 '둥실둥실', 2음절 말뿌리 '가뭇'이 반복된 '가뭇가뭇'과 같은 것이다. ≪조선말대사전≫에는 이와 같은 구조의 반복형 본딴말이 3,206개가 올라있는데 이 수는 대사전에 오른 전체 본딴말 수의 근 50%에 해당되는 것이다.

말뿌리가 2회 반복된 본딴말에는 1음절 말뿌리가 반복된 형도 있다.

이러한 구조의 본딴말은 2음절 말뿌리 2회 반복형 본딴말에 비하면 훨씬 적다.

≪조선말대사전≫에는 같은 한개의 음절이 반복된 2음절 본딴말이 455개 올라있는데 그 가운데 '닥(줄을 닥 긋다), 둥(풍선이 둥 떠오르다), 벅(천을 벅 찢다), 쿡(옆구리를 쿡 찌르다), 쑥(쑥 앞으로 나가다), 푹(감자를 푹 삶다), 툭(툭 쏘아주다), 홀(참새가 홀 날아가다)'과 같은 의미적으로 자립적인 1음절 말뿌리가 2회 반복된 '닥닥', '둥둥', '벅벅', '쿡쿡', '쑥쑥', '푹푹', '툭툭', '홀홀'같은 본딴말은 214개 정도이다. 그 나머지 절반정도는 '갈갈'(갈갈 울어대는 기러기떼), '곰곰'(곰곰 되새기다), '냠냠'(냠냠 맛있게 먹다), '벌벌'(벌벌 기다), '솔솔'(바람이 솔솔 불다)과 같은 그자체로서는 의미를 가지지 않는 음절이 반복된 것들이다. 이와 같은 본딴말은 아무런 뜻도 가지지 않는 음절이 두 번 반복되어 이루어진 것으로써 뜻을 가진 한 음절 말뿌리가 반복된 본딴말과는 다른 것이다.

그것들은 더는 쪼갤 수 없는 하나의 말뿌리로 된다.

말뿌리가 2회 반복된 본딴말에는 또한 3음절말 뿌리가 2회 반복된 것도 있다. 실례로 '가드락가드락', '고기작고기작', '눈지럭눈지럭', '달가당달가당' 같은 본딴말을 들 수 있다.

이러한 구조의 본딴말도 조선어 본딴말의 구성에 적지 않은데 그 수는 ≪조선말대사전≫에 오른 본딴말 총수의 11%에 해당되는 978개이다.

이밖에 '헐레벌떡헐레벌떡', '훌근번쩍훌근번쩍', '흔들삐쭉흔들삐쭉', '씨근벌떡씨근벌떡'과 같은 여러 개의 음절로 이루어진 말뿌리 반복형 본딴말도 있다. 이러한 다음절 말뿌리 반복형 본딴말의 수는 불과 5~6개 정도이다.

언어행위 속에 나타나는 말뿌리 반복형 본딴말들 가운데는 말뿌리가 3번 이상 반복된 것들도 있을 수 있다.

'<빨리 대피하시오. 굴간으로, 중환자부터 먼저.> 앞마당에서 <u>땡땡땡</u> 다급히 두드려대는 종소리 속에 누군가 목청껏 웨쳤다.'
(장편소설 ≪불구름≫)

'그때였다. <u>똑똑똑</u>…하는 가벼운 문기척 소리가 뒤에서 들려왔다.'
(장편소설 ≪황혼≫)

'지난해의 말라버린 강냉이그루터기들이 널린 등성이우로 뜨락또르 한대가 재채기처럼 <u>탕탕탕</u> 허연 연기를 토하며 힘겹게 오르고 있을 뿐 사위는 한적하고 쓸쓸했다.'
(장편소설 ≪력사의 대하≫)

위의 예문들에 쓰인 '땡땡땡', '똑똑똑', '탕탕탕'은 말뿌리가 3번 반복된 소리본딴말들이다. 그런데 이러한 구조의 본딴말들은 대체로 하나의 음절로 된 말뿌리가 반복된 것으로써 문예작품 같은 데서 문체론적 표현성을 높이기 위하여 이용되는 것이다.

그러한 반복의 구조는 본딴말 조성 수법으로써의 구조적 반복이 아니라 문체론적 표현효과를 높이기 위한 반복적 표현수법이다. 다시 말해 단어조성적인 말뿌리의 반복이 아니라 표현수단의 반복이다. 그러므로 세 번 이상의 반복은 본딴말의 체계 안에서 독립적인 구조로 자리잡을 수 없으며 독립적인 단어의 자격을 가질 수 없다. 그것은 문체론 분야에서 논하는 표현수법에 속하는 것이다.

### 2) 유음반복형 본딴말

유음반복형 본딴말은 같은 말뿌리가 반복되되 반복되는 말뿌리들의 앞 음절이 변종적인 차이를 가지면서 겹치는 본딴말이다. 예를 들면 '얼럭덜럭', '오불꼬불'과 같은 본딴말이다. '얼럭덜럭'에서 '덜럭'은 '얼럭'의 변종이며 '오불꼬불'에서 '오불'은 '꼬불'의 변종이다.

현대조선어 본딴말에서 이와 같은 유형의 구조는 비교적 생산적이다. 실지 언어생활에서 활발히 쓰인다.

유음 반복형 구조는 어음적으로 보면 일부 어음의 바뀜, 탈락 또는 첨가로 같은 어음복합의 반복을 기피하는 일종의 격리 말소리 달라지기(이화) 현상이다.

실례로 '엄벙덤벙', '오불꼬불'을 놓고 보면 각각 자음 'ㄷ', 'ㄲ'이 빠진 현상이며 '알송달송', '어정뻐정'을 놓고 보면 각각 자음 'ㄷ', 'ㅂ'이 첨가된 현상이다.

본딴말에서의 유음반복구조는 또한 조선어 본딴말의 풍부화, 다양화의 발전과정을 반영하고 있는 의미분화적 현상이다.

어음형태적으로 완전히 같은 말뿌리가 반복된 본딴말에 비하여 그것의 유음반복적인 본딴말은 의미표현이 보다 섬세하다.

'오불꼬불'은 '꼬불꼬불'보다 더 복잡하고 심하게 꼬부라진 모양을 나타내며 '허둥지둥'은 '허둥허둥'보다 더 갈피를 잡지 못하고 마구 덤벼치는 모양을 나타낸다.

이와 같이 본딴말에서의 유음반복현상은 단순한 어음론적 현상이 아니라 사물현상의 소리나 모양의 특징을 보다 구체적으로 섬세하게 드러내는 의미분화적인 것이다.

유음반복형 본딴말에서 경향적으로 많이 보이는 구조는 앞의 말뿌리 첫음절이 홀모음 'ㅏ, ㅓ, ㅗ, ㅜ'(극히 부분적으로는 모음 'ㅣ, ㅐ, ㅘ, ㅝ, ㅙ, ㅞ')로 또는 거기에 울림소리 'ㄴ, ㄹ, ㅁ'이나 순한소리 'ㄱ'이 받침소리로 동반된 것으로 되고 뒷말뿌리의 첫 음절은 자음으로 시작되는 점에서만 앞말뿌리의 첫음절과 차이나며 앞뒤말뿌리의 끝음절(상징소)은 꼭같은 구조로 된 것이다.

≪조선말대사전≫에 오른 유음반복형 본딴말(151개)에는 이와 같은 구조를 가진 본딴말이 135개로서 다수를 이루는 데 그러한 본딴말을 목록으로 보이면 다음과 같다.

> 아글바글, 아글타글, 아긋바긋, 아기자기, 아닥다닥,
> 아득바득, 아롱다롱, 아롱다롱, 아리까리, 아삭바삭,
> 아장바장, 아웅다웅, 알탕갈탕, 알쏭달쏭, 알쑹달쑹,
> 알근달근, 알락달락, 알록달록, 알릉달릉, 알륵달륵,
> 앙실방실, 앙큼상큼, 앙졸방졸, 어근버근, 어금버금,
> 어긋버긋, 어둥지둥, 어등비등, 어런더런, 어룩더룩,
> 어룽더룽, 어름더름, 우물쭈물, 어석더석, 어석버석,
> 어정버정, 어칠버칠, 언죽번죽, 언틀번틀, 언뜻번뜻,
> 얼근덜근, 얼럭덜럭, 얼룩덜룩, 얼룽덜룽, 얼멍덜멍,

얼키설키, 얼쑹덜쑹, 얼씬덜씬, 엄벙덤벙, 엉글벙글,
엉기정기, 엉정벙정, 엉큼성큼, 엄야벙야, 오곤조곤,
오골보골, 오골또골, 오글보글, 오글조글, 오돌토돌,
오동보동, 오롱조롱, 오마조마, 오막조막, 오목조목,
오물꼬물, 오밀꼬밀, 오복소복, 오불고불, 오불꼬불,
오붓소붓, 오손도손, 오순도순, 오지꼬지, 오톨도톨,
옥작복작, 올강볼강, 올근볼근, 올긋볼긋, 올랑졸랑,
올룩볼룩, 올레졸레, 올막졸막, 올망졸망, 올목졸목,
올몽졸몽, 올통볼통, 올특볼특, 올퉁볼퉁, 올끈볼끈,
올똑볼똑, 올쏙볼쏙, 웅긋붕긋, 웅긋쫑긋, 옹기종기,
옹개종개, 옹졸봉졸, 우직부직, 우글두글, 우틀두틀,
우락부락, 우룽주룽, 우멍구멍, 우묵주묵, 우북수북,
우불구불, 우불꾸불, 우죽부죽, 우죽뿌죽, 우질부질,
우틀부틀, 우야무야, 울징불징, 울근불근, 울긋불긋,
울렁줄렁, 울렁출렁, 울룩불룩, 울레줄레, 울먹줄먹,
울멍줄멍, 울묵줄묵, 울뭉줄뭉, 울쑥불쑥, 웅긋붕긋,
웅긋중긋, 웅긋쫑긋, 웅기중기, 웅게증게, 에구데구,
와삭바삭, 왁달박달, 왈강달강, 월겅덜겅

이상에서 본 바와 같이 조선어 유음반복형 본딴말에서는 위에서 본
것과 같은 어음구조를 가진 본딴말이 기본유형으로 되어 있다.

그리하여 일부 논문에서는 유음반복형 본딴말의 어음-형태적 구조
를 앞에서 이야기된 것과 같이 한정하였다.

그런데 이것은 전면적이고 구체적인 고찰의 결과로 보기 힘들다.

≪조선말대사전≫에 오른 유음반복형 본딴말을 좀 더 폭을 넓혀 조
사한데 의하면 그 의미구조적 성격으로 볼 때 확실히 유음반복형에 속
하는 것이라고 할 수 있으나, 어음구성이 앞에서 본 유형과는 다르게

된 것들도 있다. ≪조선말대사전≫에 올라있는 이러한 본딴말은 다음
과 같은 것들이다.

> 이죽저죽, 인성만성, 일긋얄긋, 일쭉얄쭉, 애고지고,
> 애면글면, 애탄지탄, 왜틀비틀, 왜뚤비뚤, 왜쭉비쭉,
> 왁실덕실, 갈팡질팡, 건숭반숭, 곰비임비, 는실난실,
> 데등대등

조선어 유음반복형 본딴말은 그 구조적 특성에 따라서 다시 자립적
인 말뿌리와 비자립적인 말뿌리가 겹쳐진 것과 비자립적인 말뿌리들
끼리 겹쳐진 것의 두 유형으로 갈라진다.

### (1) 겹쳐진 말뿌리 중의 어느 하나가 자립적이고 다른 하나는 비자립
### 적인 유형

이 유형의 실례로, '어정버정', '이죽저죽', '울룩불룩', '오글조글'을
들어볼 수 있다. '어정버정'에서는 '어정'(어정거리다, 어정대다)이, '이죽저
죽'에서는 '이죽'(이죽거리다, 이죽대다)이, '울룩불룩'에서는 '불룩'(불룩 나온
개구리눈)이, '오골조골'에서는 '조골'(조골무늬)이 자립적인 것이다. 그리고
이 본딴말들에서 '버정', '저죽', '울룩', '오골'은 비자립적인 것이다.

자립적인 말뿌리와 비자립적인 말뿌리의 겹침은 유음반복형 본딴말
의 기본구조이다.

여기에서 비자립적인 말뿌리라고 하는 것은 같이 어울리는 자립적인
말뿌리와 아무런 인연이 없는 그 어떤 새로운 것이 아니라 그 자립적
말뿌리의 어음적 변종에 불과하다.

그것은 오직 자립적인 말뿌리와 어울리는 구조적 제약 속에서만 원

형적인 자립적 말뿌리의 의미와 본질적인 차이는 없고 단지 미세한 색채만을 달리하는 변종적인 의미를 가지게 된다.

이와 같이 일정한 자립적인 말뿌리와 그것과 동질적인 변종적 말뿌리가 겹치는데서 유음반복형 본딴말이 바로 말뿌리 반복형 본딴말로서의 성격과 특성을 가지게 된다.

일부 논문에서는 '알뜰살뜰', '우물쭈물', '우글부글'과 같은 자립적인 두 말뿌리가 결합된 본딴말들을 유음반복형 본딴말의 한 유형으로 다루었는데 이것은 두 말뿌리의 어음구조에서의 유사성만 보고 의미적 측면은 고려하지 않은 잘못이다.

이 본딴말들의 구성요소로 되는 말뿌리들인 '알뜰'과 '살뜰', '우물'과 '쭈물', '우글'과 '부글'은 다 자립적인 말뿌리들이다(참고 : '알뜰하다' '살뜰하다', '우물거리다' '쭈물거리다', '우글거리다' '부글거리다'). 그렇다면 결국 '알뜰살뜰', '우물쭈물', '우글부글'과 같은 본딴말은 서로 다른 자립적인 말뿌리들이 결합된 합성형 본딴말이지 결코 같은 말뿌리가 겹쳐진 반복형 본딴말은 아닌 것이다.

유음반복형 본딴말의 구조를 주의깊이 고찰해보면 자립적 의미를 가진 말뿌리가 앞에 놓이는 경우와 반대로 뒤에 놓이는 경우가 있음을 알 수 있다. 그러면 이 두 경우를 각각 실례를 들어 고찰해보기로 한다.

- 자립적 말뿌리가 앞에 오는 경위의 실례 :
  어정버정(○어정거리다 ×버정거리다), 우묵주묵(○우묵 들어가다 ×주묵 들어가다), 오붓소붓(○오붓하다 ×소붓하다)

- 자립적 말뿌리가 뒤에 오는 경위의 실례 :
  아득바득(×아득거리다 ○바득거리다), 아삭바삭(×아삭 부서지다 ○바

삭 부서지다), 엉큼성큼(×엉큼 대답하다 ○성큼 대답하다), 오불꼬불(×오
불지팽이 ○꼬불지팽이), 어슷비슷(×어슷하다 ○비슷하다), 울룩불룩(×울
룩하다 ○불룩하다)

이와 같은 자립적 말뿌리와 비자립적 말뿌리의 어울림에서 나타나는 일
반적 경향성은 자립적 말뿌리가 비자립적 말뿌리의 뒤에 놓이는 것이다.
  유음반복형 본딴말에서의 자립적 말뿌리와 비자립적 말뿌리의 선후
관계를 조사한데 의하면 자립적 말뿌리가 뒤에 오는 것이 대부분인데
이것은 단어나 단어결합, 문장에서 의미를 가진 단위들이 의미 구조적
으로 연관될 때 일반적으로 의미-구조적 중심으로 되는 단위가 뒤에
놓이는 조선어적인 특성이 본딴말에서도 그대로 재현되는 과정이라고
말할 수 있다.

## (2) 겹쳐진 말뿌리들이 다 비자립적인 유형

  ≪조선말대사전≫에는 '알탕갈탕', '앙졸방졸', '어런더런', '언죽번죽',
'언틀먼틀', '오마조마', '옥신각신', '올씬갈씬', '우야무야', '왈달박달', '흐
지부지', '허겁지겁', '옥실박실'과 같은 유음반복형 본딴말들이 올라있다.
  이와 같은 본딴말은 겹쳐지는 두 단위들이 모두 자립성이 없다. 따라
서 이 본딴말은 반복되는 말뿌리들이 불가분리적으로 밀착되다 싶이
한 특성을 가진다.
  '알탕갈탕'은 '매우 힘에 겨운 일을 성취하려고 갖은 애를 다 쓰는
모양'을 나타내는 말인데 이러한 뜻은 '알탕'과 '갈탕'이 어울림으로써
만 나타낼 수 있다. 둘이 서로 떨어진 상태에서는 아무런 의미도 나타
낼 수 없는 두 어음복합체로 되고 만다.
  '옥신각신'도 마찬가지이다.

'사랑에서도 지금 개간에 대한 화제가 났는데 누구와 옥신각신 떠드는
소리가 요란하다. 그들은 된다거니 안된다거니 서로들 우기며 제말이 옳
다고 한다.'

(장편소설 ≪땅≫)

이 문장에서 '옥신각신'은 서로 승갱이나 시비를 하며 다투는 모양을
나타내는 말로 쓰였다.

그런데 이와 같은 뜻은 반드시 본딴말의 말뿌리적 구성요소들인 '옥
신'과 '각신'이 서로 어울려야만 표현할 수 있고 서로 떨어져서는 전혀
나타낼 수 없다. '그들은 옥신 다투었다', '그들은 각신 말씨름을 하였
다'라고는 하지 못한다.

겹쳐진 두 말뿌리가 다 비자립적인 본딴말에서는 의미적면에서의 원
형적인 말뿌리와 그 변종적인 말뿌리의 관계가 이루어지기 어렵다. 그
러나 어음적 측면에서 볼 때는 말뿌리들의 관계가 유사한 변종들 간의
관계임이 틀림없다.

따라서 이 유형의 본딴말들은 유음반복형 본딴말의 유형에 속하게
된다.

이와 같은 비자립적인 말뿌리들이 겹쳐진 유음반복형 본딴말은 앞에
서 본 자립적인 말뿌리와 비자립적인 말뿌리가 어울린 유음반복형 본
딴말에 비하여 더 다양하고 굴곡이 있는 의미색채를 나타내는 것으로
특징지어진다.

생김새나 행동이 거칠고 험상궂은 사람을 묘사할 때 자립적인 말뿌
리 '우락'(우락한 성미)과 그 변형적인 말뿌리 '부락'이 어울린 '우락부락'
을 써서 '우락부락 험하게 생긴 사람'이라고 하기보다 비자립적인 말뿌
리들이 어울린 '왁달박달'을 써서 '왁달박달 험하게 생긴 사람'이라고

하면 묘사대상의 생김새나 성격을 보다 생동하고 두드러지게 특징지어 표현할 수 있다.


## 3. 합성형 본딴말

이 유형의 본딴말은 앞에서 본 완전반복형 본딴말이나 유음반복형 본딴말과는 달리 서로 다른 말뿌리들이 합성되어 이루어진 본딴말이다. 실례로 '알뜰살뜰', '쥐락펴락', '얼렁뚱땅' 같은 것을 들 수 있다.

· 알뜰살뜰─말뿌리 '알뜰'은 '일이나 생활이 허술한 데나 빈구석이 없이 착실하고 실속이 있다'는 뜻을 가진 형용사 '알뜰하다'의 말뿌리이며 '살뜰'은 '사랑하고 위하는 마음이 자상하고 지극하다'의 뜻을 가진 형용사 '살뜰하다'의 말뿌리이다.

· 쥐락펴락─동사 '쥐다'의 말뿌리와 동사 '펴다'의 말뿌리가 각각 뒤에 상징소 '락'이 붙은 상태로 결합되어 이루어졌다.

· 얼렁뚱땅─말뿌리 '얼렁'은 '능청스러운 말로 적당히 얼버무리는 모양'을, 말뿌리 '뚱땅'은 '여러 가지 악기나 단단하고 속이 빈 물건을 요란스럽게 자주 칠 때 잇달아 나는 소리'를 나타내는 본딴말이다.

합성형 본딴말은 그 의미적 측면에서 볼 때 합성어로서의 특성이 있다. 일반적으로 합성어는 본래 문장론적 단어 결합에서 기원한 것인 만큼 그 말뿌리들의 논리 내용적 상관관계는 기본적으로 문장에서의 단어들의 문법적 결합방식과 일치하게 이루어진다. 그러나 합성어에서의 말뿌리들의 상관관계는 비록 문장론적 단어 결합의 방식과 비슷하다 하더라도 전체로서의 합성어의 의미는 내용적으로 볼 때 단어결합으로 표현되는 의미내용과 질적으로 구별된다. 문장 속에서 맺어지는 단어결합은 단순히 이러 저러한 문법적 수단의 도움에 의하여 개개 단어들의 의미가 연계되지만 합성어의 경우에는 그것이 단일한 단어로 파악되는 이상 개별적인 말뿌리들의 어휘적 의미의 단순한 총화인 것이 아니라 어디까지나 하나의 전일적인 의미이다.

그리하여 합성형 본딴말은 주로 하나의 대상에서 시간적인 중단이 없이 연속적으로 일어나거나 선후관계가 없이 동시적으로 한 번에 이루어지는 소리나 동작, 상태 등을 나타내는 단어로서의 특성을 가지게 된다.

말뿌리합성형 본딴말도 말뿌리반복형 본딴말에서와 같이 자립적인 말뿌리들끼리 결합된 것, 비자립적인 말뿌리와 자립적인 말뿌리가 결합된 것, 비자립적인 말뿌리들끼리 결합된 것의 세 가지 유형이 있다.

그러면 이 세 유형에 대하여 각각 실례를 들어 살펴보기로 한다.

'자립형＋자립형'의 예

    상긋＋빵긋－상긋 웃다
            빵긋 웃다
    비쭉＋배쭉－입을 삐쭉 내밀다
            호박싹이 배쭉 내밀다
    진탕＋망탕－술에 밥에 진탕들 먹다
            망탕 없애다
    휘취＋칭칭－휘휘 돌리다
            칭칭 감다
    꼼짝＋달싹－꼼짝 말아
            토방에 달싹 걸터앉다

'비자립형＋자립형'의 예

홀근＋번쩍 － ×홀근 쳐다보다
　　　　　○눈을 <u>번쩍</u> 뜨다
슬근＋살짝 － ×문을 슬근 열다
　　　　　○어깨를 <u>살짝</u> 다치다
올록＋볼록 － ×눈이 <u>올록</u> 들어가다
　　　　　○배가 <u>볼록</u> 나오다

'비자립형＋비자립형'의 예

날쑥＋날쑥 － ×<u>날쑥</u> 들어가다
　　　　　×<u>날쑥</u> 나오다
콩팔＋칠팔 － ×<u>콩팔</u> 뇌까리다
　　　　　×<u>칠팔</u> 떠들다
생게＋망게 － ×<u>생게</u> 터무니없는 소리
　　　　　×<u>망게</u> 엉뚱한 행동
쥐락＋펴락 － ×<u>쥐락</u> 마음대로 하다
　　　　　×<u>펴락</u> 마음대로 하다

이와 같은 합성형 본딴말의 세 가지 유형 가운데서 절대적으로 많은 것은 세 번째 유형, 즉 '비자립형＋비자립형'이다.

그것은 반복형 본딴말이나 합성형 본딴말 자체가 오랫동안 쓰이는 과정에 개별적 말뿌리들이 더는 분해할 수 없게 밀착되어 굳어진 관용어적인 성격을 많이 띤 특수한 언어구조인 것과 관련된다고 보인다.

합성형 본딴말의 구조는 '뚝딱', '쿵쾅'과 같은 2음절 본딴말에서도, 앞에서 실례로 든 4음절 본딴말에서도, 그리고 4개 이상의 음절로 된 본딴말에서도 볼 수 있다. 그런데 2음절 본딴말의 대부분은 상징소를 끝음절로 하는 말뿌리로 이루어지고 4개음절 이상의 본딴말은 그 자체가 많지 않으므로 합성형 본딴말의 구조는 4음절 본딴말에서 전형적이다.

## 제2절 파생형 본딴말 부류

이 부류의 본딴말은 본래부터 본딴말로 생겨난 고유한 본딴말과는 달리 동사나 형용사를 비롯한 여러 품사에 속한 개념대응적인 보통의 단어들과 발생적 관계를 맺고있는 본딴말 다시 말해 동사, 형용사, 명사 등에서 파생된 본딴말 부류이다.

실례로 '흔들흔들', '드문드문', '줄레줄레'를 들어볼 수 있다.

'흔들흔들'은 동사 '흔들다'에서, '드문드문'은 형용사 '드물다'에서, '줄레줄레'는 명사 '줄(줄이 길다)'에서 파생된 본딴말이다.

그러면 이러한 부류의 말들이 어찌하여 본딴말로 되는가? 그것은 우선 의미적 면에서 볼 때 파생형 본딴말도 의연히 본딴말의 고유한 의미적 표식, 다시 말해 사물현상에 대한 개념이 아니라 감성적인 직관적 표상을 나타내는 특성을 가진 말이기 때문이다.

물론 파생형 본딴말은 동사, 형용사, 명사 등의 개념대응적인 말뿌리를 기초로 하는 만큼 개념과 전혀 무관계한 것일 수는 없다. 그러나 나타내는 것은 개념자체가 아니라 그것에 토대하여 새롭게 생겨나는 직관적인 감성적 표상이다.

그러므로 파생형 본딴말의 의미에는 그 어떤 서술성도, 대상성도 부여되지 않는가.

이 부류의 말들이 본딴말로서의 성격을 지니는 것은 또한 어음-형태적, 단어 조성적 측면에서 나타나는 고유한 본딴말의 구조적본성을 모델로 하여 이루어지기 때문이다.

파생형 본딴말들은 고유한 본딴말과 같은 구조적 특성을 가짐으로 하여 본딴말의 고유한 의미적 표식도 갖추게 된다.

파생형 본딴말에는 아래와 같은 두 가지 갈래가 있다.

1. 동사, 형용사, 명사, 일반부사의 말뿌리 그대로의 본딴말

실례 :
  · 동사의 말뿌리가 그대로 반복된 예
    기울다- 기울기울
    딩글다- 딩굴딩굴

  · 형용사의 말뿌리가 그대로 반복된 예
    둥글다- 둥글둥글
    시들다- 시들시들

  · 명사의 말뿌리가 그대로 반복된 예
    둘레- 둘레둘레
    동강- 동강동강

  · 일반부사의 말뿌리가 그대로 반복된 예
    두루- 두루두루
    가만- 가만가만

이러한 경우 동사, 형용사, 명사, 일반부사의 말뿌리는 기본적으로 반복의 수법에 의하여 본딴말로 전환된다.

반복되지 않고 단순형태로 본딴말로 되는 경우도 있기는 하지만 그러한 경우는 매우 드물다.

다른 품사의 말뿌리가 그대로 반복되면서 본딴말로 전환되는 현상과 관련하여 제기되는 문제는 명사적인 또는 부사적인 말뿌리의 반복 일반이 다 본딴말로 되는가 하는 문제이다.

언어생활에서는 '송이송이', '방울방울', '구석구석', '줄기줄기', '가지가지' 등과 같은 명사반복형 또는 '높이높이', '오래오래', '부디부디' 등과 같은 부사반복형이 매우 활발하게 쓰인다.

이와 같은 형태들은 문장에서 상황어로서 술어나 그 밖의 성분이 나타내는 행동, 상태, 표식 등의 상황을 꾸며준다. 따라서 문장론적 기능으로 보면 말뿌리반복형 본딴말과 유사한 점이 있다. 그러나 이와 같은 형태들은 본딴말이 가지는 제반 표식에 비추어볼 때 본딴말에 고유한 특징을 다 갖추고 있지 못하다. 문장론적 특성에서는 일정하게 공통성을 가지나 어음적, 어휘－의미적 및 단어조성적 면에서는 본딴말과 다른 점이 많다. 뿐만 아니라 명사나 부사구성안에서도 하나의 자립적이고 공고한 구조로 자리 잡히지 못하고 있다.

이러한 형태들은 아직은 표현성을 높이기 위한 수단으로써 언어생활에 복무하여야 한다고 보아야 할 것이다. 다시 말해 반복적 구조라기보다 반복적 표현 수단의 테두리를 벗어나지 못한 것이라고 하여야 할 것이다.

그리하여 필자는 이러한 형태들은 말뿌리반복형 본딴말과 구별되어야 한다고 본다.

## 2. 동사, 형용사의 말뿌리 끝음절이 상징소로 된 본딴말

여기에는 말소리바꿈, 말소리첨가, 새로운 상징소 출현의 세 가지 유형이 있다.

### 1) 말소리바꿈

이 유형은 동사, 형용사의 말뿌리 끝음절이 일련의 어음바꿈의 과정을 밟아 상징소로 되는 것이다.

이때의 어음바꿈에는 혀옆소리 'ㄹ'이 'ㅅ' 또는 'ㄴ'으로, 입술소리 'ㅂ'이 'ㄱ'으로 바뀌는 것, 음절 '르'가 혀옆소리 'ㄹ'로 바뀌는 것이 있다.

실례 :

| ㄹ→ㅅ | ㄹ→ㄴ |
|---|---|
| 머물다─머뭇머뭇 | 드물다─드문드문 |
| ㅂ→ㄱ | 르→ㄹ |
| 새롭다─새록새록 | 가브르다─까불까불 |

### 2) 말소리첨가

이 유형은 동사, 형용사의 말뿌리가 모음으로 끝나는 경우 터스침소리 'ㅅ' 또는 울림소리 'ㅁ' 또는 혀옆소리 'ㄹ'이 첨가되는 현상이다.

실례 :

| 'ㅅ' 첨가 | 'ㅁ' 첨가 |
|---|---|
| 푸르다─푸릇푸릇 | 푸르다─푸름푸름 |
| 느리다─느릿느릿 | |
| 'ㄹ' 첨가 | |
| 부스다─부실부실 | |

## 3) 새로운 상징소의 출현

이 유형은 동사, 형용사의 말뿌리 뒤에 상징소로 되는 끝음절이 새로 나타나는 것이다.

◦ 동사 말뿌리의 뒤에 새 상징소가 나타나는 경위의 실례 :

둑 - 절둑절둑, 얽둑얽둑
락 - 들락날락, 엎치락뒤치락
먹 - 들먹들먹, 서먹서먹
벅 - 얽벅얽벅
박 - 앍박앍박
성 - 서성서성
실 - 넘실넘실
적 - 구기적구기적, 후비적후비적
죽 - 들죽날죽, 얽죽얽죽
뚱 - 기우뚱기우뚱, 갸우뚱갸우뚱
썩 - 들썩들썩, 우썩우썩, 덜썩덜썩, 부썩부썩
썽 - 들썽들썽
친 - 휘친휘친
칫 - 거칫거칫
럭 - 주무럭주무럭

◦ 형용사 말뿌리의 뒤에 새 상징소가 나타나는 경위의 실례 :

금 - 시금시금
죽/쭉 - 넙죽넙죽, 길쭉길쭉
직 - 널직널직, 굵직굵직
진 - 녹진녹진, 눅진눅진
신 - 눅신눅신
막 - 짧막짧막

이상에서 우리는 말소리바뀜 또는 말소리첨가 또는 새로운 상징소의 출현 등의 세 가지 어음적 과정을 거쳐 동사, 형용사로부터 본딴말이 파생되는 과정에 대하여 보았다.

여기에서 우리의 주의를 끄는 것은 이렇게 파생된 본딴말의 끝음절(상징소)이 앞에서 본 고유한 본딴말의 뒤에 오는 상징소들과 같다는 점이다.

이것은 파생적 본딴말도 전적으로 고유한 본딴말의 구조적인 기틀에 따라 조성되며 바로 그로하여 본딴말의 성격을 가지게 된다는 것을 실증하여 준다.

그러면 상징소에서의 고유한 본딴말과 파생적 본딴말의 동질성을 보여주는 실례 몇 가지를 들어보기로 한다.

[표 1] 상징소와 본딴말

| 상징소 | 고유한 본딴말 | 파생적 본딴말 |
|---|---|---|
| 썩 | 철썩철썩 | 들썩들썩 |
| 락 | 알락달락 | 들락날락 |
| 벅 | 서벅서벅 | 얽벅얽벅 |
| 실 | 방실방실 | 검실검실 |
| 숙/쑥 | 불쑥불쑥 | 길숙길숙 |
| 죽 | 해죽해죽 | 넓죽넓죽 |
| 금 | 슬금슬금 | 시금시금 |
| 끗 | 방끗방끗 | 희끗희끗 |

동사, 형용사의 말뿌리로부터 본딴말이 이루어지는 과정은 매우 다양하게 실현된다.

본딴말파생의 다양성은 다음과 같은 점에서 나타난다.

같은 하나의 동사나 형용사 말뿌리의 끝음절이 두 가지, 세 가지 상징소들로 됨으로써 여러 가지 본딴말들이 파생된다.

실례 :

> 동사 : '들다' – 들썩들썩, 들먹들먹, 들썽들썽
> '얽다' – 얽죽얽죽, 얽먹얽먹, 얽둑얽둑, 얽음얽음
> '기다' – 기신기신, 기엄기엄
> '휘다' – 휘친휘친, 휘청청
>
> 형용사 : '시다' – 시금시금, 시큼시큼, 시근시근, 시큰시큰
> '검다' – 검실검실, 검슬검슬, 거뭇거뭇, 거밋거밋
> '희다' – 희슥희슥, 희꿋희꿋, 희끔희끔, 희뜩희뜩
> '무르다' – 물렁물렁, 물컹물컹, 물컥물컥, 물적물적

하나의 같은 동사, 형용사말뿌리의 끝음절이 상징소로 된 조건에서 그 뒤에 또다시 다른 상징소적음절이 나타남으로써 새로운 여러가지 다양한 본딴말들이 이루어진다. 다시 말해 이미 이루어진 파생적인 본딴말로부터 또다시 새로운 본딴말들이 파생된다.

실례 :

> '머무르다' – 머뭇머뭇 – 머무적무무적
> '비비다' – 비빗비빗 – 비비적비비적
> '부스다' – 부슬부슬 – 부스럭부스럭
> '무르다' – 물컥물컥 – 물커덕물커덕

같은 하나의 동사나 형용사말뿌리로부터 조선어에 고유한 모음전환 – 자음전환의 수법에 따라 의미분화적, 색채적인 차이를 나타내는 구조적 변형들이 다양하게 파생된다.

실례 :

모음전환에 의해 구조적 변형들이 파생되는 예

   '기울다' - 기웃기웃 - 갸웃갸웃
   '흔들다' - 흔들흔들 - 한들한들

자음전환에 의한 구조적 변형들이 파생되는 예

   '흔들다' - 흔들흔들 - 근들근들

# 제5장 조선어 본딴말과 중국어 본딴말의
## 형태구조적 대비 고찰

조선어와 중국어는 다 본딴말이 많은 언어이다. 논문의 이 장에서는 조선어와 중국어의 본딴말을 형대적 구조적 측면에서 대비, 고찰함으로써 조선어 본딴말의 다양성과 풍부성을 보여주며 조선어를 배우는 중국인 학생들에게 조선어 본딴말을 교육하는 데, 그리고 조선어를 중국어로 번역하거나 중국어를 조선어로 번역하는 데서 참고로 될 수 있는 기초적 자료를 마련하고자 한다.

조선어 본딴말과 중국어 본딴말을 대비함에 있어서 두 언어의 본딴말을 1음절로 된 것으로부터 4음절로 된 것까지를 음절수가 같은 것들끼리 각각 비교, 분석하는 방식을 취하였다.

이것은 본딴말에서는 말소리와 의미의 연계가 매우 밀접하고 직선적이므로 두 언어의 본딴말을 대비하는 데서 음절이 제일 적합한 구조적 단위로 된다고 보았기 때문이다.

논문에서는 또한 서술의 편의를 위해 4음절 본딴말이 서로 다른 음절들로 구성되었을 때 첫음절을 A, 둘째 음절을 B, 셋째 음절을 C, 넷째 음절을 D로 표시하였다.

## 제1절 1음절 본딴말 대비 고찰

조선어 1음절 본딴말은 본딴말 총 수를 놓고 볼 때 양적으로 많은 편이 아니다.

≪조선말대사전≫에 오른 1음절 본딴말은 214개인데 이 수는 사전에 오른 본딴말 총 수(7,488)의 2.86%에 불과한 것이다.

조선어 1음절 본딴말은 이처럼 양적으로 많지 않으므로 사전에 오른 것 전부를 목록화하여 여기에 제시한다.

[표 1] 1음절 본딴말

| 음절수 | 첫소리 | 개수 | 본딴말 |
|:---:|:---:|:---:|:---|
| 1 | ㄷ | 6 | 닥, 동, 둥, 득, 댕, 뎅 |
| 1 | ㅁ | 2 | 매, 맴 |
| 1 | ㅂ | 6 | 백, 벅, 북, 붕, 빙, 뱅 |
| 1 | ㅅ | 8 | 슬, 실, 색, **쇡**, 쉭, 솨, 솰 **색색** |
| 1 | ㅈ | 6 | 족, 죽, 직, 징, 쫙, 쫠 |
| 1 | ㅊ | 8 | 착1, 착2, 척1, 척2, 촉, 축, 칙, 챙 |
| 1 | ㅋ | 14 | 카, 칵1, 칵2, 캭, 콕, 콩, 쿡, 킥1, 킥2, 캑, 캥, 쾍, 쾅, 쿵, |
| 1 | ㅌ | 12 | 탁, 탕, 턱, 텅1, 텅2, 톡, 통, 툭, 퉁, 탱, 텡, 퉤 |
| 1 | ㅍ | 19 | 팍, 팡, 팍1, 팍2, 퍽, 펄, 펑, 폭, 퐁, **퐁**, 푸, 푹, 풍, 퓽, 피, 픽, 핑, 팩, 팽 |
| 1 | ㅎ | 30 | 하, 학1, 학2, 항1 항2, 허, 헉, 험, 호, 혹, 홀, 후, 훅, 흑, 흠, 흥, 힝, 해, 햄, 헤, 헴, 획, 횡, 휘, 획, 횡, 화, 확, 활, 확 |
| 1 | ㄲ | 17 | 깍, 꺅, 꺼, 꼭, 꾸, 꽁, 꾝, 끌, 끙, 끽, 낑, 깩, 깽, 꽝, 꽉, 꽥, 꿱 |
| 1 | ㄸ | 13 | 딱1, 딱2, 땅, 떡1, 떡2, 떵, 똑1, 똑2, 뚜, 뚝, 땡, 뗑1, 뗑2 |
| 1 | ㅃ | 17 | 빡, 빵, 빡, 뻑, 뼁, 뽕, 뽕, 뽁, 뿡, 삐, 삑1, 삑2, 삥, 뻬, 빽1, 빽2, 뺑 |
| 1 | ㅆ | 12 | 싹, 썩, 쏙, 쑥, 쑬, 쓱, 씨, 씽, 쌕, 쌩, 쏴, **쏼** |

| 1 | ㅉ | 21 | 짝1, 짝2, 짝3, 짤1, 짤2, 짱, 쩍, 쩝, 쩡, 쪽, 쫄11, 쫄2, 쭉, 쭐, 찍, 찔, 찡, 쩍, 쩽, 쫙, 쫠 |
|---|---|---|---|
| 1 | ㅜ | 2 | 우, 욱 |
| 1 | ㅣ | 1 | 잉 |
| 1 | ㅐ | 2 | 앵1, 앵2 |
| 1 | ㅚ | 1 | 욍 |
| 1 | ㅟ | 1 | 윙 |
| 1 | ㅘ | 2 | 와, 왁 |
| 1 | ㅙ | 2 | 왝, 왱 |
| 1 | ㅞ | 2 | 웩, 웽 |

조선어 1음절 본딴말을 거의 전부 수록한 위의 목록을 분석해보면 우리는 1음절 본딴말에서 나타나는 일련의 경향성을 발견할 수 있는데 그것은 다음과 같은 점에 있다.

첫째, 소리나 모양을 함께 나타내는 본딴말을 제외하고 소리만을 나타내는 순소리본딴말과 모양만을 나타내는 순모양본딴말을 수량적으로 대비할 때 순소리본딴말이 훨씬 많다.

1음절 본딴말 156개를 분석한 데 의하면 '삑', '땡', '쨍'과 같은 순소리본딴말의 수가 순모양본딴말의 2배 정도 된다. 이 분석자료에 의하면 순소리본딴말이 55개로써 35%를, 순모양본딴말이 27개로써 17.3%를, 소리 또는 모양을 본딴말이 74개로써 47.7%를 차지한다. 1음절 본딴말에서 순소리본딴말과 순모양본딴말이 이처럼 수량상에서 차이가 있는 것은 될수록 소리 같은 말을 피하여야 할 요구와 관련된다고 보인다. 본딴말로 나타내는 소리와 모양을 비교하면 모양이 훨씬 복잡하고 다양하다. 그러므로 사물현상의 모양을 다음절 본딴말에 비해 수적으로 적은 1음절 본딴말로 나타내게 되는 경우에는 더 많은 소리 같은 말이 생기기 마련이다.

둘째, 음절의 첫소리가 부드러운 청각적 느낌을 주는 말소리로 된 것은 적고 그 대신 센 느낌을 주는 소리나 기음(ㅎ)으로 된 본딴말이 많다.

위의 1음절 본딴말 목록에서 볼 수 있는 바와 같이 울림소리 'ㄴ'이나 'ㄹ'로 시작된 것은 없으며 'ㅁ'을 첫소리로 하는 것은 두 개뿐이다. 또한 모음 'ㅜ', 'ㅣ', 'ㅚ', 'ㅟ', 'ㅘ', 'ㅐ', 'ㅔ'를 첫소리로 하는 본딴말들은 다 해서 11개뿐이다.

그리고 조선어의 3유음 체계에서의 된소리나 거센소리를 첫소리로 하는 본딴말이 많고 순한소리를 첫소리로 하는 본딴말은 상대적으로 적다. 지어 순한소리 'ㄱ'을 첫소리로 하는 1음절 본딴말은 하나도 없다.

셋째, 1음절 본딴말들 중 많은 것들이 받침소리가 있는데 그 받침이 'ㄱ'이나 'ㅇ'인 경우가 대부분이고 'ㄹ'인 경우가 약간 있을 뿐이며 나머지 받침소리 'ㄴ', 'ㄷ', 'ㅁ', 'ㅂ'은 '맴'과 같은 경우를 예외로 한다면 없다. 그러므로 'ㄱ'이나 'ㅇ'만이 받침소리로 쓰이며 매우 드물게만 'ㄹ'이 받침소리로 나타나는 것은 조선어 1음절 본딴말의 주요 특징이라고 할 수 있다.

넷째, 조선어 1음절 본딴말은 소리본딴말인가 모양본딴말인가에 관계없이 거의 다 다회성, 지속성 등과 같은 태적 의미, 강조의 의미, 복수의 의미 등을 더해주기 위해 반복형, 즉 AA형으로 쓰일 수 있다.

다섯째로, 1음절 본딴말 중 거의 절반정도가 소리나 모양을 함께 나타낸다. 하나의 본딴말로서 소리와 모양을 함께 나타나게 되는 것은 객관사물현상 자체에서 소리와 모양이 동반되거나 사람이 어떤 소리를 들을 때 어떤 모양을 연상하거나 반대로 어떤 모양을 대할 때 어떤 소리를 연상하게 되는 것과 관련된다고 볼 수 있다.

그러므로 사전에서 이와 같은 본딴말에 대해서는 '…소리 또는 그 모양을 나타내는 말' 또는 이와 반대로 '…모양 또는 그 소리를 나타내는 말'과 같이 풀이한다.

그러면 ≪조선말대사전≫에서 이러한 뜻풀이형식을 취한 실례 몇 가지를 들어보기로 한다.

> 쿵─① 단단한 물체에 무거운 물건이 부딪치면서 크게 울리는 소리 또는 그 모양을 나타내는 말. | 그는 커다란 돌을 머리 우까지 높이 쳐들었다가 땅바닥에 쿵 던졌다.
> ② 멀리에서 무엇이 크게 폭발하는 웅글소리 또는 그 모양을 나타내는 말.
> ⋮
> 짝─① 액체가 가는 줄기로 세게 뻗치는 소리 또는 그 모양을 나타내는 말. | 얼음판에 짝 미끄러졌다.
> ⋮
> 후─입을 우무리여 입김을 불어내는 소리 또는 그 모양을 나타내는 말. | 죽어가는 불을 후 불어서 다시 살리었다.

이와 같은 하나의 본딴말로 소리와 모양을 동시에 나타내게 되는 경우는 1음절 본딴말에서만이 아니라 2음절, 3음절, 4음절 본딴말에서도 볼 수 있다.

그러면 이제 조선어 1음절 본딴말이 가지는 기본적인 특징들을 본데 기초하여 조·중 두 나라 말의 1음절 본딴말들을 대비, 고찰하기로 한다.

이 고찰을 위해 아래에 하나의 비교표를 제시한다.

이 표에서는 중국어 1음절 본딴말과 그에 대응되는 조선어 1음절 본딴말을 함께 제시하였는데 조선어부분에서는 모음, 자음 대응관계에 의하여 본딴말의 계열이 이루어지는 경우에는 계열 속의 여러 본딴말들을 다 놓았다.

[표 2] 1음절 중국어, 조선어 본딴말 대비

| 구분 | 중국어 | 중국어 병음 | 조선어 | 뜻 |
|---|---|---|---|---|
| 소리본딴말 | 哧 | chi | 박, 벅<br>빡, 뻑<br>직<br>짝, 찍 | 종이나 천 같은 것을 찢을 때 나는 소시를 나타내는 말. |
| | 嘀 | di | 붕<br>빵, 뿡 | 자동차가 경적을 울리는 소리를 나타내는 말. |
| | 嘟 | du | | |
| | 吡 | bi | | |
| | 嗚 | wu | 붕<br>빵, 뿡 | 기차가 기적을 울리는 소리를 나타내는 말. |
| | 当 | dang | 땅, 떵, 뗑 | 종을 칠 때 나는 소리를 나타내는 말. |
| | 咩 | mie | 매 | 양이나 염소가 우는 소리를 나타내는 말. |
| | 呸 | pei | 퉤 | 침을 뱉을 때 내는 소리를 나타내는 말. |
| | 哇 | wa | 앙 | 어린아이가 우는 소리를 나타내는 말. |
| | 嗡 | weng | 앵, 왱, 윙, 웽 | 모기나 벌 같은 것이 날아갈 때 예리하게 나는 소리를 나타내는 말. |
| | 嘔 | ou | 웩 | 토할 때 내는 소리를 나타내는 말. |
| | 哗 | hua | 줄, 쭐, 좔, 쫠 | 물이 많이 흘러내리는 소리를 나타내는 말. |
| 모양본딴말 | 刷1 | Shua1 | 홱, 획 | 갑자기 무엇을 빠르게 해치우는 모양을 나타내는 말. |
| | 刷2 | Shua2 | 홱, 싹 | 얼굴표정이 갑자기 차갑게 변하는 모양을 나타내는 말. |

위의 대비표를 분석적으로 보면 우리는 조선어와 중국어의 본딴말 특히 소리본딴말은 자연계에서 나는 소리를 말소리로 모방하여 나타낸 것으로서 일정한 공통성이 있음을 알 수 있다.

소리본딴말은 자연적인 소리와 음성의 물리음향학적 성질에서의 공통성에 기초하고 있는 것만큼 소리본딴말의 경우에는 서로 다른 언어들 사이에도 어딘가 유사한 점이 있게 된다. 위의 대비표에 제시된 '앵,

윙, 왱, 웽'과 '嗡(weng)', '땅, 떵, 떵'과 '当(dang)', '웍'과 '嘔(ow)'를 각각 비교하여 보면 누구나 음감에서 비슷한 점을 느낄 수 있다.

그러나 조선어와 중국어는 각기 자기의 고유한 민족적 특성을 가진 언어들인 것만큼 같은 뜻을 나타내는 소리본딴말인 경우에도 일정한 공통성이 있다고 해도 어음-구조의 면에서 많은 차이가 있다.

자연계에서 나는 소리에 대한 감각은 민족에 관계없이 동일하지만 그 감각된 것이 언어로 표현될 때는 민족어의 어음체계, 조음토대, 언어관습 등의 제약을 받으므로 소리본딴말에서의 민족적 차이는 불가피하다.

그러면 어음-의미의 면에서 조선어 본딴말과 중국어 본딴말을 본질적으로 구별시키는 점은 어디에 있는가? 그것은 조선어 본딴말에서는 모음, 자음교체의 어음론적 과정을 밟아 뜻이 기본적으로 같으면서도 나타내는 객관 사물현상들 자체의 미세한 차이 또는 사람의 감정 정서적 면에서의 미묘한 차이를 섬세하게 드러내어 표현하는 뜻 비슷한 말의 계열이 이루어지는 것이 보통이나 중국어 본딴말에서는 이러한 현상이 없다는 데 있다.

앞의 대비표에 보인 '땅, 떵, 떵'과 '当(dang)', '직, 찍'과 '咻(chi)', '앵, 왱, 윙, 웽'과 '嗡(weng)'의 대응관계는 바로 조선어 본딴말의 다양성과 섬세성, 그에 비한 중국어 본딴말의 상대적 단순성을 보여주는 실례이다.

◦ '땅, 떵, 떵' : '嗡(weng)'

조선말 '땅, 떵, 떵'이나 중국말 '当(dang)'은 다 종 같은 것을 칠 때 울려나는 소리를 나타내는 본딴말들이다. 그런데 중국어 본딴말은 종소리이면 그 음향학적 특성이 어떠한가에 관계없이 '当(dang)'이라는 하나의 어음복합체로 나타내지만 조선어 본딴말은 어떤 종을 어떻게 치는 가에 따라 각이하게 울리는 여러 가지 종소리들의 특성을 밝은 모음과 어두운 모음을 교체시키는 방법으로 밝혀서 나타낸다. '땡'은 비교적 작은 종을 칠 때 좀 높고 되알지게 울리는 소리를 나타내며 '뗑'은 큰 종을 칠 때 낮고 웅글게 울리는 소리를 나타낸다. 그리고 '떵'은 '뗑'보 다 좀 더 낮고 둔중하게 울리는 소리를 나타낸다.

○ '직, 찍' : '哧(chi)'

종이나 천 같은 것을 찢을 때 나는 소리는 그 찢기는 것이 질긴 것인 가 아닌가 질긴 것이면 어느 정도 질긴 것인가, 그리고 천천히 찢는가 갑자기 빨리 찢는가 하는 것 등에 따라 서로 다르게 날수 있다. 그런데 중국어에서는 이러한 여러 가지 상황이 고려되지 않는다. 그 소리의 음 향학적 성질에 관계없이 다 '哧(chi)'라는 하나의 본딴말로 나타낸다. 하 지만 조선어에서는 그 소리가 예사로운 것일 때는 순한소리를 첫소리 로 하는 '직'으로, 세고 새된 것일 때는 순한소리 'ㅈ'에 대응되는 된소 리 'ㅉ'을 첫소리로 하는 '찍'으로 나타낸다.

○ '앵, 왱, 윙, 웽' : '嗡(weng)'

조선어 본딴말들인 '앵, 왱, 윙, 웽'은 다 날벌레 같은 것이 날아나는 소리를 나타내므로 의미적 공통성이 있다. 그러나 이 본딴말들은 결코 완전한 뜻같은 말의 계열을 이루지는 않는다. ≪조선말대사전≫에서는 이 본딴말들의 뜻풀이를 다음과 같이 하였다.

앵 - 모기나 벌과 같은 것이 날아갈 때 날카롭게 내는 소리를 나타내

는 말. | 모기가 <u>앵</u> 날다.

왱－벌이나 날벌레같은 것이 빠르게 날아다닐 때 되알지게 나는 소리를
　　나타내는 말. | 마가을 여물대로 여문 모기가 <u>왱</u> 소리를 내며 날아
　　간다.

윙－큰 벌레같은 것이 날아가는 소리를 나타내는 말. | 룡길이가 못에
　　빠져죽자마자 그 물속에서는 큰 왕벌 한마리가 <u>윙</u> 날아나와 주인
　　아들놈의 눈을 쏘아 멀게 하였다고 한다(≪조선사화전설집≫).

웽－큰 벌이나 날벌레같은 것이 빠르게 날아다닐 때 웅글게 나는 소
　　리를 나타내는 말. | 말벌이 날아가는 <u>웽</u> 소리.

　우리는 사전에 주어진 이와 같은 뜻풀이 내용을 통하여 조선어에는
날벌레가 날아가는 소리를 나타냄에 있어서도 큰 것이 나는가 작은 것
이 나는가 보통으로 나는가 빠르게 나는가 하는 것 등에 따라 약간씩
차이 나게 들리는 여러 가지 소리의 섬세한 특징들을 살려서 나타낼 수
있는 표현들이 풍부하게 갖추어져 있음을 알 수 있다.

　그러면 중국어 본딴말 '嗡(weng)'은 어떤가? 이 본딴말은 날벌레들이
날 때 내는 여러 가지 소리들 중의 어느 한 소리를 나타내는 말이 아니
라 그러한 소리들을 통털어 나타내는 말이다. 중국어에는 날벌레들이
날면서 내는 여러 가지 소리들을 가려서 나타낼 수 있을 만큼 소리본딴
말이 정밀하게 분화되어 있지 않다.

　때문에 조선어에서는 나는 것이 모기나 작은 꿀벌 같은 것인 경우에
는 '앵 날다' 또는 '왱 날다'로, 말벌이나 풍덩이 같은 것인 경우에는
'윙 날다' 또는 '웽 날다'라고 하는 것이 적중한 표현으로 되지만 중국
어에서는 나는 것이 모기나 꿀벌같은 작은 것이건 말벌이나 풍덩이같
은 큰 것이건 관계없이 다 '嗡地飛'(윙날다)라고 해도 잘못된 표현이 아
니다.

조선어와 중국어의 본딴말 비교연구자들 가운데는 중국어의 성조변화나 한자부수를 통한 의미표현을 조선어 본딴말에서의 모음, 자음교체현상과 비길 수 있는 것으로 보는 학자들도 있다.

그러나 이것은 정확한 비교, 고찰로 보기 어렵다. 물론 본딴말의 상징적 의미표현에서 조선에서는 모음, 자음 교체현상이 활발하고 중국어에서는 성조변화나 한자부수의 이용이 주요한 어음—의미론적 과정으로 되는 것은 사실이다.

그렇지만 중국어 본딴말에서 볼 수 있는 성조변화나 한자부수의 이용이 조선어 본딴말에서 매우 특징적인 의미분화적 및 문체적 본딴말의 다양성과 풍부성을 낳게 하는 모음, 자음 교체현상과 맞먹는 것으로 보는 것은 이해할 수 없다.

그러면 우선 성조변화 현상을 놓고 보자.

중국어에서의 성조변화는 일반적으로 완전히 뜻이 다른 소리 같은 말의 계열을 낳지 기본뜻이 같으면서 미세한 측면에서만 차이가 있는 의미분화적 및 문체적 뜻비슷한 말의 계열을 이루게 하지는 않는다.

앞의 대비표에 제시된 중국어 모양본딴말 '刷¹(shua)'와 '刷²'를 비교해보면 중국어의 성조변화가 뜻 비슷한 단어들 사이의 미세한 의미분화적, 의미색채적 차이를 낳게 하는 것이 아니라 뜻이 완전히 서로 다른 단어들이 이루어지게 한다는 것을 알 수 있다.

제1성의 성조를 동반하며 발음되는 '刷¹(shua)'는 '刷地跑到敵人背后干掉了一个家伙.'(적의 뒤로 홱 달려들어 한 놈을 해제꼈다.)에서처럼 '갑자기 무엇을 빠르게 해치우는 모양'을 나타낸다면 제4성의 성조를 동반하며 발음되는 '刷²(shua)'는 '他的臉立刻變得刷'에서와 같이 '갑자기 얼굴표정이 새파랗게 변하는 모양'을 나타낸다. 그러므로 성조에서 차이가 있는 이 두 단어들의 의미적 관계는 서로 비슷한 관계가 아니라 완전히 다른 관계로 된다.

다음으로 한자부수 사용문제를 놓고 보자.

중국의 한자는 부수를 통해 의미를 표현하는 경우가 많다. 위의 대비표에 오른 '咻(chi)', '嘀(di)', '嘟(du)', '吡(bi)', '鳴(wu)', '咩(mie)' 등과 같은 1음절 본딴말들이 보여주는 바와 같이 중국어 소리본딴말들은 대체로 부수 '口(kou)'를 갖는다. 이것은 본딴말이 순수 자연계의 어떤 소리나 모양을 있는 그대로 모사한 것이 아니라 그것을 입으로 내는 말소리로 나타낸 것임을 문자 속에 반영한 것이다.

따라서 중국어 본딴말에서 부수의 사용은 소리본딴말의 표식으로는 되나 일정한 본딴말의 구체적 뜻이 무엇인가 하는 정보를 제공하는 것으로는 되지 못한다.

## 제2절 2음절 본딴말 대비 고찰

조선어나 중국어의 본딴말체계에는 1음절 본딴말이 반복되어 이루어진 AA형과 서로 다른 두개의 음절로 된 비반복적인 AB형이 있다.

조선어나 중국어의 본딴말에서 2음절 본딴말은 양적으로 볼 때 비교적 많은 편이다.

조선어의 경우를 보면 2음절 본딴말이 총본딴말수의 22%정도 된다. ≪조선말대사전≫에는 반복형 2음절 본딴말이 445개, 비반복형2음절 본딴말이 1,191개 올라있다.

그러면 조·중 두 나라 말의 2음절 본딴말의 대비 고찰에 앞서 먼저

조선어 2음절 반복형 본딴말과 2음절 비반복형 본딴말에서 보이는 일
반적특성을 각각 조선어 1음절 본딴말과의 대비 속에서 개괄적으로 보
기로 한다.


## 1. 2음절 반복형 본딴말

첫째, 2음절 반복형 본딴말에서는 1음절 본딴말에서와는 달리 순소
리본딴말에 비하여 순모양본딴말이 훨씬 많다.

≪조선말대사전≫에 오른 445개의 2음절 반복형 본딴말 중 200개를
분석한 결과에 의하면 순소리본딴말이 37개로서 13.5%이고 순모양본
딴말이 98개로서 49%이며 소리-모양본딴말이 65개로서 37.5%이다.

이것은 소리본딴말과 모양본딴말의 비중이 2음절 반복형 본딴말에서
는 1음절 본딴말의 경우와 반대로 되어 있다는 것을 말해주는데 그 원
인은 음절이 반복됨으로써 어음-형태적면에서 단어다운 면모가 보다
뚜렷해지고 바로 그리하여 객관세계의 다양한 사물현상의 운동, 상태,
성질 등을 말소리로 모방할 수 있는 가능성이 더욱 커진 데 있다고 볼
수 있다.

둘째, 2음절 반복형 본딴말에는 부드러운 느낌을 주는 말소리가 음절
의 첫 소리로 출현하는 현상이 1음절 본딴말에서 보다 상대적으로 많다.
1음절 본딴말에서는 음절의 첫소리가 울림소리 'ㄴ'이나 'ㄹ', 순한소리
'ㄱ'으로 된 것은 없고 'ㅁ'으로 된 것은 2개, 모음으로 된 것은 13개뿐
이였다. 하지만 ≪조선말대사전≫에 오른 2음절 반복형 본딴말 중에는
'갈갈', '곡곡'과 같은 음절의 첫소리가 'ㄱ'으로 된 것이 12개, '몰몰',
'문문'과 같은 'ㅁ'으로 된 것이 8개이며 '윙윙', '왈왈'과 같은 모음으

로 시작된 것은 36개이다. 그러나 2음절 반복형 본딴말 전반을 놓고 보면 음절의 첫소리가 거센소리나 된소리, 기음 'ㅎ'으로 된 것이 많고 울림소리 'ㄴ, ㅁ, ㄹ'이나 순한소리 'ㄱ, ㄷ, ㅂ, ㅅ, ㅈ'으로 된 것, 모음으로 된 것이 적다는 점에서는 1음절 본딴말과 큰 차이가 없다.

셋째, 조선어 2음절 반복형 본딴말에서는 조선어의 7가지 받침소리 'ㄱ', 'ㄴ', 'ㄷ', 'ㄹ', 'ㅁ', 'ㅂ', 'ㅇ' 전부가 나타난다. 이것은 받침소리가 기본적으로 'ㄱ', 'ㅇ'으로 국한되고 'ㄹ'이 약간 나타나는 1음절 본딴말에 비한 2음절 반복형 본딴말의 특징이다.

이제 끝음절이 'ㄱ', 'ㅇ', 'ㄹ'를 제외한 나머지 받침소리 'ㄴ', 'ㄷ', 'ㅁ', 'ㅂ'으로 끝나는 2음절 반복형 본딴말의 실례를 들어보기로 한다.

'ㄴ'-몬몬, 문문, 번번, 찬찬, 판판, 펀펀
'ㄷ'-핫핫, 헛헛, 홋홋, 홧홧
'ㅁ'-감감, 곰곰, 냠냠, 맴맴1, 맴맴2, 솜솜, 숨숨, 캄캄, 험험, 홈홈,
　　힘힘, 깜깜, 꼼꼼, 얌얌
'ㅂ'-첩첩, 짭짭, 접접

그러나 '닥닥', '벅벅'과 같이 'ㄱ'으로 끝나거나 '댕댕', '멍멍', '빙빙'과 같이 'ㅇ'으로 끝나는 본딴말이 다수를 차지한다는 점에서는 1음절 본딴말의 어음구성과 비슷하다.

넷째, 2음절 반복형 본딴말에서는 그 자체가 반복형 본딴말이므로 그것이 다시 반복되어 쓰이는 현상, 즉 AAAA형으로 쓰이는 일은 거의 찾아볼 수 없다. 문학작품같은 데서 2음절 반복형 본딴말이 다시 반복되어 쓰이는 일, 예를 들면 '땡땡(종소리를 나타낸 말)'이 거듭되어 '땡땡땡땡'으로 쓰이는 일이 간혹 있을 수 있으나 그렇게 된 것은 본딴말 조

성수법으로서의 구조적 반복이 아니라 문체론적 효과를 높이기 위한 반복적 표현이다.

다섯째, 2음절 반복형 본딴말에서도 1음절 본딴말에서와 같이 사물현상의 소리와 모양을 동시에 나타내는 것들이 적지 않은 비중을 차지한다.

'박박', '삭삭', '쩝쩝'같은 본딴말들을 소리와 모양을 동시에 나타내는 본딴말의 실례로 들 수 있다. ≪조선말대사전≫에서는 이 단어들의 뜻풀이를 다음과 같이 하였다.

> 박박─① 야무지게 자꾸 긁거나 문대는 소리 또는 그 모양을 나타내는 말. | 정순이는 몇자 쓰다가는 박박 지워버리고 다시 쓰군 하였다.
>
> ② 얇고 질긴 종이나 천 따위를 자꾸 찢는 소리. 또는 그 모양.
>
> 삭삭─① 거침없이 가볍게 비비는 모양을 나타내는 말.
>
> ② 바닥이나 마당 같은 것을 티검불이 없이 깨끗이 쓰는 모양을 나타내는 말.
>
> ③ 거침없이 가볍게 베여나가거나 썰거나 하는 소리 또는 그 모양을 나타내는 말. | 고기를 얇게 삭삭 저미다.
>
> 쩝쩝─① 입맛을 자꾸 다시는 소리 또는 그 모양을 나타내는 말. | 그는 입이 쓰거운지 쩝쩝 입만 다시고 아무 말도 안 했다.
>
> ② 보기 흉하게 마구 먹는 소리 또는 그 모양을 나타내는 말. | 껌을 쩝쩝 깨물다.

이러한 부류의 본딴말이 2음절 반복형 본딴말의 1/3이상이다.

## 2. 2음절 비반복형 본딴말

≪조선말대사전≫에 오른 2음절 비반복형 본딴말의 수는 2음절 반복형 본딴말에 비해 2배가 넘는다. 수량적으로 볼 때 이 유형의 본딴말은 조선어 본딴말의 전반체계에서 4음절 반복형 본딴말 다음가는 자리를 차지한다.

2음절 비반복형 본딴말에서는 첫음절 첫소리로 순한소리 'ㄱ', 'ㄷ', 'ㅂ', 'ㅅ', 'ㅈ'이나 울림소리 'ㄴ', 'ㅁ', 또는 모음이 출현하는 현상이 1음절 본딴말이나 2음절 반복형 본딴말에서 보다 많은 것이 하나의 특징으로 된다.

아래의 표를 통하여 그 정형을 보기로 한다.

[표 3] 1음절과 2음절 본딴말 비교

| 첫소리 | 1음절 본딴말의 개수 | 2음절 반복형 본딴말의 개수 | 2음절 비반복형 본딴말의 개수 |
|---|---|---|---|
| ㄱ | 0 | 12 (갈갈, 곰곰, 갤갤, 구구…) | 53 (갈쌍, 건듯, 곱실, 굼틀…) |
| ㄷ | 6 (닥, 동, 둥, 득…) | 20 (달달, 동동, 둘둘, 댕댕…) | 62 (담뿍, 덜렁, 동실, 대롱…) |
| ㅂ | 6 (박, 벅, 붕, 빙…) | 18 (박박, 벅벅, 북북, 빙빙…) | 108 (반작, 발랑, 버썩, 번뜻…) |
| ㅅ | 9 (쉭, **쇡**, 솨, 슬…) | 23 (삭삭, 설설, 솔솔, 술술…) | 56 (사품, 석득, 수굿, 실룩…) |
| ㅈ | 6 (죽, 직, 징, 쫙…) | 22 (잘잘, 절절, 졸졸, 줄줄…) | 57 (자끈, 절벅, 조뼛, 질근…) |
| ㄴ | 0 | 1 (남남) | 21 (나품, 넌떡, 노낭, **닁큼**…) |
| ㅁ | 2 (매, 맴) | 8 (멍멍, 몰몰, 문문, 매매…) | 41 (멈칫, 몰칵, 무춤, 맬롱…) |
| ㄹ | 0 | 0 | 0 |
| 모음 | 13 (욱, 앵, 와, 윙…) | 36 (알알, 얌얌, 욱욱, 잉잉…) | 111 (아삭, 언뜻, 오똑, 우썩…) |

이 표를 통하여 알 수 있는 바와 같이 2음절 비반복형 본딴말에서는 첫음절 첫소리가 부드러운 소리로 된 본딴말의 수가 급격히 늘어난다. 그러나 2음절 비반복형 본딴말에서도 첫 음절 첫소리로 나타나는 빈

도수가 제일 높은 것은 의연히 된소리와 목구멍 스침소리 'ㅎ'이다. 첫음절 첫소리가 '까욱', '꼴깍'과 같이 된소리 'ㄲ'으로 된 것이 119개이고 '빤짝', '뺄씬', '뿌직'과 같이 된소리 'ㅃ'으로 된 것이 150개이며 '할금', '허퉁', '호뜰'과 같이 기음 'ㅎ'로 된 것이 134개이다.

　2음절 비반복형 본딴말, 즉 AB형 본딴말의 끝음절 구성상태는 2음절 반복형 본딴말, 즉 AA형 본딴말의 끝음절 구성상태와의 관계에서 볼 때 일정한 공통성과 차이점을 보인다.

　공통성은 첫째, AA형 본딴말에서와 같이 끝음절의 대부분이 받침소리를 가지는 것이다.

　≪조선말대사전≫에 오른 1,191개의 AB형 본딴말 중 끝음절이 받침없는 것으로 된 본딴말은 단지 '비오', '흐아', '홍야', '헤피', '꼬꾜', '으아', '음마', '음매', '웅애', '애해', '액최', '와아'의 13개뿐이다.

　둘째로, 끝음절의 받침소리가 'ㄱ', 'ㅇ'으로 된 것이 지배적이다. 끝음절의 받침소리가 'ㄱ'으로 된 것(간닥, 접석…)은 605개이고 'ㅇ'으로 된 것(깡충, 달랑…)은 217개인데 이 수자는 각각 받침 있는 끝음절을 가진 AB형 본딴말 총수의 56%와 19%를 차지한다.

　조선어 본딴말에서 'ㄱ', 'ㅇ'이 끝음절 받침소리로 되는 빈도수가 높은 것은 이 말소리들이 그 음향적 성질이나 소리느낌으로 하여 다른 받침소리들에 비하여 상징적 의미를 보다 뚜렷이 나타낼 수 있는 특성을 가지고 있기 때문이라고 볼 수 있다.

　셋째로, 끝음절의 받침소리로 조선어의 7가지 받침소리 중 'ㄱ', 'ㄴ', 'ㄷ', 'ㄹ', 'ㅁ', 'ㅇ'의 6가지가 나타나는 것이다. 2음절 반복형 본딴말인 경우 '첩첩', '짭짭', '쩝쩝'을 포함시키면 끝음절에 7가지 받침소리가 전부가 나타나는 것으로 되지만 'ㅂ'을 끝음절 받침소리로 하는 본딴말은 이 3개밖에 없으므로 'ㅂ'을 무시한다면 AB형 본딴말이나 AA형 본딴말은 다 끝음절에 6개의 받침소리가 오는 것으로 된다.

끝음절 구성상태에서 AA형 본딴말과 AB형 본딴말이 보이는 차이는 받침소리 출현빈도수에서 AB형이 AA형에 비하여 훨씬 높은 것이다.

이와 같은 정형을 다음의 대비표를 통하여 직관적으로 보기로 한다.

[표 4] 받침소리와 AA형 본딴말과 AB형 본딴말

| 받침소리 | AB형 본딴말 | AA형 본딴말 | A형 본딴말 |
|---|---|---|---|
| ㄱ | 605 (달각, 반짝,…) | 122 (닥닥, 박박…) | 98 (북, 척, 콱…) |
| ㄴ | 58 (갑신, 넙신,…) | 7 (번번, 친친,…) | 0 |
| ㄷ | 110 (건뜻, 넘짓,…) | 4 (핫핫, 헛헛,…) | 0 |
| ㄹ | 79 (둥실, 벙글,…) | 123 (훌훌, 팔팔,…) | 17 (술, 좔, 펄…) |
| ㅁ | 22 (발름, 성큼,…) | 14 (맴맴, 감감,…) | 3 (흠, 험, 헴) |
| ㅂ | 0 | 3 (첩첩, 짭짭, 쩝쩝) | 1 (쩝) |
| ㅇ | 217 (깡충, 덜렁,…) | 134 (동동, 빙빙, 숭숭…) | 73 (씽, 삥,깽…) |

받침소리의 출현빈도수가 2음절 비반복형 본딴말에서 제일 높은 것은 AB형 본딴말의 끝음절이 거의 다 풍부하고 다양한 조선어 본딴말의 주요한 구조적 단위인 상징소이라는 것과 관련된다.

2음절 비반복형 본딴말에서도 소리와 모양을 동시에 나타내는 본딴말이 많은 비중을 차지하며 순소리본딴말에 비하여 순모양본딴말이 훨씬 많다. 이러한 점에서는 2음절 반복형 본딴말의 경우와 별로 차이가 없다.

이상에서 우리는 조선어 2음절 본딴말의 두 유형 즉 AA형과 AB형의 일반적인 어음－형태적 특성에 대하여 보았다.

그러면 이제 조선어와 중국어의 AA형 본딴말(2음절 반복형 본딴말)과

AB형 본딴말(2음절 비반복형 본딴말)을 각각 대비 고찰하기로 한다.

## 3. AA형 본딴말의 대비 고찰

조선어와 중국어의 AA형 본딴말, 즉 2음절 반복형 본딴말을 대비 고찰하기 위하여 의미가 같거나 비슷한 조·중 두 언어의 본딴말쌍들 가운데서 전형적인 것들을 선택하여 아래의 표에 제시한다.

[표 5] 중국어와 조선어 AA형 본딴말 대비

| 구분 | 중국어 | 중국어병음 | 조선어 | | 뜻 |
|---|---|---|---|---|---|
| | 哈哈 | haha | 하하 | 허허 | 입을 벌리고 웃는 소리로 나타내는 말. |
| | 呵呵 | hehe | 호호 | 흐흐 | |
| | 嘎嘎 | gaga | | 낄낄 | 참을 수 없듯이 입을 조금 벌리고 웃는 소리를 나타내는 말. |
| | 嘻嘻 | xixi | 해해 | 히히 | 기뻐하며 귀엽게 웃는 소리를 나타내는 말. |
| | 喀喀 | gege | 깔깔 | 껄껄 | 입을 조금 크게 벌리고 시원하게 웃는 소리를 나타내는 말. |
| | 哇哇 | wawa | 앙앙 | 엉엉 | 어린 아이가 입을 크게 벌리고 우는 소리 또는 모양을 나타내는 말. |
| | 鳴鳴 | mingming | 지종 | | 종달새 같은 작은 새가 울 때 내는 소리를 나타내는 말. |
| | 怦怦 | pengpeng | 콩콩 | 쿵쿵 | 심장이 자꾸 뛰는 소리를 나타내는 말. |
| | 擦擦 | caca | 싹싹 | 썩썩 | 무엇을 문지르는 소리 또는 모양을 나타내는 말. |
| | 汪汪 | wangwang | | 멍멍 | 개가 짖는 소리를 나타내는 말. |
| | | | 깽깽 | 낑낑 | |
| | | | 캥캥 | 컹컹 | |
| | 呼呼 | huhu | 욍욍 | 윙윙 | 바람이 세게 부는 소리를 나타내는 말. |
| | 咩咩 | miemie | 매매 | | 양이나 염소가 우는 소리를 나타내는 말. |
| | 唧唧 | jiji | 짹짹 | 찍찍 | 작은 새나 벌레가 우는 소리를 나타내는 말. |

| 嘀嘀 | didi | | 뻥뻥 | 자동차들이 내는 경적소리를 나타내는 말. |
| 嘟嘟 | dudu | 빵빵 | 뚜뚜 | |
| 吡吡 | bibi | | 뛰뛰 | |
| 咚咚 | dongdong | | 둥둥 | 북을 칠 때 나는 소리를 나타내는 말. |
| | | 콩콩 | 쿵쿵 | 폭탄이 폭발하는 소리를 나타내는 말 |
| | | 뚝뚝 | 뚝뚝 | 딱딱한 물건을 두드릴 때 나는 소리를 나타내는 말. |
| 汪汪 | wangwang | 팡팡 졸졸 | 펑펑 줄줄 | 눈물이 흐르는 모양을 나타내는 말. |
| 呼呼 | huhu | 활활 | 훨훨 | 불길이 세차게 타오르는 모양을 나타내는 말. |

조선어와 중국어의 본딴말은 다 같이 상징부사로서 기능한다는 점에서 공통성이 있다. 그러나 형태론적, 단어 조성론적, 문장론적 견지에서 볼 때 일련의 차이점이 있다.

### (1) 형태적 면에서의 차이

조선어에서나 중국어에서나 본딴말은 기본적으로는 아무런 형태도 취하지 않고 쓰이며 극히 제한적으로만 형태를 취한다. 그런데 두 언어의 본딴말이 형태를 취하는 경우 조선어는 도움토 '-도', '-만' 같은 것, 복수토 '들'을 취하는 것이 있고 중국어는 허사 '的'을 취하는 것이 있다.

실례 : 조선어-바닥이 꽤 반반도 하다.
　　　중국어-她一邊看電視一邊咯咯的大笑.
　　　　　　(그 여자는 텔레비전을 보면서 깔깔 웃었다)

### (2) 단어조성적 면에서의 차이

조선어에서는 본딴말과 그 뒤에 오는 동사나 형용사의 결합이 합성어적인 것으로 되는 일이 없다. 본딴말과 그것에 의하여 수식되는 동사술어나 형용사술어의 관계는 예외없이 '상황어＋술어'식의 단어결합적인 것으로 된다.

그러나 중국어에서는 이러한 결합이 어휘적 단위인 공고한 단어결합으로 되는 일이 많다. 이것을 흔히 '연어'라고 부른다.

실례 : 조선어 — 기발이 펄펄 날린다. ┐ '상황어＋술어'적
　　　　　　　 함박눈이 펑펑 쏟아진다. ┘ 단어결합

　　　 중국어 — 他喀喀笑(그는 깔깔 웃었다) ┐ '본딴말＋동사'적
　　　　　　　 心臟怦怦跳(심장이 쿵쿵 뛴다) ┘ 연어

본딴말과 그 뒤에 오는 용언의 결합이 조선어에서는 단어결합적인 것으로 되고 중국어에서는 연어적인 것으로 되는 차이는 두 언어의 유형적 특성과 관련된다고 볼 수 있다. 교착어인 조선어에서는 문장에 나타나는 동사술어나 형용사술어가 늘 문법적 형태를 취하므로 앞에 오는 상황어와 연어적 결합을 이룰 수 없고 고립어인 중국어에서는 동사가 무형태적이므로 그러한 결합이 가능하다고 보아진다.

### (3) 문장론적 면에서의 차이

조선어에서 본딴말은 상징부사로서 문장 속에서 주로 상황어의 기능을 놀며 때로는 규정어나 술어적인 문장성분으로도 된다.

실례 : 그 총각은 <u>휙휙</u> 휘바람불었다(상황어).

　　　대고를 신바람나게 <u>쿵쿵</u> 두드린다(상황어).

　　　<u>산들산들</u> 봄바람(규정어).

　　　봄바람은 <u>산들산들</u>(술어).

그러나 중국어 본딴말은 조선어 본딴말과는 달리 항상 뒤에 오는 동사와만 결합하며 상황어적 기능만 논다. 형용사나 명사와 결합하는 경우는 없으며 따라서 규정어나 술어로 되는 일도 없다.

중국어 본딴말이 동사와 결합함에 있어서는 하나의 본딴말이 하나의 동사와만 결합하는 경우, 여러 유의적인 관계에 있는 본딴말들이 하나의 동사와만 결합하는 경우, 유의적인 관계에 있는 여러 본딴말들이 둘 이상의 동사와 결합하는 경우들이 있다.

　－하나의 본딴말이 하나의 동사와 결합하는 경위의 실례 :

　　怦怦＋跳(심장이 쿵쿵 뛰다)

'怦怦'은 심장이 자꾸 뛰는 소리 또는 모양을 나타내는 말이므로 '跳'(뛰다)와만 결합된다.

　　呼呼＋吹(바람이 윙윙 불다)

'呼呼'는 바람이 세게 부는 소리를 나타내는 말이므로 '吹'(불다)와만 결합된다.

　－유의적인 관계에 있는 여러 가지 본딴말들이 하나의 동사와 결합하는 경위의 실례 :

哈哈, 呵呵, 嘎嘎, 喀喀, 嘻嘻＋笑(하하, 호호, 낄낄, 껄껄, ＋웃다)

위의 본딴말들은 사람이 웃을 때 내는 여러 가지 소리를 나타내므로 '笑(웃다)'와만 결합된다.

◦ 哇哇, 嗚嗚＋哭(와와, 지종지종＋울다)

앞의 본딴말들은 어린 아이나 종달새 같은 작은 새가 우는 소리를 나타내는 말이므로 '哭'와만 결합된다.

－유의적인 관계에 있는 여러 가지 본딴말들이 둘 이상의 동사들과 결합하는 경위의 실례

嘀嘀, 吡吡, 嘟嘟, 汪汪＋響,叫(뛰뛰, 빵빵, 뚜뚜, 왕왕＋울리다, 짖다)

앞의 본딴말들은 자동차가 내는 경적소리를 나타내는 말(嘀嘀, 吡吡, 嘟嘟)과 개가 짖는 소리(汪汪)를 나타내는 말들로서 동사 響(울리다) 또는 叫(짖다)와 결합된다.


## 4. AB형 본딴말의 대비 고찰

조선어와 중국어의 **AB형** 본딴말들 즉 서로 다른 두 개의 음절로 이루어진 본딴말들 가운데서 뜻이 같은 어휘쌍으로서 대표적인 것들이라고 볼 수 있는 것들을 대응시키는 방식으로 아래의 표에 보인다.

[표 6] 중국어와 조선어 AB형 본딴말 대비

| 구분 | 중국어 | 중국어병음 | 조선어 | | |
|------|--------|------------|--------|------|------|
| 소리<br>본딴말 | 扑哧 | Puchi | 캐득 | 키득 | 참던 웃음을 입 속에서 터쳐내는<br>소리를 나타내는 말. |
| | 噗唧 | Puji | | | |
| 소리<br>본딴말 | 啊嚏 | ati | | 에취 | 재채기를 하는 소리를 나타내는 말. |
| | 喀吱 | gezi | 아삭 | 어석 | 과일이나 남새 같은 것을 씹는 소리를<br>나타내는 말. |
| | 咕嘟 | gudu | 꼴깍 | 꿀꺽 | 물을 마실 때 내는 소리를 나타내는 말. |
| | 咔嚓 | kacha | 삭둑<br>싹둑 | 석둑<br>썩둑 | 연한 물건을 단번에 힘 있게 베는<br>소리를 나타내는 말. |
| | 喀吱 | gezhi | 빼각 | 삐걱 | 나무 같은 것들이 서로 닿아서 쓸릴 때<br>거칠게 나는 소리를 나타내는 말. |
| 모양<br>본딴말 | 蹦跳 | bengtiao | 팔짝<br>폴짝 | 펄쩍<br>풀쩍 | 날거나 뛰어오르는 모양을 나타내는 말. |
| | 哆嗦 | duosu | 바들<br>파들 | 부들,<br>버들<br>푸들,<br>퍼들 | 몸이나 몸의 일부를 떠는 모양을<br>나타내는 말. |

2음절 비반복형 본딴말인 AB형에서 조선어와 중국어의 공통점은 두 번 반복되어 ABAB형의 4음절 본딴말을 이룰 수 있는 것이고. 차이점은 조선어에서는 ABAB형만 이루어지지만 중국어에서는 ABAB형만이 아니라 AABB형도 이루어지는 것이다. ABAB형이나 AABB형은 다 4음절 본딴말이므로 제4절에서 다시 고찰하기로 한다.


## 제3절 3음절 본딴말 대비 고찰

조선어와 중국어의 본딴말 체계에는 3개의 음절로 구성된 본딴말들이 일정한 양으로 존재한다.

≪조선말대사전≫에는 848개의 3음절 본딴말들이 올라와 있는데 이 수는 사전에 오른 전체 본딴말의 11%에 해당된다.

3음절 본딴말에는 앞의 두 음절은 같고 세 번째 음절은 앞의 음절들과 다른 AAB형과 둘째, 셋째 음절은 같고 첫째 음절은 뒤의 두 음절과 다른 ABB형 그리고 세 음절이 다 서로 다른 ABC형의 세 가지 유형이 있다.


## 1. AAB형 본딴말

조선어나 중국어의 본딴말들 가운데는 AAB형의 본딴말이 매우 적다. 중국어의 AAB형 본딴말은 수도 몇 개 안 되거니와 그나마 대부분이 소리본딴말이다. 조선어의 경우에는 이 유형의 본딴말이 소리본딴말 '꼬꼬댁'과 모양본딴말 '소소리' 2개가 있을 뿐이다.

조선어와 중국어에서 AAB형의 본딴말이 분포정형을 다음의 표를 통해 직관적으로 볼 수 있다.

[표 7] 조·중 AAB형의 본딴말

| 구분 | 중국어 AAB형 | 중국어병음 | 조선어 AAB형 | 뜻 |
|---|---|---|---|---|
| 소리 본딴말 | 咚咚呛 | dongdongqiang | | 북소리를 나타내는 말. |
| | 叮叮当 | dingdingdang | | 풍경이 우는 소리를 나타내는 말. |
| | 叮叮铛 | dingdingdang | | |
| | 嘀嘀嗒 | didida | | 피리 부는 소리를 나타내는 말. |
| | 咯咯哒 | gegeda | 꼬꼬댁 | 암닭이 우는 소리를 나타내는 말. |
| 모양본 딴말 | | | 소소리 | 높이 우뚝 솟은 모양을 나타내는 말. |

## 2. ABB형 본딴말

조선어의 ABB형 본딴말은 다시 두 가지 작은 유형으로 나누어지는데 한 유형은 '두둥둥', '우닥닥'과 같은 유형이며 다른 한 유형은 '까르르', '으스스'와 같은 유형이다.

여기에서 첫째 유형은 끝음절이 일정한 상징소로 된 AB형 본딴말에 다시 2차적으로 똑같은 상징소가 세 번째 음절로 출현함으로써 이루어진 본딴말이다. 이와 같은 본딴말의 조성과정을 다음과 같이 도식화할 수 있다.

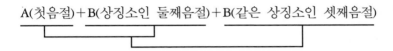

A(첫음절)＋B(상징소인 둘째음절)＋B(같은 상징소인 셋째음절)

둘째 유형은 받침소리 'ㄹ'이 음절 '르'로 바뀌거나 탈락되면서 이루어진 것이다.

'ㄹ→르'의 바뀜으로 실현된 ABB형 본딴말의 실례 :

돌돌→도르르
슬슬→스르르
졸졸→조르르

'ㄹ'이 탈락되며 실현된 ABB형 본딴말의 실례 :

모슬모슬→모스스
버글버글→버그그
아슬아슬→아스스

조선어 ABB형 본딴말에서 다수를 이루는 것은 둘째 유형이다. 약
110여 개 정도 있다.

첫째 유형의 본딴말, 즉 둘째 음절과 셋째 음절이 똑같은 상징소로
된 본딴말은 11개 밖에 안 되는데 다음과 같은 것들이 있다.

꽈당당, 두둥둥, 뒤숭숭, 보동동, 아하하, 애해해, 으허허, 화닥닥, 후닥
닥, 우닥닥, 와닥닥

중국어의 ABB형은 다시 'A+BB'형과 'AB+B'형으로 나누이며 'AB+
B'형은 또다시 '명사+BB'형, '동사+BB'형, '형용사+BB'형으로 나눈다.
이와 같은 본딴말들은 대부분 모양본딴말에 속한다.

다음의 표를 통하여 그러한 실례를 들어보기로 한다.

[표 8]

| 구분 | 중국어ABB형 | 중국어병음 | 뜻 |
|------|-----------|-----------|-----|
| 명사+<br>BB형 | 涙汪汪 | leiwangwang | 눈물이 흐르는 모양을 나타내는 말. |
| | 氣呼呼 | qihuhu | 숨이 차는 모양을 나타내는 말. |
| 형용사<br>+BB형 | 熱乎乎 | rehuhu | 더운 느낌이 있는 모양을 나타내는 말. |
| | 軟乎乎 | ruanhuhu | 부드러운 느낌이 있는 모양을 나타내는 말. |
| | 傻乎乎 | shahuhu | 멍청하고 바보 같은 모양을 나타내는 말. |
| | 暈乎乎 | yunhuhu | 어지러운 모양을 나타내는 말. |
| | 胖乎乎 | panghuhu | 사람이 보기 좋을 정도로<br>살찐 모양을 나타내는 말. |
| | 胖嘟嘟 | pangdudu | |
| | 肉乎乎 | rouhuhu | |
| | 肥嘟嘟 | feidudu | |
| | 圓嘟嘟 | yuandudu | 얼굴이 동글게 생긴 모양을 나타내는 말. |
| | 鬧哄哄 | naohonghong | 사람이 모여서 소란스러운 모양 또는 소리를<br>나타내는 말. |
| | 亂哄哄 | luanhonghong | |

| | | | |
|---|---|---|---|
| 형용사<br>+BB형 | 暖烘烘 | nuanhonghong | 좀 따뜻한 느낌을 나타내는 말. |
| | 臭烘烘 | chouhonghong | 구린 냄새가 나는 모양을 나타내는 말. |
| | 傻兮兮 | shixixi | 멍청하고 바보 같은 모양을 나타내는 말. |
| | 臟兮兮 | zangxixi | 옷차림 같은 것이 어지러운 모양을 나타내는 말. |
| | 黑兮兮 | heixixi | 하늘이 침침하고 어두운 모양을 나타내는 말. |
| | 黑沉沉 | heichenchen | |
| | 陰沉沉 | ynchenchen | |
| | 慢悠悠 | manyouyou | 어떤 동작이나 행위가 느린 모양을 나타내는 말. |
| | 淡悠悠 | danyouyou | 무관심하거나 별로 내키지 않아 하는 모양을<br>나타내는 말 |
| 동사+<br>BB형 | 顫悠悠 | chanyouyou | 흔들흔들 하는 모양을 나타내는 말. |
| | 笑咪咪 | xiaomimi | 웃는 모양을 나타내는 말. |
| | 樂呵呵 | lehehe | |
| | 笑眯眯 | xiaomimi | |
| | 笑嘻嘻 | xiaoxixi | |
| AB+<br>B형 | 哗啦啦 | hualala | 물이 흐르는 소리를 나타내는 말. |
| | 哗啦啦 | hualala | 비가 오는 소리를 나타내는 말. |
| | 淅歷歷 | xilili | |
| | 咕嚕嚕 | gululu | 배가 고플 때 배에서 나는 소리를 나타내는 말. |
| | 滴溜溜 | diliuliu | 눈을 영리하게 돌리는 모양을 나타내는 말. |
| | 骨碌碌 | gululu | |

중국어의 '명사＋BB'형, '형용사＋BB'형, '동사＋BB'형 본딴말들을 그에 대응되는 조선어 본딴말과의 관계 속에서 보면 조선어의 파생형 본딴말의 부류에 해당된다고 말할 수 있다. 그것은 이 부류의 중국어 본딴말들이 동사, 형용사, 명사와 같은 개념 대응적인 보통의 단어들과 발생적 상관관계를 맺고 있기 때문이다.

중국어의 'A＋BB'로 분석되는 'ABB'형 본딴말에서 'A'는 실질적 의미를 가진 것이고 'BB', 즉 위의 표에서 볼 수 있는 '汪汪', '乎乎/呼呼', '嘟嘟', '哄哄', '兮兮', '悠悠', '沉沉', '眯眯／咪咪', '呵呵', '嘻嘻' 같은 것

들은 음성 상징적 의미를 나타내는 상징소적인 것이라고 할 수 있다.

중국어 본딴말에서도 조선어 본딴말에서와 마찬가지로 말뿌리의 끝 부분에 음성상징적 의미를 나타내는 여러 가지 상징소들이 출현하면서 미묘한 의미분화적 또는 의미색채적 차이를 나타내는 현상이 있다.

그러면 이와 관련한 실례 몇 가지를 들어보기로 한다.

> ○ 他的臉胖嘟嘟(肥嘟嘟/胖乎乎/肉乎乎)的.
> (그의 얼굴은 포동포동 살이 올라 보기에 아주 귀엽다.)

> ○ 女儿的手胖乎乎(肉乎乎)的摸起來很舒服.
> (딸애의 손은 포동포동 살이 올라 만질 때 매우 부드럽다.)

위의 두 예문에 쓰인 '嘟嘟'와 '乎乎'는 비슷한 상징적 의미를 가진 상징소들이지만 '嘟嘟'의 경우에는 반드시 '胖'이나 '肉'의 뒤에 있으면서 얼굴모양만을 나타내는 제한성을 가진다. 그러나 '乎乎'는 얼굴모양뿐 아니라 손을 비롯한 몸의 여러 부위를 나타낼 수 있다.


## 3. ABC형 본딴말

세 음절이 다 서로 다른 ABC형 본딴말들은 중국어에는 별로 없고 조선어에는 비교적 많다. ≪조선말대사전≫에는 '거불떡', '달까닥', '바드 득', '쏠라닥', '아웅당'과 같은 ABC형 본딴말이 687개 올라있다.

첫음절 첫소리를 기준으로 하여 볼 때 ABC형 본딴말에서 제일 많은 수를 차지하는 것의 하나는 순한소리 'ㄷ'으로 시작되는 것인데 이러한 본딴말은 다음과 같은 것들이다.

다당실, 다르륵, 다르릉, 달가닥, 달가당, 달가락
달그락, 달그랑, 달카닥, 달카당, 달까닥, 달싹궁
당그랑, 더덩실, 덜거덕, 덜거덩, 덜그럭, 덜그렁
덜커덕, 덜커덩, 덜꺼덕, 덜꺼덩, 덜썩궁, 덩그럭
덩그렁, 덩더럭, 덩더꿍, 도동실, 도두룩, 도드락
도로록, 두둥실, 두르륵, 두꺼덕, 드르렁, 드르륵
들써덕, 들썩쿵, 댁대글, 댕가당, 댕그랑, 데거덕
데구루, 데그럭, 뎅가당, 뎅거덩, 뎅그렁

조선어 ABC형 본딴말은 어음-형태적 견지에서 볼 때 기본적으로 C음절 덧붙음형, B음절 끼움형, B음절 끝소리빠짐형, A음절 붙음형의 네 가지 유형으로 나누인다.

## 1) C음절붙음형

이 유형은 AB형 본딴말의 어음구성이 그대로 유지된 상태에서 뒤에 새로운 음절 C가 덧붙으면서 이루어진 본딴말 유형이다.

실례 : 쫘당+탕→쫘당탕
기울+떡→기울떡
꼬불+딱→꼬불딱
살짝+꿍→살짝꿍

## 2) B음절끼움형

이 유형은 AB형 본딴말의 가운데, 즉 A음절과 B음절사이에 새로운 음절 B가 끼우면서 이루어지는 본딴말유형이다. 이러한 경우 본래의 B 음절은 마지막 음절 C로 된다.

실례 : 드렁-드+르+렁→드르렁

부릉-부+르+릉→부르릉

### 3) B음절 끝소리 빠짐형

이 유형은 AB형 본딴말의 두 번째 음절인 B의 받침소리가 빠진 상태에서 새로운 음절C가 덧붙으면서 이루어진 본딴말 유형이다.

실례로 '뱅그르', '바드득', '털써덕', '스르륵' 같은 것을 들 수 있다. '뱅그르'는 '뱅글'에 '르'가, '바드득'은 '바득'에 '득'이, '털써덕'은 '털썩'에 '덕'이, '스르륵'은 '스륵'에 '륵'이 첨부되면서 이루어진 본딴말인데 발음의 순탄성을 보장하며 새로운 의미색깔을 주기 위해 두 번째 음절의 받침소리들이 빠졌다.

이 유형은 조선어 ABC형 본딴말들 가운데서 제일 많은 자리를 차지한다.

### 4) A음절덧붙음형

이 유형은 AB형 본딴말의 첫 번째 음절인 A앞에 새로운 음절 A가 덧붙으면서 이루어진 본딴말 유형이다. 이 유형의 본딴말이 이루어지는 경우 본래의 앞음절 A는 B음절로, 본래의 뒷음절 B는 C음절로 된다.

실례 : 당실-다+당+실→다당실

둥실-두+둥+실→두둥실

덩실-더+덩+실→더덩실

우리는 위에서 본 네 가지 유형의 본딴말에 대한 고찰을 통하여 ABC형 본딴말이 AB형 본딴말과 어음-형태적으로 밀접히 연관되어 있음을 알 수 있다.

그런데 여기에서 우리는 ABC형 본딴말이 AB형 본딴말과 어음－형태적으로만이 아니라 의미적으로도 밀접한 상관관계를 맺고 있다는 데 대하여 강조하게 된다.

어떤 사전에서는 올림말 '부릉'을 '부르릉'의 준말로, '스륵'은 '스르륵'의 준말로 풀이하였는데 이것은 AB형 본딴말과 ABC형 본딴말은 의미면에서는 차이가 없고 단지 어음－형태에서만 차이가 있다고 보는 데서 출발한 풀이방식이다. 그러나 이러한 이해는 극히 피상적인 것이다.

본딴말의 의미는 음성상징적인 의미이므로 본딴말에서의 모든 어음－형태적인 변화는 곧 의미변화를 초래하며 본딴말들 사이에서 볼 수 있는 어음상의 공통성과 차이점은 곧 본딴말들 사이의 의미적 관계에 반영되는 것이 하나의 법칙적 현상으로 된다. 이러한 법칙은 AB형 본딴말과 ABC형 본딴말의 관계에서도 그대로 작용한다.

그러면 이와 관련하여 앞에서 실례로 든 AB형 본딴말과 ABC형 본딴말의 쌍들에서 나타나는 의미적 관계를 고찰하기로 한다.

　◦ 살짝 : 살짝꿍, 꽈당 : 꽈당탕
- '살짝'과 '살짝꿍'은 다같이 '남이 모르게 재빨리 행동하는 모양을 나타내는 말'이므로 의미적공통성이 있다. 그러나 '살짝'의 뒤에 상징소 '꿍'이 붙은 '살짝꿍'은 '귀엽게 행동한다'는 뜻이 더해지므로 '살짝'과 의미분화적인 대응관계를 맺는다.

- '꽈당'은 '마루바닥 같은 데 무거운 물체가 떨어지거나 발로 마루바닥 같은 것을 세게 구를 때 나는 소리를 나타내는 말'로서의 뜻을 가지며 '꽈당탕'은 '꽈당'의 뜻에 '매우 요란스럽고 거칠다'는 뜻을 첨부하여 나타낸다.

　　그리하여 이 두 본딴말은 기본뜻에서는 동질적인 관계에 있지만 뜻
의 미세한 측면에서는 의미분화적인 상관관계를 맺는다.

- 　ｏ 드렁 : 드르렁, 부릉 : 부르릉
- '드렁'은 '어지간히 크게 울리는 소리' 또는 '어지간히 크게 코를 고
  는 소리'를 나타내는 말로서 반복형 본딴말 '드렁드렁'의 말뿌리적
  구성요소로 된다. 그런데 음절 '르'가 둘째음절로 들어간 '드르렁'은
  '어지간히'가 아니라 '매우 크게 울리는 소리' 또는 '매우 요란스럽
  게 코를 고는 소리'를 나타내므로 두 본딴말은 동일성과 차이성의
  관계, 즉 상관적 대응관계를 맺는다.

- '부릉'과 '부르릉'은 다 같이 발동기 같은 것이 돌아갈 때 나는 소리
  를 나타내기 때문에 의미적 공통성이 있으면서도 '부릉'은 '예사롭
  고 좀 빠르게 나를 소리'를, '부르릉'은 '요란스럽고 좀 뜨게 나는
  소리'를 나타내므로 의미분화적 관계에 놓인다.

- 　ｏ 스륵 : 스르륵, 털썩 : 털써덕
- '스륵'과 '스르륵'은 다 같이 물건이 쓸리면서 나는 소리를 나타내는
  말이므로 의미적 공통성이 있다. 그러나 '스륵'은 좀 짧게 나는 소리
  를, '스르륵'은 '스륵'과 대조되게 좀 길고 시원스럽게 나는 소리를
  나타내므로 이 두 본딴말은 의미분화적 상관관계에 있다.

- 문장 '그는 바위 우에 털썩 앉아 벌렁 드러눕고 말았다.'에 쓰인 '털
  썩'과 문장 '순희는 그만 털써덕 주저앉고말았다'에 쓰인 '털써덕'은
  '사람이 갑자기 맥없이 주저앉는 모양 또는 그 소리를 나타내는 말
  들로서 의미적 공통성이 있다. 그런데 '털써덕'의 의미에는 '둔하고 무
  겁게 주저앉는다'는 의미색채가 첨부되어 있다.

　　따라서 이 두 본딴말들도 의미분화적인 상관관계를 맺는다.

- ∘ 덩실 : 더덩실
- • '덩실'과 '더덩실'은 '팔과 다리를 장단에 맞추어 가볍게 춤을 추는 모양을 나타내는 말'로서의 의미적공통성이 있다. 그러나 '더덩실'의 뜻에서는 '매우 흥겹게 춤을 춘다'는 점이 보다 강조되기 때문에 이 두 본딴말들도 기본의미는 같으나 문체적 뜻빛갈에서 약간의 차이가 있는 뜻비슷한말의 계열을 이룬다.


## 제4절 4음절 본딴말 대비 고찰

조선어와 중국어의 4음절 본딴말을 통틀어 놓고 유형별로 갈라보면 ABAB형, AABB형, ABCB형, ABCC형, ABCD형, ABAC형의 여섯 가지 유형들이 있다.

그러면 아래로 내려가면서 매 유형의 특성들을 조·중 두 언어의 대비속에서 고찰하기로 한다.


### 1. ABAB형 본딴말

'방글방글', '뚝딱뚝딱'과 같은 4음절 ABAB형 본딴말은 2음절로 구성된 말뿌리 AB가 반복된 것으로서 조선어 본딴말 총수의 근 50%, 4음절 본딴말의 대부분을 이루는 조선어 본딴말의 기본형태이다. ≪조선말대사전≫에는 이 유형의 본딴말이 3,206개나 올라 있다.

조선어 4음절 ABAB형 본딴말의 구조적 특성에 대해서는 이미 제3장에서 구체적으로 보았으므로 여기에서는 다시 서술하지 않는다.

중국어에서도 4음절 ABAB형 본딴말은 가장 수가 많고 대표적인 본딴말 형태이다. 중국어 ABAB형 본딴말도 조선어 ABAB형 본딴말과 같이 2음절 본딴말인 AB형이 반복되면서 이루어진다.

이러한 점에서 조·중 두 나라의 4음절 ABAB형 본딴말은 공통성이 있다. 아래의 표에 중국어 ABAB형 본딴말의 실례들을 보이기로 한다.

[표 9] 중국어 ABAB형 본딴말

| 구분 | 중국어 | 중국어병음 | 뜻 |
|---|---|---|---|
| 소리<br>본딴말 | 哎哟哎哟 | aiyaoaiyao | 앓음소리를 나타내는 말. |
| | 咯吱咯吱 | gezhigezhi | 무엇을 씹을 때 내는 소리를 나타내는 말. |
| | 咕嘟咕嘟 | gudugudu | 물을 마실 때 내는 소리를 나타내는 말. |
| | 咯噔咯噔 | gedenggedeng | 신발로 바닥을 밟으며 걷는 소리를 나타내는 말. |
| | 咔嚓咔嚓 | kacakaca | 가위로 무엇을 자를 때 나는 소리를 나타내는 말. |
| | 嘀嗒嘀嗒 | didadida | 시계추 소리를 나타내는 말. |
| | 噗通噗通 | putongputong | 물고기가 물에서 뛰는 소리를 나타내는 말. |
| 모양<br>본딴말 | 一眨一眨 | yizhayizha | 눈을 깜박이는 모양을 나타내는 말 |
| | 一口一口 | yikouyikou | 조금씩 천천히 먹는 모양을 나타내는 말. |
| | 一伸一伸 | yishenyishen | 먹을 때 혀를 놀리는 모양을 나타내는 말. |
| | 一動一動 | yidongyidong | 먹을 때 입술을 움직이는 모양을 나타내는 말. |
| | 一嘀一嘀 | yidiyidi | 물이 흐르는 모양을 나타내는 말. |
| | 一團一團 | yituanyituan | 구름이나 연기가 피여오르는 모양을 나타내는 말 |
| 모양<br>본딴말 | 呼哧呼哧 | huchihuchi | 숨이 차하는 모양을 나타내는 말. |
| | 噗腾噗腾 | putengputeng | 새가 나는 모양을 나타내는 말. |
| | 蹦达蹦达 | bengdabengda | 메뚜기 같은 것이 뛰는 모양을 나타내는 말. |

이 표에서 볼 수 있는 모양본딴말들이나 소리본딴말들은 다 AB형의 반복으로 이루어진 것이다. 다시 말해 '哎哟'로부터 '哎哟哎哟'가, '咯吱'로부터 '咯吱咯吱'가, '咕嘟'로부터 '咕嘟咕嘟'가, '咯噔'으로부터 '咯噔咯噔'이, '咔嚓'로부터, '咔嚓咔嚓'가, '嘀嗒'로부터 '嘀嗒嘀嗒'가, '噗通'으로부터 '噗通噗通'이 이루어졌다.

중국어 ABAB형 본딴말 중에는 '一口一口', '一眨一眨', '一團一團' 등과 같은 '一X一X'형태의 모양본딴말이 많은 것이 특징적이다.

본딴말에서 '一'는 흔히 어떤 동작이나 행위를 한 번 한다는 의미를 가지는데 '一'가 1음절과 3음절로 반복되어 나타나면 동작이 거듭 이루어진다는 것을 강조하는 의미가 표현된다.


## 2. AABB형 본딴말

조선어 본딴말에는 AABB형 본딴말이 매우 적다. ≪조선말대사전≫에 오른 것은 모두 9개뿐이다.

이 본딴말들은 '뛰뛰빵빵', '새새콜콜', '시시콜콜', '지지배배', '지지콜콜', '칙칙푹푹'과 같이 뜻이 서로 다른 2음절 반복형 본딴말들, 즉 'AA'형이 결합된 것(결합되면서 뒤의 말뿌리 'AA'형은 'BB'형으로 된다)과 '휘휘친친', '휘휘칭칭'과 같이 2음절 본딴말인 AB형이 반복되데 A는 A끼리, B는 B끼리 모이는 방식으로 이루어진 두 가지 유형으로 나누인다.

중국어 본딴말에는 AABB형 본딴말이 매우 많다. 이 유형의 본딴말이 조선어에는 극히 드문데 반해 중국어에는 많다는 사실은 조·중 두 나라 본딴말의 민족적 특성에서 나타나는 차이를 크게 부각시키는 점의 하나가 된다.

그러면 아래의 표를 통해 중국어 AABB형 본딴말의 전형적인 실례 몇 가지를 보기로 한다.

[표 10] 중국어 AABB형 본딴말

| 구분 | 중국어 | 중국어병음 | 뜻 |
|------|--------|------------|-----|
| 모양<br>본딴말 | 扎扎實實 | zhazhashishi | 일을 처리하는 태도가 차분하고 실속이 있는<br>모양을 나타내는 말. |
| | 本本分分 | benbenfenfen | |
| | 磕磕巴巴 | kekebaba | 말을 더듬는 모양을 나타내는 말. |
| | 恍恍惚惚 | huanghuanghuhu | 정신이나 기억이 오락가락하는 모양을<br>나타내는 말. |
| | 搖搖擺擺 | yaoyaobaibai | 병아리나 오리처럼 비뚝거리면서 걷는 모양<br>또는 동작을 느리고 흔들거리며 하는 모양을<br>나타내는 말. |
| | 叽叽咕咕 | jijigugu | 남이 알아들을 수 없게 끊임없이 작은 소리로<br>말하고 있는 모양 또는 여러 사람들이 모여서<br>말하는 모양을 나타내는 말. |
| | 病病歪歪 | bingbingwaiwai | 병이 있는 모양을 나타내는 말. |
| | 昏昏沈沈 | hunhunchenchen | 머리가 뻥하고 혼란된 모양을 나타내는 말. |
| | 花花綠綠 | huahualulu | 색갈이나 무늬가 고르지 않고 얼룩덜룩한<br>모양을 나타내는 말. |
| | 戰戰競競 | zhanzhanjingjing | 무섭거나 추워서 떠는 모양을 나타내는 말. |
| | 歪歪扭扭 | waiwainiuniu | 기울어지거나 쏠려있는 모양을 나타내는 말. |
| | 蹦蹦跳跳 | bengbengtiaotiao | 토끼가 뛰는 모양을 나타내는 말. |
| 소리<br>본딴말 | 嘀滴咕咕 | didigugu | 입속말로 하거나 혼자말을 하는 소리를<br>나타내는 말. |
| | 嘟嘟囔囔 | dudunangnang | 비가 오는 소리를 나타내는 말. |
| | 淅淅歷歷 | xixilili | 벨을 울릴 때 나는 소리를 나타내는 말. |
| | 叮叮铛铛 | dingdingdangdang | 유리나 사기그릇, 쇠부치 같은 것이 부딪칠 때<br>나는 소리를 나타내는 말. |
| | 哼哼唧唧 | henhengjiji | 아플 때 내는 앓음소리를 나타내는 말. |
| | 叽叽喳喳 | jijizhazha | 제비가 우는 소리를 나타내는 말. |

표에 제시된 중국어 AABB형 본딴말들도 ABAB형 본딴말과 마찬가지로 AB형이 반복된 것이다.

이와 같은 반복은 어떤 강조적인 의미를 나타내기 위한 두 개의 어휘적 의미를 가진 말뿌리적 단위의 반복이 아니라 모양이나 소리를 나타내는 본딴말로서의 의미적 특성이 표현되게 하는 것이다.

AB형인 '扎實', '本分', '磕巴', '慌惚', '搖擺' 등은 본딴말이 아니라 개념대응적인 일반단어적인 것이지만 AABB형인 '扎扎實實', '本本分分', '磕磕巴巴', '恍恍惚惚', '搖搖擺擺'와 같이 되면서 표상대응적인 모양을 나타내는 말, 즉 반복형 본딴말로 된다. 예를 들면 '他一直在嘰咕'라고 하면 '그는 계속 <u>종알거린다</u>'로 되지만 '他一直在嘰嘰咕咕'라고 하면 '그는 계속 <u>종알종알</u> 말한다'와 같이 된다.

### 3. ABCB형 본딴말

ABCB형은 같은 말뿌리가 반복되데, 반복되는 말뿌리들의 앞음절이 변종적인 차이를 가지면서 겹치는 본딴말이다. 실례로 들면 '얼럭덜럭', '오불꼬불'과 같은 본딴말이다.

이 유형의 본딴말은 중국어에서는 거의 찾아볼 수 없다.

ABCB형 조선어 본딴말의 의미-구조적 특성에 대하여서는 제3장 3절 '조선어 본딴말의 구조적 부류'에서 비교적 상세히 보았으므로 여기서는 다시 고찰하지 않는다.

### 4. ABCC형 본딴말

조선어 ABCC형 본딴말은 세 번째와 네 번째 음절이 똑같은 '가치르르', '빙그르르', '거푸시시', '아리숭숭', '어리떨떨', '어리뺑뺑', '푸르청청', '할기족족' 같은 것이다.

여기에서 기본으로 되는 것은 '가치르르', '바그르르', '함치르르'와 같은 세 번째와 네 번째 음절이 '르'로 된 것이다.

≪조선말대사전≫에는 ABCC형 본딴말이 85개 올라있는데 '가치르르'와 같은 부류의 본딴말이 60개이며 이와 다른 ABCC형은 다 해서 25개뿐이다.

그러면 ≪조선말대사전≫에 오른 '…르르'형 부류와 그 밖의 ABCC형 본딴말 목록을 아래에 보이기로 한다.

　◦ '…르르'형 부류
　가치르르, 거치르르, 나스르르, 너스르르, 다그르르, 대구르르
　대그르르, 데구르르, 데그르르, 도그르르, 두그르르, 디구르르
　바그르르, 반지르르, 버그르르, 번드르르, 번지르르, 보그르르
　부그르르, 빗찌르르, 빙그르르, 뱅그르르, 자그르르, 지그르르
　챙채르르, 핑그르르, 팽그르르, 함치르르, 흠치르르, 까치르르
　꺼치르르, 때구르르, 때그르르, 떼구르르, 떼그르르, 또그르르
　뚜그르르, 빠그르르, 빤드르르, 빤지르르, 뻔드르르, 뻔지르르
　뽀그르르, 뿌그르르, 삐그르르, 삐조르르, 뼁그르르, 뺑그르르
　짜그르르, 찌그르르, 아그르르, 야드르르, 오그르르, 우그르르
　으그르르, 이드르르, 잉그르르, 와그르르, 워그르르, 왜그르르

　◦ '…르르'형 밖의 부류
　거푸수수, 거푸시시, 두리둥둥, 동기당당, 푸르딩딩, 푸르청청
　할기족족, 홀기죽죽, 훌기죽죽, 홀미죽죽, 까르깔깔, 아리송송
　아리숭숭, 알곰삼삼, 알금삼삼, 알금솜솜, 어두캄캄, 어둑충충
　어둑캄캄, 어둠컴컴, 어리떨떨, 어리뻥뻥, 얼금삼삼, 얼금숨숨
　얼기설설

'가치르르', '또르르'와 같은 '…르르'형 본딴말들은 '가칠가칠', '빙

글빙글'과 같이 반복되는 두 말뿌리의 끝음절 받침소리 'ㄹ'이 '르'가 되고 두 번째 말뿌리의 다른 음절들은 축약되면서 이루어진 형태라고 볼 수 있다.

여기에서 원형적으로 되는 것과 그 어음축약 및 변화형으로 되는 것의 의미적 관계는 뜻 비슷한 관계이다.

원형적인 것과 축약 밑 변형적인 것은 발생적으로 밀접히 연관되어 있으므로 기본의미에서는 공통성이 있다. 그러나 말소리와 의미의 관계가 보다 밀접하고 직선적인 본딴말에서는 말소리에서의 모든 변화가 의미에 반영되기 마련이므로 원형적인 것과 그 축약 밑 변화형 사이에서는 미세한 의미분화 현상이 생긴다.

그러면 이에 대하여 '반질반질'과 '반지르르'를 실례를 들어 의미적 측면에서 대비 고찰하는 과정을 통하여 구체적으로 살펴보기로 한다.

≪조선말대사전≫에서 이 두 본딴말의 뜻을 다음과 같이 풀이하였다.

반질반질
① 물체의 거죽이 기름기가 돌고 매끄러운 모양을 나타내는 말.
│ 언제나 부뚜막이 깨끗하고 솥뚜껑은 <u>반질반질</u> 윤이 나게 닦았다.

② 사람이 빤빤스럽고 얌치가 없는 모양을 나타내는 말.
│ 그 사람이야 <u>반질반질</u> 매끄러워서 틀어쥐기가 여간 아닐걸세.

반지르르
① 기름기나 물기같은 것이 묻어서 매끄럽고 윤기가 도는 모양을 나타내는 말.
│ 마루바닥이 <u>반지르르</u> 윤이 돌다.

② 말이 실속은 없고 겉으로만 그럴듯하거나 얄미울 정도로 매끄러운

모양을 나타내는 말.

| 아첨쟁이는 보통 말에 <u>반지르르</u> 기름을 바른다.

'반질반질'의 두 뜻과 '반지르르'의 두 뜻을 각각 비교하여 보면 첫째 뜻들은 다 같이 '윤기가 돌고 매끄러운 모양'을 나타내는 데서 공통성이 있으면서 '반지르르'에서만 그러한 모양이 '기름이나 물이 묻은 것'과 관련된다는 점이 더 보충되므로 하여 미세한 의미적 차이가 있다.

둘째 뜻들은 다 같이 사람의 성품이 '매끄럽고 위선적이며 염치가 없는 모양'을 나타내는 데서 공통성이 있으면서 '반지르르'에서만 그러한 모양이 사람의 말과 관련되는 것으로 한정되므로 하여 섬세한 의미적 차이가 있다.

필자는 여기에서 '반질반질'과 같은 원형적인 본딴말 그 어음축약형인'반지르르'의 의미적 관계는 기본뜻에서는 공통성이 있으나 원형적인 것은 예사적인 것을 나타낸다면 축약형은 정도가 보다 심한 것을 나타내는 의미분화적인 관계로 볼 수 있다는 것을 강조하려고 한다.

중국어에도 ABCC형 본딴말이 일정한 양 존재한다. 중국어의 이 유형의 본딴말은 대체로 명사, 동사에 상징소가 중첩되어 붙은 것이다.

그러면 아래의 표를 통하여 중국어 ABCC형 본딴말의 실례들을 보기로 한다.

[표 11] 중국어 ABCC형 본딴말

| 구분 | 중국어 | 한의병음 | 뜻 |
|------|--------|----------|-----|
| 명사 | 神采奕奕 | shencaiyiyi | 정신상태가 아주 좋은 모양을 나타내는 말. |
|      | 怒氣沖沖 | nuqichongchong | 성이 나고 감정이 격동하는 모양을 나타내는 말. |
|      | 興致勃勃 | xhingzhibobo | 무엇에 관심을 가지는 모양을 나타내는 말. |
| 동사 +CC | 氣喘吁吁 | qichuanxuxu | 숨이 차서 헐떡거리는 모양을 나타내는 말. |

이 표에 오른 ABCC형 본딴말들에서 AB에 해당하는 '神采', '怒氣', '興致'는 명사이고 '氣喘'는 동사이며 CC에 해당하는 '奕奕', '沖沖', '勃勃', '吁吁'는 중첩형 상징소이다.


## 5. ABCD형 본딴말

조선어의 ABCD형 본딴말은 4개의 음절이 다 서로 다른 '슬근살짝', '얼렁뚱땅', '와당퉁탕' 같은 본딴말이다.

이 유형의 본딴말은 서로 다른 두 개의 말뿌리가 합성되어 이루어진 본딴말의 한 부류이다.

조선어 ABCD형 본딴말은 수량적으로 볼 때 53개로서 다른 유형의 4음절 본딴말에 비하면 제일 적은 편이다.

조선어의 ABCD형 본딴말의 의미—구조적 특성에 대해서도 제3장 3절에서 이미 서술한 바가 있으므로 더 언급하지 않고 여기에서는 다만 ≪조선말대사전≫에 오른 ABCD형 본딴말의 목록을 보이려고 한다.

<u>조선어 ABCD형 본딴말의 목록</u>
덩더러꿍, 두리뭉실, 뱐미주룩, 사부자기, 슬근살짝, 시룽새룽,
하리망당, 하리타분, 할레발딱, 헐레벌떡, 호탑지근, 후닥뚝딱,
훌근번쩍, 흐리멍텅, 흐리무춪, 흔들삐죽, 희무스름, 희스무레,
희뜩벌긋, 히죽벌쭉, 해뜩발긋, 해스무레, 꼼짝달싹, 끔벅번쩍,
빠걱빼각, 쌔근발딱, 씨근벌떡, 어슴푸레, 알랑똥땅, 앙기조춤,
어리뚱땅, 어리멍청, 얼근드레, 얼렁뚱땅, 엉거주춤, 오지끈딱,
옴짝달싹, 옴쭉달싹, 와글북적, 와당퉁탕, 와삭버석, 와작그르,
와자지껄, 왈각덜걱, 왈랑절렁, 왈칵덜컥, 왱뎅그렁, 우글벅작,
우당퉁탕, 우지끈딱, 움적달싹, 움쭉달싹, 짝짜그르

중국어의 ABCD형 본딴말은 조선어 ABCD형 본딴말에 비해 많다. 그 가운데는 4자성구로 된 모양본딴말도 적지 않다.

아래의 표에 중국어 ABCD형 모양본딴말들의 실례들을 보인다.

[표 12] 중국어 ABCD형 모양본딴말

| 구분 | 중국어 | 중국어병음 | 뜻 |
|---|---|---|---|
| 소리<br>본딴말 | 稀哩呼嚕 | xilihulu | 물이나 죽 같은 것을 마실 때 내는 소리를 나타내는 말. 조선어 '후두룩'과 같은 것이다. |
| | 噼里啪啦 | pilipala | 폭죽 같은 것이 터질 때 나는 소리를 나타내는 말. 조선어 '탕탕', '탁택'과 같은 것이다. |
| 모양<br>본딴말 | 手忙脚亂 | shoumangjiaoluan | 정신없이 서두르는 모양을 나타내는 말. 조선어 '허둥지둥'과 같은 것이다. |
| | 輕描淡寫 | qingmiaodanxie | 일을 대강대강 하는 모양을 나타내는 말. 조선어 '얼렁뚱땅'과 같은 것이다. |
| | 千頭萬緒 | qiantouwanxu | 이리저리 뒤얽혀있는 모양을 나타내는 말. 조선어 '얼기설기'와 같은 것이다. |
| | 爭長竟短 | zhengchangjingduan | 사람들이 서로 다투는 모양을 나타내는 말. 조선어 '옥신각신'과 같은 것이다. |
| | 顚三倒四 | diansandaosi | 정신이 흐리흐리한 모양을 나타내는 말. 조선어 '흐리멍텅'과 같은 것이다. |

## 6. ABAC형 본딴말

조선어 본딴말에서는 ABAC형의 본딴말을 찾아 볼 수 없다. ≪조선말대사전≫에는 ABAC형의 부사로서 '겸사겸두', '연해연송', '연해연신' 3개가 올라있는데 이 단어들은 일반부사이지 본딴말이 아니다.

중국어에는 ABAC형의 여러 가지 부류의 본딴말이 있는데 특히 '有B有C'형과 '一B一C'형이 주목된다. 다음의 표에 중국어 ABAC형 본딴말의 실례들을 보인다.

[표 13] 중국어 ABAC형 본딴말

| 중국어 | 중국어병음 | 뜻 |
|---|---|---|
| 慌裏慌張 | huanglihuangzhang | 불안하고 당황한 모양을 나타내는 말. |
| **哆裏哆嗦** | duoliduosu | 무섭거나 추워서 떠는 모양을 나타내는 말. |
| 糊裏糊塗 | hulihutu | 어리둥절해서 정신을 차리지 못하는 모양을 나타내는 말. |
| 火燒火燎 | huoshaohuoliao | 성이 나는 모양을 나타내는 말. |
| 大紅大綠 | dahongdalu | 빛깔과 무늬 같은 것이 고르지 않은 모양을 나타내는 말. |
| 有頭有序 | youtouyouxu | 일을 조리 있게 하는 모양을 나타내는 말. |
| 有條有理 | youtiaoyouli | |
| 一瘸一拐 | yigueyiguai | 절름거리는 모양을 나타내는 말. |

이상에서 1음절로부터 4음절까지의 조선어와 중국어의 본딴말들을 대비 고찰하였다.

이 고찰을 통하여 우리가 도출할 수 있는 결론은 첫째, 조선어에서는 자음교체, 모음교체와 같은 어음론적 현상, 상징소의 풍부성 등으로 하여 중국어보다 훨씬 다양하고 많은 본딴말들이 조성된다는 것이다.

둘째, 유형적 견지에서 볼 때 조선어와 중국어가 1음절~3음절까지는 차이가 없으나 4음절 본딴말에서는 일정한 차이가 있는데 그 차이는 조선어에는 ABAB형(3,206개), ABCB형(339개), ABCC형(95개), ABCD형(66개), AABB형(9개), ABAC형(3개)의 6가지가 유형이 있고 중국어에는 AABB형, ABAB형, ABAC형, ABCC형의 4가지 유형만이 있다는 것이다.

두 언어의 본딴말유형에서 나타나는 이와 같은 공통성과 차이점을 다음의 표를 통하여 직관적으로 보인다.

[표 14] 조·중 두 언어의 본딴말유형

| 음절수 | 조선어 음절수별 유형 | 중국어 음절수별 유형 |
|---|---|---|
| 1음절 | A형 | A형 |
| 2음절 | AA형, AB형 | AA형, AB형 |
| 3음절 | AAB형, ABB형 | AAB형, ABB형 |
| 4음절 | ABAB형, ABCB형, ABCC형, ABCD형, AABB형, ABCC형 | AABB형, ABAB형, ABAC형, ABCC형 |

# 부록

가굴가굴     가붓가붓     간댕간댕
가닥가닥     가스스     간실간실
가동가동     가슬가슬     간종간종
가드락가드락     가시시     간질간질
가득     가실가실     갈가리
가득가득     가치르르     갈갈
가들가들     가치작가치작     갈강갈강
가들랑가들랑     가칠가칠     갈그랑갈그랑
가들막가들막1     가칫가칫     갈근갈근
가들막가들막2     가탈가탈     갈기갈기
가랑가랑1     가뜩     갈깃
가랑가랑2     가뜩가뜩     갈깃갈깃
가랑가랑3     가뿍     갈래갈래
가르랑     가뿍가뿍     갈팡질팡
가르랑가르랑     가뿐가뿐     갈쌍
가리가리     가뿟가뿟     갈쌍갈쌍
가리산지리산     가쯘가쯘     갈씬갈씬
가물가물     각삭각삭     갉작갉작
가뭇가뭇     간닥     갉죽갉죽
가밀가밀     간닥간닥     감감
가밋가밋     간당간당     감숭감숭
가박가박     간드락간드락     감실감실1
가분가분     간드랑간드랑     감실감실2
가불가불1     간드작간드작     감싯감싯
가불가불2     간득간득     감작감작
가불딱가불딱     간들간들     갑삭1
가불짝가불짝     간들막간들막     갑삭2

갑삭갑삭1
갑삭갑삭2
갑신
갑신갑신
강굴강굴
강동강동
강둥강둥
강장강장
강종강종
강중강중
강총
강총강총
강충1
강충2
강충강충
강똥강똥
강뚱
강뚱강뚱
갸름갸름
갸우랑갸우랑
갸우뚱
갸우뚱갸우뚱
갸울갸울
갸울딱
갸울딱갸울딱
갸웃
갸웃갸웃
갈쑥갈쑥
갈쑴갈쑴
갈쭉갈쭉
갈쫌갈쫌
갈찍갈찍
거느시
거덕거덕
거덜거덜

거둠거둠
거드럭거드럭
거들거들
거들렁거들렁
거들먹거들먹
거듬거듬
거듭거듭
거렁거렁
거르렁
거르렁거르렁
거무락푸르락
거물거물
거뭇거뭇
거밀거밀
거밋거밋
거벅
거벅거벅
거분거분
거불거불1
거불거불2
거불떡
거불떡거불떡
거불쩍거불쩍
거붓거붓
거슬거슬
거시시
거춤거춤
거충거충
거치르르
거치적거치적
거칠거칠
거칫거칫
거푸수수
거푸시시
거푼거푼

거풀거풀
거풋거풋
거뜰거뜰
거뿐거뿐
거뿟거뿟
걱석걱석
걱실걱실
건덕
건덕건덕
건덩건덩
건둥건둥
건둥반둥
건드럭건드럭
건드렁건드렁
건득건득
건들건들
건들먹건들먹
건듯
건듯건듯
건뎅건뎅
건성건성
건숭반숭
건정건정1
건정건정2
건뜻
걸걸
걸겅걸겅
걸그렁
걸그렁걸그렁
걸근걸근
걸핏
걸핏걸핏
걸떡걸떡
걸써
걸썽걸썽

걸씬걸씬
걸쩍걸쩍
검불덤불
검숭검숭
검실검실
검싯검싯
겁석1
겁석2
겁석겁석1
겁석겁2
겁성겁성
겁신
겁신겁신
경둥1
경둥2
경둥경둥
경정
경정경정
경중
경중경중
경충1
경충2
경충경충
경뚱1
경뚱2
경뚱경뚱
겨우
겸두겸두
겸사겸두
고기작고기작
고깃고깃
고닥고닥
고독고독
고들고들
고대고대

고로록고로록
고로롱고로롱
고롱고롱
고르릉고르릉
고릉고릉
고리
고리고리
고릿고릿
고래고래
고무락고무락
고무작고무작
고물고물
고밀고밀
고박고박
고부랑고부랑
고부장고부장
고분고분
고불고불
고불락고불락
고불락닐락
고불탕고불탕
고불딱
고불딱고불딱
고붓고붓
고상고상
고슬고슬1
고슬고슬2
고시랑고시랑
고시시
고실고실
고풀고풀
고풀딱고풀딱
곡곡
곤독곤독
곤돌곤돌

곤드랑곤드랑
곤드레만드레
곤득곤득
곤들곤들
골가랑
골가랑골가랑
골골1
골골2
골골3
골막골막
골싹골싹
골쏨골쏨
곰곰
곰비곰비
곰비임비
곰상곰상
곰실곰실1
곰실곰실2
곰작
곰작곰작
곰지락
곰지락곰지락
곰질곰질
곰틀
곰틀곰틀
곱박
곱박곱박
곱삭
곱삭곱삭
곱슬곱슬
곱신곱신
곱실
곱실곱실
곱작
곱작곱작

| | | |
|---|---|---|
| 구구 | 구핏구핏 | 그뜩그뜩 |
| 구궁구궁 | 군둑군둑 | 그뿍 |
| 구기적구기적 | 군드렁군드렁 | 그뿍그뿍 |
| 구깃구깃 | 군실군실 | 근덕근덕 |
| 구덕구덕 | 굴먹굴먹 | 근드렁근드렁 |
| 구둑구둑 | 굴썩굴썩 | 근드적근드적 |
| 구들구들 | 굼실굼실 | 근들근들 |
| 구르릉 | 굼적 | 근뎅근뎅 |
| 구르릉구르릉 | 굼적굼적 | 근실근실 |
| 구리구리 | 굼지럭 | 근질근질 |
| 구릿구릿 | 굼지럭굼지럭 | 글겅글겅 |
| 구멍구멍 | 굼질굼질 | 글그렁글그렁 |
| 구무럭구무럭 | 굼틀 | 글깃 |
| 구무적구무적 | 굼틀굼틀 | 글깃글깃 |
| 구물구물 | 굽벅 | 글컹글컹 |
| 구메구메 | 굽벅굽벅 | 글썽글썽 |
| 구벅구벅 | 굽석 | 긁적긁적 |
| 구부렁구부렁 | 굽석굽석 | 긁죽긁죽 |
| 구부정구부정 | 굽슬굽슬 | 금실금실 |
| 구불 | 굽신굽신 | 기럭기럭 |
| 구불구불 | 굽실 | 기름기름 |
| 구불럭구불럭 | 굽실굽실 | 기신기신 |
| 구불텅구불텅 | 굽적 | 기엄기엄 |
| 구불떡 | 굽적굽적 | 기염기염 |
| 구불떡구불떡 | 궁싯궁싯 | 기우렁기우렁 |
| 구붓구붓 | 그닐그닐 | 기우뚱 |
| 구슬구슬1 | 그득 | 기우뚱기우뚱 |
| 구슬구슬2 | 그득그득 | 기울기울 |
| 구슬구슬3 | 그들먹그들먹 | 기울떡 |
| 구시렁구시렁 | 그렁그렁1 | 기울떡기울떡 |
| 구시시 | 그렁그렁2 | 기웃 |
| 구실구실 | 그렁 | 기웃기웃 |
| 구질구질 | 그렁그렁 | 길죽길죽 |
| 구풀구풀 | 그물그물 | 길직길직 |
| 구풀떡구풀떡 | 그뜩 | 길쑥길쑥 |

| | | |
|---|---|---|
| 길쑴길쑴 | 나긋나긋 | 날름 |
| 길쯤길쯤 | 나닥나닥 | 날름날름 |
| 길찍길찍 | 나달나달 | 날면들면 |
| 개골개골 | 나들나들 | 날캉날캉 |
| 개굴개굴 | 나릿나릿 | 날큰날큰 |
| 개름개름 | 나물나물 | 날쌍날쌍 |
| 개시시 | 나박나박 | 날쑥들쑥 |
| 개신개신 | 나부시 | 날씬날씬 |
| 개우랑개우랑 | 나분나분 | 날짝날짝 |
| 개우뚱 | 나분작나분작 | 날짱날짱 |
| 개우뚱개우뚱 | 나불나불 | 날쭉들쭉 |
| 개울개울 | 나붓나붓 | 날찐날찐 |
| 개울딱 | 나스르르 | 남상남상 |
| 개울딱개울딱 | 나슬나슬 | 남실남실 |
| 개웃 | 나실나실 | 납신 |
| 개웃개웃 | 나직나직 | 납신납신 |
| 갤갤 | 나탈나탈 | 납작 |
| 갤쑥갤쑥 | 나팔나팔 | 납작납작1 |
| 갤씀갤씀 | 나푼 | 납작납작2 |
| 갤쭉갤쭉 | 나푼나푼 | 납죽 |
| 갤쯤갤쯤 | 나풀나풀 | 납죽납죽 |
| 갤찍갤찍 | 나풋나풋 | 낭창낭창 |
| 게걸게걸 | 나뜰나뜰 | 냠냠 |
| 게게 | 나울나울 | 너글너글 |
| 게두덜게두덜 | 나울짝나울짝 | 너덕너덕 |
| 게시시 | 낙신낙신 | 너덜너덜 |
| 게실게실 | 낙실낙실 | 너들너들 |
| 게지레 | 낙진낙진 | 너물너물 |
| 게질게질 | 낙질낙질 | 너벅너벅 |
| 겔겔 | 난작난작 | 너부시 |
| 괴지지 | 난장난장 | 너분너분 |
| 귀둥대둥 | 난지락난지락 | 너분적너분적 |
| 귀뚤귀뚤 | 난질난질 | 너불너불 |
| 과닥과닥 | 난딱 | 너붓너붓 |
| 나근나근 | 난짝 | 너스르르 |

| | | |
|---|---|---|
| 너슬너슬 | 넙죽 | 느적느적 |
| 너실너실 | 넙죽넙죽 | 느지럭느지럭 |
| 너절너절 | 노근노근 | 느직느직 |
| 너털너털 | 노글노글 | 느질느질 |
| 너펄너펄 | 노긋노긋 | 느짓 |
| 너푼 | 노냥 | 는실난실 |
| 너푼너푼 | 노냥노냥 | 는적는적 |
| 너풀너풀 | 노닥노닥1 | 는지럭는지럭 |
| 너풋너풋 | 노닥노닥2 | 는질는질 |
| 너흘너흘 | 노릇노릇 | 늘름 |
| 너뜰너뜰 | 노릿노릿 | 늘름늘름 |
| 너울너울 | 노질노질 | 늘컹늘컹 |
| 너울쩍너울쩍 | 녹신녹신 | 늘큰늘큰 |
| 너웃너웃 | 녹실녹실 | 늘썽늘썽 |
| 넌덕넌덕 | 녹진녹진 | 늘씬늘씬 |
| 넌들넌들 | 녹질녹질 | 늘쩍늘쩍 |
| 넌듯 | 누근누근 | 늘쩡늘쩡 |
| 넌적넌적 | 누글누글 | 늘찐늘찐 |
| 넌지럭넌지럭 | 누긋누긋 | 늠실늠실 |
| 넌지시 | 누덕누덕 | 늠씰 |
| 넌질넌질 | 누릇누릇 | 늠씰늠씰 |
| 넌떡 | 누릿누릿 | 능글능글 |
| 널름 | 누엿누엿 | 능청능청 |
| 널름널름 | 눅신눅신 | 니얼니얼 |
| 널직널직 | 눅실눅실 | 니연니연 |
| 넘늘넘늘 | 눅진눅진 | 니염니염 |
| 넘성넘성 | 눅질눅질 | 내치락들이치락 |
| 넘실넘실1 | 느근느근 | 냉큼 |
| 넘실넘실2 | 느글느글 | 냉큼냉큼 |
| 넘짓 | 느긋느긋 | 뉘엿뉘엿 |
| 넙신 | 느럭느럭 | 닝큼 |
| 넙신넙신 | 느르적느르적 | 닝큼닝큼 |
| 넙적 | 느릿느릿 | 다가닥다가닥 |
| 넙적넙적1 | 느물느물 | 다그르르 |
| 넙적넙적2 | 느실느실 | 다글다글 |

다금다금
다다구
다다귀다다귀
다닥다닥
다달다달
다당실
다독다독
다둑다둑
다드락다드락
다듬다듬
다듬작다듬작
다락다락
다람다람
다랑다랑
다르락다르락
다르르
다르륵
다르륵다르륵
다르릉
다르릉다르릉
다륵다륵
다릉다릉
다래다래1
다래다래2
다목다목
다몰다몰
다문다문
다물다물
다박다박
다발다발
다보록다보록
다복다복
다볼다볼
다부락다부락
다북다북1

다북다북2
다불다불
다붓다붓
다팍다팍
다팔다팔
다빡
다빡다빡
다뿍
닥
닥다그르르
닥다글닥다글
닥닥
닥작닥작
닥지닥지
달가닥
달가닥달가닥
달가당
달가당달가당
달가락
달가락달가락
달각
달각달각
달강
달강달강
달궁달궁
달그락
달그락달그락
달그랑
달그랑달그랑
달달1
달달2
달달3
달랑
달랑달랑
달랑말랑

달롱
달롱달롱
달래달래
달막달막
달카닥
달카닥달카닥
달카당
달카당달카당
달칵
달칵달칵
달캉
달캉달캉
달까닥
달까닥달까닥
달까당
달까당달까당
달깍
달깍달깍
달싸닥
달싸닥달싸닥
달싹
달싹달싹
달싹쿵
달싹쿵달싹쿵
달싹꿍
담방
담방담방
담상담상
담숭담숭
담빡
담뿍
담뿍담뿍
담쏙
담쏙담쏙
담쑥

| | | |
|---|---|---|
| 담쑥담쑥 | 덕지덕지 | 덜썩덜썩 |
| 답삭 | 덜거덕 | 덜썩꿍 |
| 답삭답삭 | 덜거덕덜거덕 | 덜썩꿍덜썩꿍 |
| 답숙 | 덜거덩 | 덤벙 |
| 답실답실 | 덜거덩덜거덩 | 덤벙덤벙 |
| 답작답작 | 덜걱 | 덤부렁듬쑥 |
| 당그랑 | 덜걱덜걱 | 덥석 |
| 당그랑당그랑 | 덜겅 | 덥석덥석 |
| 당실 | 덜겅덜겅 | 덥실덥실 |
| 당실당실 | 덜그럭 | 덥적덥적 |
| 당싯당싯 | 덜그럭덜그럭 | 덩그럭 |
| 더거덕더거덕 | 덜그렁 | 덩그럭덩그럭 |
| 더금더금 | 덜그렁덜그렁 | 덩그렁 |
| 더더귀더더귀 | 덜덜 | 덩그렁덩그렁 |
| 더덕더덕 | 덜럭덜럭 | 덩더러꿍 |
| 더덜더덜 | 덜렁 | 덩더럭 |
| 더덩실 | 덜렁덜렁 | 덩더꿍 |
| 더덩실더덩실 | 덜룩덜룩 | 덩더꿍덩더꿍 |
| 더드럭더드럭 | 덜룽 | 덩덩 |
| 더듬더듬 | 덜룽덜룽 | 덩드럭덩드럭 |
| 더듬적더듬적 | 덜레덜레 | 덩실 |
| 더럭 | 덜커덕 | 덩실덩실 |
| 더럭더럭 | 덜커덕덜커덕 | 덩싯덩싯 |
| 더벅더벅 | 덜커덩 | 도간도간 |
| 더부럭더부럭 | 덜커덩덜커덩 | 도그르르 |
| 더부룩더부룩 | 덜컥 | 도근닥도근닥 |
| 더북더북 | 덜컥덜컥 | 도근도근 |
| 더불더불 | 덜컹 | 도글도글 |
| 더픅더픅 | 덜컹덜컹 | 도닥도닥 |
| 더펄더펄 | 덜퍽 | 도달도달 |
| 더끔더끔 | 덜꺼덕 | 도담도담 |
| 더께더께 | 덜꺼덕덜꺼덕 | 도도록도도록 |
| 더뻑 | 덜꺼덩 | 도독도독 |
| 더뻑더뻑 | 덜꺼덩덜꺼덩 | 도돌도돌 |
| 덕적덕적 | 덜썩 | 도동실 |

도두룩
도두룩도두룩
도드락
도드락도드락1
도드락도드락2
도란도란
도렷도렷
도르르
도르륵
도리반도리반
도릿도릿
도막도막
도손도손
도순도순
도토름도토름
도톨도톨
도톰도톰
도틀도틀
돌돌1
돌돌2
동
동강동강
동글동글
동당
동당동당
동동1
동동2
동실1
동실2
동실동실1
동실동실2
두간두간
두그르르
두근덕두근덕
두근두근

두글두글1
두글두글2
두덕두덕
두덜두덜
두덜렁두덜렁
두두룩두두룩
두둑
두둑두둑
두둘두둘
두둥둥
두둥실
두드럭두드럭
두들두들
두런두런
두렷두렷
두루두루
두룩두룩
두르르
두르륵
두리두리
두리둥둥
두리뭉실
두리번두리번
두릿두릿
두레두레
두미두미
두부럭두부럭
두선두선
두설두설
두순두순
두세두세
두투름두투름
두툴두툴
두툼두툼
두틀두틀

두꺼덕
두꺼덕두꺼덕
두꺽두꺽
둘둘
둘레둘레
둥
둥글둥글
둥기당기
둥기당당
둥기둥기
둥당
둥당둥당
둥덩
둥덩둥덩
둥둥1
둥둥2
둥실1
둥실2
둥실둥실1
둥실둥실2
둥지둥지
드글드글
드럭드럭
드럼드럼
드렁드렁1
드렁드렁2
드르럭드르럭
드르렁
드르렁드르렁
드르르
드르륵
드르륵드르륵
드르릉
드르릉드르릉
드륵드륵

드룽드룽 들음들음 대롱대롱
드레드레 듬성듬성 대룩대룩
드문드문 듬숭듬숭 대룽
드부럭드부럭 듬뿍 대룽궁대룽궁
드적드적 듬뿍듬뿍 대룽대룽
드윽 듬쑥 대충대충
드윽드윽 듬쑥듬쑥 대깍
득 디구루루 대깍대깍
득득 디굴디굴 대뚝대뚝
득시글득시글 디그르르1 대뚱대뚱
득실득실 디그르르2 맥대구루루
들들 디글디글 맥대굴
들락날락 디룩디룩 맥대굴맥대굴
들랑날랑 디룽 댕
들먹날먹 디룽궁디룽궁 댕가당
들먹들먹 디룽디룽 댕가당댕가당
들면날면 디뚝디뚝 댕갈댕갈
들척들척 디뚱디뚱 댕강1
들추덕들추덕 딩경 댕강2
들축들축 딩경딩경 댕강댕강1
들충들충 딩굴딩굴 댕강댕강2
들컹들컹 딩딩 댕그랑
들큰들큰 대가닥 댕그랑댕그랑
들까불들까불 대가닥대가닥 댕댕1
들써덕 대각 댕댕2
들써덕들써덕 대각대각 데거덕
들썩 대구루루 데거덕데거덕
들썩들썩 대굴대굴 데걱
들썩쿵 대그락 데걱데걱
들썩쿵들썩쿵 대그락대그락 데구루
들썽들썽 대그르르 데구루루
들쑥날쑥 대글대글 데굴데굴
들쑹날쑹 대룩대룩 데그럭
들쭉날쭉 대롱 데그럭데그럭
들쭝날쭝 대롱궁대롱궁 데그르르

데둥대둥
데룩데룩
데룽
데룽궁데룽궁
데룽데룽
데면데면
데설데설
데꺽1
데꺽2
데꺽데꺽1
데꺽데꺽2
덱데구루루
덱데굴
덱데굴덱데굴
뎅
뎅가당
뎅가당뎅가당
뎅강
뎅강
뎅강뎅강1
뎅강뎅강2
뎅거덩
뎅거덩뎅거덩
뎅걸뎅걸
뎅경1
뎅경2
뎅경뎅경1
뎅경뎅경2
뎅그렁
뎅그렁뎅그렁
뎅뎅1
뎅뎅2
되록되록
되롱궁되롱궁
되롱되롱

되룩되룩
되작되작
되착되착
되똑
되똑되똑
되똥
되똥되똥
되뚝되뚝
되뚱되뚱
되우뚱되우뚱
뒤덤벙뒤덤벙
뒤룩
뒤룩뒤룩1
뒤룩뒤룩2
뒤룽궁뒤룽궁
뒤룽뒤룽
뒤부럭뒤부럭
뒤숭숭
뒤스럭뒤스럭
뒤슬뒤슬
뒤적뒤적
뒤척뒤척
뒤치락뒤치락
뒤치락엎치락
뒤퉁뒤퉁
뒤뚝뒤뚝
뒤뚱뒤뚱
뒤우뚱뒤우뚱
마록마록
만작만작
만적만적
만지작만지작
말긋말긋1
말긋말긋2
말랑말랑

말캉말캉
말큰말큰
말똥말똥
말뚱말뚱
말씬말씬
말짱말짱
망글망글
망설망설
망실망실
망울망울
맞춤맞춤
먀알먀알
머룩머룩
머룽머룽
머무적머무적
머뭇머뭇
머밀머밀
머밋머밋
멀긋멀긋
멀커덕멀커덕
멀컹멀컹
멀뚱멀뚱
멀짝멀짝
멀쩍멀쩍
멀찍멀찍
멈칫
멈칫멈칫
멍멍
멍울멍울
모닥모닥
모도록
모도록모도록
모독모독
모락모락
모람모람

모록모록
모숨모숨
모똑모똑
모뚝모뚝
모짝모짝
몬닥
몬닥몬닥
몬몬
몬작
몬작몬작
몬탁
몬탁몬탁
몰몰
몰카닥몰카닥
몰카당몰카당
몰칵1
몰칵2
몰칵몰칵1
몰칵몰칵2
몰캉몰캉
몰큰1
몰큰2
몰큰몰큰1
몰큰몰큰2
몰씬1
몰씬2
몰씬몰씬1
몰씬몰씬2
몽그작몽그작
몽글몽글
몽긋몽긋1
몽긋몽긋2
몽기작몽기작
몽개몽개
몽당

몽당몽당
몽실
몽실몽실
몽클
몽클몽클
몽탁
몽탁몽탁
몽탕
몽탕몽탕
몽토록몽토록
몽톡
몽톡몽톡
몽딱
몽딱몽딱
몽땅
몽땅몽땅
몽똑
몽똑몽똑
몽올몽올
무더기무더기
무덕무덕
무덤무덤
무두룩
무두룩무두룩
무둑무둑
무럭무럭
무리무리
무지무지
무춤
무춤무춤
무뚝무뚝
무뜩
무뜩무뜩
무쩍무쩍
무엿무엿

묵직묵직
문덕
문덕문덕
문득
문득문득
문문
문적
문적문적
문척
문척문척
문치적문치적
문칫문칫
문턱
문턱문턱
문뜩
문뜩문뜩
물긋물긋
물렁물렁
물물
물커덕
물커덕물커덕
물커덩물커덩
물컥
물컥물컥
물컹물컹
물큰
물큰물큰
물끄럼말끄럼
물끄럼물끄럼
물씬
물씬물씬
뭉그적뭉그적
뭉글뭉글
뭉긋뭉긋
뭉기적뭉기적

뭉깃뭉깃
뭉게뭉게
뭉덩
뭉덩뭉덩
뭉실뭉실
뭉청
뭉청뭉청
뭉클
뭉클뭉클
뭉턱
뭉턱뭉턱
뭉텅
뭉텅뭉텅
뭉투룩
뭉투룩뭉투룩
뭉툭뭉툭
뭉틀뭉틀
뭉떡뭉떡
뭉떵
뭉떵뭉떵
뭉뚝
뭉뚝뭉뚝
뭉울뭉울
미루적미루적
미룩미룩
미미적미미적
미적미적
미츳미츳
미끄덕미끄덕
미끈미끈
미끌미끌
민둥민둥
민숭민숭
밀룽
밀룽밀룽

밍그적밍그적
매
매롱매롱
매매
매삼매삼
매슥매슥
매시시
매지매지
매츳매츳
매끈매끈
매끌매끌
매암매암
맨둥맨둥
맨송맨송
맨숭맨숭
맬롱
맬롱맬롱
맬룽
맬룽맬룽
맴
맴맴1
맴맴2
맹꽁
맹꽁맹꽁
맹꽁징꽁
메룽메룽
메슥메슥
메지메지
멜룽멜룽
바가각
바가각바가각
바각
바각바각
바그그
바그극

바그극바그극
바그닥
바그닥바그닥
바그르르
바근바근
바글바글
바동바동
바둥바둥
바드득
바드득바드득
바드등
바드등바드등
바드락바드락
바득바득1
바득바득2
바들바들
바들짝바들짝
바등바등
바락
바락바락
바람만바람만
바록바록
바룩바룩
바르르
바르작바르작
바르짝바르짝
바름바름
바사삭
바사삭바사삭
바삭
바삭바삭
바상바상
바스락
바스락바스락
바스스

| | | |
|---|---|---|
| 바슬바슬 | 반질반질 | 발까닥 |
| 바시락 | 반뜩 | 발까닥발까닥 |
| 바시락바시락 | 반뜩반뜩 | 발깍 |
| 바시시 | 반뜻 | 발깍발깍 |
| 바실바실 | 반뜻반뜻 | 발끈 |
| 바작바작 | 반뜻반뜻 | 발끈발끈 |
| 바지지 | 반짝 | 발딱 |
| 바지직 | 반짝반짝 | 발딱발딱 |
| 바지직바지직 | 발가닥 | 발씬 |
| 바직바직 | 발가닥발가닥 | 발씬발씬 |
| 바질바질 | 발각 | 발짝발짝 |
| 바싹 | 발각발각 | 발쪽 |
| 바싹바싹 | 발긋발긋 | 발쪽발쪽 |
| 바짝 | 발기발기 | 발쭉 |
| 바짝바짝 | 발깃발깃 | 발쭉발쭉 |
| 박 | 발라당 | 방그레 |
| 박박1 | 발라당발라당 | 방글 |
| 박박2 | 발락발락 | 방글방글 |
| 박신박신 | 발랑 | 방긋 |
| 박실박실 | 발랑발랑 | 방긋방긋 |
| 박작 | 발록 | 방시레 |
| 박작박작 | 발록발록 | 방실 |
| 박작박작 | 발룩 | 방실방실 |
| 반둥건둥 | 발룩발룩 | 방싯 |
| 반둥반둥 | 발룽발룽 | 방싯방싯 |
| 반득 | 발름 | 방끗 |
| 반득반득 | 발름발름 | 방끗방끗 |
| 반들반들 | 발맘발맘 | 뱌비작뱌비작 |
| 반듯반듯 | 발면발면 | 뱌빗뱌빗 |
| 반송반송 | 발발 | 뱌주룩 |
| 반승건승 | 발볍발볍 | 반미주룩 |
| 반작 | 발카닥 | 뱐죽뱐죽 |
| 반작반작 | 발카닥발카닥 | 버걱 |
| 반지르르 | 발칵 | 버걱버걱 |
| 반지레 | 발칵발칵 | 버그그 |

버그극  벅  벌랑벌랑
버그극버그극  벅벅  벌러덩
버그덕  벅실벅실  벌러덩벌러덩
버그덕버그덕  벅작벅작  벌럭벌럭
버그르르  벅적  벌렁
버근버근  벅적벅적  벌렁벌렁
버글버글  벅적벅적  벌렁벌렁
버둑버둑  번둥번둥  벌룩
버둥버둥  번드르르  벌룩벌룩
버드럭버드럭  번득  벌룽벌룽
버들버들  번득번득  벌름
버들쩍버들쩍  번들번들  벌름벌름
버럭  번듯  벌벌
버럭버럭  번듯번듯  벌커덕
버룩버룩  번듯번듯  벌커덕벌커덕
버르르  번번  벌컥
버르적버르적  번적  벌컥벌컥
버르쩍버르쩍  번적번적  벌꺼덕
버름버름  번죽번죽  벌꺼덕벌꺼덕
버서석  번지르르  벌꺽
버서석버서석  번지레  벌꺽벌꺽
버석  번질번질  벌끈
버석버석  번뜩  벌끈벌끈
버스럭  번뜩번뜩  벌떡
버스럭버스럭  번뜻  벌떡벌떡
버슬버슬  번뜻  벌써
버시럭  번뜻번뜻  벌씬
버시럭버시럭  번뜻번뜻  벌씬벌씬
버실버실  번쩍  벌쩍벌쩍
버적버적  번쩍번쩍  벌쭉
버썩  벌거  벌쭉벌쭉
버썩  벌컥벌컥  법석법석
버썩버썩  벌긋벌긋  벙그레
버쩍  벌깃벌깃  벙글
버쩍버쩍  벌랑  벙글벙글

| | | |
|---|---|---|
| 벙긋1 | 보시닥보시닥 | 볼톡볼톡 |
| 벙긋2 | 보시락 | 볼통볼통 |
| 벙긋벙긋1 | 보시락보시락 | 볼툭 |
| 벙긋벙긋2 | 보시시 | 볼툭볼툭 |
| 벙시레 | 보실보실 | 볼퉁볼퉁 |
| 벙실 | 보지지 | 볽근 |
| 벙실벙실 | 보지직 | 볽근볽근 |
| 벙싯 | 보지직보지직 | 볼똑 |
| 벙싯벙싯 | 보직보직 | 볼똑볼똑 |
| 벙끗 | 보질보질 | 볼똥볼똥 |
| 벙끗벙끗 | 보풀보풀 | 볼뚝볼뚝 |
| 벼름벼름 | 보싹 | 볼뚱볼뚱 |
| 별름별름 | 보싹보싹 | 볼쏙 |
| 보각보각 | 복닥복닥1 | 볼쏙볼쏙 |
| 보골보골 | 복닥복닥2 | 볼쑥 |
| 보그그 | 복복 | 볼쑥볼쑥 |
| 보그르르 | 복슬복슬 | 봉긋봉긋 |
| 보글보글 | 복신복신 | 봉봉 |
| 보도독 | 복실복실 | 봉실 |
| 보도독보도독 | 복작 | 봉실봉실 |
| 보독보독 | 복작복작 | 봉싯 |
| 보동동 | 볼가닥 | 봉싯봉싯 |
| 보동보동 | 볼가닥볼가닥 | 부걱부걱 |
| 보드득 | 볼강볼강 | 부그그 |
| 보드득보드득 | 볽근볽근 | 부그르 |
| 보들보들 | 볼긋볼긋 | 부그르르 |
| 보르르 | 볽깃볽깃 | 부근부근 |
| 보르륵 | 볼록 | 부글부글 |
| 보삭 | 볼록볼록 | 부두둑 |
| 보삭보삭 | 볼룩 | 부두둑부두둑 |
| 보스닥보스닥 | 볼룩볼룩 | 부둑부둑 |
| 보스락 | 볼만장만 | 부둥부둥 |
| 보스락보스락 | 볼칵 | 부드드 |
| 보스스 | 볼칵볼칵 | 부드득 |
| 보슬보슬 | 볼톡 | 부드득부드득 |

부드등
부드등부드등
부득부득
부득부득
부들부들1
부들부들2
부등부등1
부등부등2
부랴부랴
부르르
부르륵
부르릉
부르릉부르릉
부릉부릉
부리부리
부비적부비적
부석
부석부석
부수수
부숙부숙
부숭부숭
부스럭
부스럭부스럭
부스스
부슬부슬
부시덕부시덕
부시럭
부시럭부시럭
부시시
부실부실
부적부적
부전부전
부지지
부지직
부지직부지직

부직부직
부진부진
부질부질
부풀부풀
부썩1
부썩2
부썩3
부썩부썩1
부썩부썩2
부썩부썩3
부쩍1
부쩍2
부쩍3
부쩍부쩍1
부쩍부쩍2
부쩍부쩍3
부얼부얼
부엉
부엉부엉
부웅부웅
북
북덕북덕
북북
북슬북슬
북신북신
북실북실
북적1
북적2
북적북적
불거덕
불거덕불거덕
불걱불걱
불경불경
불근불근
불긋불긋

불깃불깃
불룩
불룩불룩
불불
불컥
불컥불컥
불툭
불툭불툭
불퉁불퉁
불끈
불끈불끈
불떡불떡
불뚝
불뚝불뚝
불쑥
불쑥불쑥
불씬불씬
불쩍불쩍
붕
붕긋붕긋
붕붕
비걱
비걱비걱
비근비근
비금비금
비들비들
비리비리
비릿비릿
비비
비비닥비비닥
비비적비비적
비빗비빗
비슬비슬
비슷비슷
비식비식

비실비실
비적비적
비주룩비주룩
비죽
비죽비죽
비줄비줄
비척비척
비청비청
비치럭비치럭
비치적비치적
비칠비칠
비트럭비트럭
비트적비트적
비틀비틀
비꺼덕
비꺼덕비꺼덕
비꺽
비꺽비꺽
비끗
비끗비끗
비딱비딱
비뚜적비뚜적
비뚝비뚝
비뚤비뚤
비쓱비쓱
비쓸비쓸
비씰비씰
비쭉
비쭉비쭉
비쭉배쭉
비악
비악비악
비영비영
비오
빈둥빈둥

빈들빈들
빈미주룩
빈정빈정
빈죽빈죽
빌빌
빗찌르르
빙
빙그르르
빙그레
빙글빙글
빙글빙글
빙긋
빙긋빙긋
빙빙
빙시레
빙실빙실
빙싯
빙싯빙싯
빙끗
빙끗빙끗
배각
배각배각
배들배들
배리배리
배릿배릿
배불리
배비작배비작
배배
배슥배슥
배슬배슬
배시시
배실배실
배주룩배주룩
배죽
배죽배죽

배줄배줄
배착배착
배창배창
배치락배치락
배치작배치작
배칠배칠
배트락배트락
배트작배트작
배틀배틀
배끗
배끗배끗
배딱배딱
배뚜적배뚜적
배뚝배뚝
배뚤배뚤
배쓱배쓱
배쭉
배쭉배쭉
밴둥밴둥
밴들밴들
밴죽밴죽
밸밸1
밸밸2
뱅
뱅그르
뱅그르르
뱅그레
뱅글뱅글1
뱅글뱅글2
뱅긋
뱅긋뱅긋
뱅뱅
뱅시레
뱅실뱅실
뱅싯

| | | |
|---|---|---|
| 뱅싯뱅싯 | 사푼 | 살랑살랑1 |
| 뱅끗 | 사푼사푼 | 살랑살랑2 |
| 뱅끗뱅끗 | 사풋 | 살룩살룩 |
| 베슥베슥 | 사풋사풋 | 살름살름 |
| 베슬베슬 | 사빡사빡 | 살래살래 |
| 베실베실 | 사뿐 | 살레살레 |
| 베쨍베쨍 | 사뿐사뿐 | 살망살망 |
| 사각사각 | 사뿟 | 살멋살멋 |
| 사들사들 | 사뿟사뿟 | 살살 |
| 사라락사라락 | 사악사악 | 살캉살캉 |
| 사락사락 | 삭독 | 살큼 |
| 사르락 | 삭독삭독 | 살피살피 |
| 사르락사르락 | 삭둑 | 살핏살핏 |
| 사르랑 | 삭둑삭둑 | 살짝살짝 |
| 사르랑사르랑 | 삭삭 | 살짝꿍 |
| 사르르 | 삭뚝삭뚝 | 삼박1 |
| 사르륵 | 산득 | 삼박2 |
| 사르륵사르륵 | 산득산득 | 삼박삼박1 |
| 사르릉 | 산들산들 | 삼박삼박2 |
| 사르릉사르릉 | 산듯 | 삼빡1 |
| 사릉사릉 | 산듯산듯 | 삼빡2 |
| 사리사리 | 산뜩 | 삼빡삼빡1 |
| 사물사물 | 산뜩산뜩 | 삼빡삼빡2 |
| 사박사박 | 산뜻 | 상그레 |
| 사부랑사부랑 | 산뜻산뜻 | 상글 |
| 사부랑사부랑 | 살강살강 | 상글방글 |
| 사부랑삽작 | 살곰살곰 | 상글상글 |
| 사부자기 | 살그락 | 상긋 |
| 사부작사부작 | 살그락살그락 | 상긋방긋 |
| 사분사분 | 살그랑 | 상긋상긋 |
| 사불사불 | 살그랑살그랑 | 상깃상깃 |
| 사붓사붓 | 살근살근 | 상큼 |
| 사스락 | 살금살금 | 상큼상큼 |
| 사스락사스락 | 살랑1 | 상끗 |
| 사정사정 | 살랑2 | 상끗방끗 |

| | | |
|---|---|---|
| 상끗상끗 | 설렁설렁 | 소소리 |
| 서걱서걱 | 설레설레 | 소스락소스락 |
| 서리서리 | 설멍설멍 | 소시락 |
| 서물서물1 | 설설 | 소시락소시락 |
| 서물서물2 | 설설 | 소짝소짝 |
| 서벅서벅 | 설컹설컹 | 소옴소옴 |
| 서부렁서부렁 | 설핏설핏 | 속닥속닥 |
| 서부렁섭적 | 섬벅 | 속달속달 |
| 서분서분 | 섬벅 | 속삭속삭 |
| 서붓서붓 | 섬벅섬벅 | 속살속살 |
| 서성서성 | 섬벅섬벅 | 솔금솔금 |
| 서슴서슴 | 섬뜩섬뜩 | 솔기솔기 |
| 서털구털 | 섬뻑 | 솔락솔락 |
| 서털서털 | 섬뻑 | 솔랑솔랑 |
| 서푼서푼 | 섬뻑섬뻑 | 솔래솔래 |
| 서뻑서뻑 | 섬뻑섬뻑 | 솔솔 |
| 서억서억 | 섬찍 | 솔종당솔종당 |
| 석둑 | 섬찟 | 솜솜 |
| 석둑석둑 | 성그레 | 송골송골 |
| 석석 | 성글성글 | 송글송글 |
| 선득 | 성깃성깃 | 송당송당 |
| 선득선득 | 성큼 | 송송 |
| 선들선들 | 성큼성큼 | 송알송알 |
| 선듯1 | 소곤닥소곤닥 | 송알송알 |
| 선듯2 | 소곤소곤 | 수걱수걱 |
| 선듯선듯 | 소곳소곳 | 수군덕수군덕 |
| 선뜩 | 소근소근 | 수군수군 |
| 선뜩선뜩 | 소드락소드락 | 수굴수굴 |
| 선뜻 | 소득소득 | 수굿수굿 |
| 선뜻선뜻 | 소들소들 | 수굿 |
| 설경설경 | 소락소락 | 수굿수굿 |
| 설기설기 | 소르르 | 수깃 |
| 설렁 | 소리소리 | 수득수득 |
| 설렁설렁 | 소마소마 | 수들수들 |
| 설렁설렁 | 소북소북 | 수럭수럭 |

수르르 스물스물 시물시물
수리수리 스적스적 시뭇시뭇
수북수북 슬 시부렁시부렁
수선수선 슬겅슬겅 시설시설
수설수설 슬겅슬겅 시시닥시시닥
수스럭수스럭 슬그미 시시덕시시덕
수슬수슬 슬근살짝 시시부지
수얼수얼 슬근슬근 시시콜콜
수월수월1 슬금슬금 시실시실
수월수월2 슬렁슬렁 시적시적
수월찮다 슬몃슬몃 시쿰시쿰
숙덕숙덕 슬밋슬밋 시큰시큰
숙덜숙덜 슬슬 시큼시큼
숙설숙설 슬쩍슬쩍 시위적시위적
술렁술렁 슴벅 식식
술술 슴벅슴벅 실
숨숨 슴뻑 실그럭실그럭
숭굴숭굴1 슴뻑슴뻑 실긋
숭굴숭굴2 시굼시굼 실긋실긋
숭덩숭덩 시근버근 실긋샐긋
숭숭 시근시근1 실기죽
숭얼숭얼 시근시근2 실기죽실기죽
스렁스렁 시글버글 실룩
스르럭 시글시글 실룩실룩
스르럭스르럭 시금시금 실룩샐룩
스르렁 시난고난 실실
스르렁스르렁 시드럭부드럭 실떡실떡
스르르 시드럭시드럭 실뚱
스르륵 시득부득 실쭉
스르륵스르륵 시득시득 실쭉실쭉
스르릉 시들부들 실쭉샐쭉
스르릉스르릉 시들시들 싱그레
스룩스룩 시룽시룽 싱글
스름스름 시룽새롱 싱글벙글
스멀스멀 시름시름 싱글싱글

| | | |
|---|---|---|
| 싱긋 | 새뚝새뚝 | 솨솨 |
| 싱긋벙긋 | 색 | 솰 |
| 싱긋싱긋 | 색색 | 솰랑솰랑 |
| 싱둥싱둥 | 샐긋 | 솰솰 |
| 싱숭생숭 | 샐긋샐긋 | **쇅** |
| 싱끗벙끗 | 샐기죽 | **쇅쇅** |
| 싱끗싱끗 | 샐기죽샐기죽 | 쇅 |
| 새곰새곰 | 샐룩 | 쇅쇅 |
| 새근1 | 샐룩샐룩 | 자가닥자가닥 |
| 새근2 | 샐샐 | 자갈자갈 |
| 새근새근1 | 샐쭉 | 자그락자그락1 |
| 새근새근2 | 샐쭉샐쭉 | 자그락자그락2 |
| 새금새금 | 생그레 | 자그르 |
| 새득새득 | 생글 | 자그르르 |
| 새들새들 | 생글방글 | 자그시 |
| 새록새록 | 생글뱅글 | 자근덕자근덕 |
| 새롱새롱 | 생글생글 | 자근자근1 |
| 새리새리 | 생긋 | 자근자근2 |
| 새무죽 | 생긋방긋 | 자글자글 |
| 새물 | 생긋뱅긋 | 자금자금 |
| 새물새물 | 생긋생긋 | 자긋자긋 |
| 새뭇새뭇 | 생게망게 | 자닥자닥 |
| 새부랑 | 생동생동 | 자드락자드락 |
| 새부랑새부랑 | 생끗 | 자드락자드락 |
| 새살새살 | 생끗방끗 | 자라자라1 |
| 새슬 | 생끗뱅끗 | 자락자락2 |
| 새슬새슬 | 생끗생끗 | 자란자란 |
| 새실새실 | 쇅 | 자랑자랑 |
| 새새 | 쇅쇅 | 자르랑 |
| 새새콜콜 | 쉬쿵 | 자르랑자르랑 |
| 새지근 | 쉬쿵쉬쿵 | 자르르1 |
| 새콤새콤 | 쉬엄쉬엄 | 자르르2 |
| 새큰새큰 | 쉭 | 자르르3 |
| 새큼새큼 | 쉭쉭 | 자르릉 |
| 새포름 | 솨 | 자르릉자르릉 |

자름자름
자리자리
자릿자릿
자못
자박
자박자박
자밤자밤
자부락자부락
자부랑자부랑
자분닥자분닥
자분자분1
자분자분2
자작자작1
자작자작2
자질자질
자축자축
자춤자춤
자칫자칫
자깔자깔
자끈
자끈자끈1
자끈자끈2
작신작신
작작1
작작2
잔득잔득
잔물잔물
잔즐잔즐
잔뜩
잔뜩잔뜩
잘가닥
잘가닥잘가닥
잘가당
잘가당잘가당
잘각

잘각잘각
잘강잘강1
잘강잘강2
잘그락
잘그락잘그락
잘그랑
잘그랑잘그랑
잘근잘근
잘금잘금
잘깃잘깃
잘라당
잘라당잘라당
잘락
잘락잘락
잘랑
잘랑잘랑
잘록잘록1
잘록잘록2
잘루막잘루막
잘룩잘룩1
잘룩잘룩2
잘름잘름1
잘름잘름2
잘름잘름3
잘래잘래
잘바닥
잘바닥잘바닥
잘바당
잘바당잘바당
잘박
잘박잘박1
잘박잘박2
잘방
잘방잘방
잘잘

잘착잘착
잘카다
잘카닥잘카닥
잘카당
잘카당잘카당
잘칵
잘칵잘칵
잘파다
잘파닥잘파닥
잘팍
잘팍잘팍
잘까다
잘까닥잘까닥
잘까당
잘까당잘까당
잘깍
잘깍잘깍
잘깡
잘깡잘깡
잘끈
잘끈잘끈
잘똑잘똑1
잘똑잘똑2
잘뚜룩잘뚜룩
잘뚜막
잘뚜막잘뚜막
잘뚝잘뚝1
잘뚝잘뚝2
잘싸다
잘싸닥잘싸닥
잘싹
잘싹잘싹
잘쏙
잘쏙잘쏙
잘쑥

잘쑥잘쑥
잠바당
잠바당잠바당
잠박
잠박잠박
잠방
잠방잠방
잣뚝
잣뚝잣뚝
장글장글
잣추
저거덕
저거덕저거덕
저걱저걱
저글저글
저렁저렁
저르렁
저르렁저르렁
저르르
저르륵
저르륵저르륵
저르릉
저르릉저르릉
저리저리
저릿저릿
저벅
저벅저벅1
저벅저벅2
저분저분
저빗저빗
저적저적
저축저축
저춤저춤
저칫저칫
절가닥

절가닥절가닥
절가당
절가당절가당
절거덕
절거덕절거덕
절거덩
절거덩절거덩
절걱
절걱절걱
절겅
절겅절겅
절그럭
절그럭절그럭
절그렁
절그렁절그렁
절라당
절라당절라당
절랑절랑
절러덩
절러덩절러덩
절럭절럭
절렁절렁
절룩절룩
절름절름
절레절레
절버덕
절버덕절버덕
절버덩
절버덩절버덩
절벅
절벅절벅
절벙
절벙절벙
절절1
절절2

절카닥
절카닥절카닥
절카당
절카당절카당
절칵
절칵절칵
절커덕
절커덕절커덕
절커덩
절커덩절커덩
절칵
절칵절칵
절퍼덕
절퍼덕절퍼덕
절퍽
절퍽절퍽
절까닥
절까닥절까닥
절깍
절깍절깍
절꺼덕
절꺼덕절꺼덕
절꺼덩
절꺼덩절꺼덩
절꺽
절꺽절꺽
절뚜룩절뚜룩
절뚝절뚝
절싸닥
절싸닥절싸닥
절싹
절싹절싹
절써덕
절써덕절써덕
절썩

절썩절썩

점버덩

점버덩점버덩

점벅

점벅점벅

점벙

점벙점벙

접첨접첨

접침접침

젓뚝젓뚝

조곤조곤

조골조골

조글조글

조금조금

조드락조드락

조들조들

조랑조랑

조로로

조로록

조로록조로록

조록조록1

조록조록2

조롱조롱

조르르

조르륵

조르륵조르륵

조릿조릿

조마조마

조몰락조몰락

조무락조무락

조밀조밀

조박조박

조심조심

조작조작

조잔조잔

조잘조잘

조착조착

조촘조촘

조츰조츰

조꼼조꼼

조끔조끔

조뼛

조뼛조뼛

조악조악

조용조용

족

족신족신

족족

존득존득

졸금졸금

졸깃졸깃

졸라당졸라당

졸랑졸랑

졸레졸레

졸막졸막

졸박졸박

졸졸

졸딱졸딱

종개종개

종달종달

종잘종잘

종종1

종종2

종종

종알종알

주굴주굴

주근주근1

주근주근2

주글주글

주렁주렁

주루루

주룩주룩1

주룩주룩2

주룽주룽

주르르

주르륵

주르륵주르륵

주무럭주무럭

주물럭주물럭

주밋주밋

주볏주볏

주빗주빗

주섬주섬

주적주적

주전주전

주절주절

주척주척

주춤

주춤주춤

주뼛

주뼛주뼛

주삣

주삣주삣1

주삣주삣2

주억주억

죽

죽신죽신

죽죽

준득준득

줄금줄금

줄렁줄렁

줄루먹

줄루먹줄루먹

줄룩

줄룩줄룩

줄레줄레  
줄먹줄먹  
줄줄  
줄끔  
줄끔줄끔1  
줄끔줄끔2  
중긋중긋  
중게중게  
중덜중덜  
중절중절  
중얼중얼  
즈런즈런  
즈렁즈렁  
즈르렁  
즈르렁즈르렁  
즈르르  
즈르릉  
즈르릉즈르릉  
지걸지걸  
지그럭  
지그럭지그럭1  
지그럭지그럭2  
지그르  
지그르르  
지그시  
지근덕지근덕  
지근지근  
지글지글  
지금지금  
지긋지긋  
지덕지덕  
지드럭지드럭  
지런지런  
지르르1  
지르르2  

지르릉  
지르릉지르릉  
지망지망  
지며리  
지벅지벅  
지범지범  
지부럭지부럭  
지부렁지부렁  
지분덕지분덕  
지분지분  
지싯지싯  
지적지적  
지절지절  
지절지절  
지정지정  
지종지종  
지지  
지지배배  
지지콜콜  
지질지질  
지짐지짐  
지척지척1  
지척지척2  
지축지축  
지칫지칫  
지껄지껄  
지끈  
지끈지끈  
지끈지끈  
지끔지끔  
지딱지딱  
지뻑지뻑  
직  
직신직신  
직직  

진동한동  
진둥한둥  
진득진득  
진물진물  
진탕  
진탕망탕  
질겅질겅  
질근  
질근질근1  
질근질근2  
질금질금  
질깃질깃  
질룩질룩  
질름질름1  
질름질름2  
질바닥질바닥  
질박질박  
질버덕질버덕  
질벅질벅  
질질  
질착질착  
질척질척  
질카닥질카닥  
질칵질칵  
질커덕질커덕  
질컥질컥  
질파닥질파닥  
질팍질팍  
질팡갈팡  
질팡질팡  
질퍼덕질퍼덕  
질퍽질퍽  
질끈  
질끈질끈  
질끔

질끔질끔
질뚜룩질뚜룩
질뚝질뚝
질뚝질뚝
질쑥질쑥
질짜닥질짜닥
질짝질짝
질쩌덕질쩌덕
질쩍질쩍
집적집적
짓뚝짓뚝
징
징검징검
징경징경
징글징글
징징
징얼징얼
재갈재갈
재그럭
재그럭재그럭
재그시
재글재글
재르릉
재르릉재르릉
재릿재릿
재물재물
재잘재잘
재질재질1
재질재질2
재재
재재재재
재까닥
재까닥재까닥
재깍1
재깍2

재깍재깍1
재깍재깍2
재깔재깔
재끈
재끈재끈
잰득잰득
잴강잴강
잴근잴근
잴룩잴룩
잴잴1
잴잴2
잴뚜룩잴뚜룩
잴뚝잴뚝
쟁가당
쟁가당쟁가당
쟁강
쟁강쟁강
쟁그랑
쟁그랑쟁그랑
쟁글쟁글
쟁쟁
쟁알쟁알
제글제글
제릿제릿
제까닥
제까닥제까닥
제깍1
제깍2
제깍제깍1
제깍제깍2
제꺼덕
제꺼덕제꺼덕
제꺽1
제꺽2
제꺽제꺽1

제꺽제꺽2
젱가당
젱가당젱가당
젱강
젱강젱강
젱거덩
젱거덩젱거덩
젱겅
젱겅젱겅
젱그렁
젱그렁젱그렁
쥐락펴락
쥐죽쥐죽
좌락
좌락좌락
좌르르
좌르르좌르르
좌르륵
좌르륵좌르륵
좍
좍좍
좔
좔좔
차곡차곡
차근차근
차닥차닥
차란차란
차랑차랑1
차랑차랑2
차르랑
차르랑차르랑
차르르
차름차름
차박차박
차분차분

차잘싹
차잘싹차잘싹
차츰
차츰차츰
착1
착2
착착1
착착2
찬찬
찰가닥
찰가닥찰가닥
찰가당
찰가당찰가당
찰각
찰각찰각
찰그랑
찰그랑찰그랑
찰락찰락
찰람찰람
찰랑
찰랑찰랑
찰바닥
찰바닥찰바닥
찰바당
찰바당찰바당
찰박
찰박찰박
찰방
찰방찰방
찰찰1
찰찰2
찰카닥
찰카닥찰카닥
찰카당
찰카당찰카당

찰칵
찰칵찰칵
찰파닥
찰파닥찰파닥
찰팍
찰팍찰팍
찰까닥
찰까닥찰까닥
찰까당
찰까당찰까당
찰깍
찰깍찰깍
찰딱
찰딱찰딱
찰싸닥
찰싸닥찰싸닥
찰싹
찰싹찰싹
참바당
참바당참바당
참방
참방참방
창창1
창창2
처근처근
처덕처덕
처렁처렁1
처렁처렁2
처르렁
처르렁처르렁
처벅처벅
처분처분
처절썩
처절썩처절썩
처끈처끈

처뚝
처뚝처뚝
척1
척2
척근
척척
척뚝
척뚝척뚝
천덩천덩
철각
철각철각
철거덕
철거덕철거덕
철거덩
철거덩철거덩
철걱
철걱철걱
철그렁
철그렁철그렁
철럭철럭
철렁
철렁철렁
철버덕
철버덕철버덕
철버덩
철버덩철버덩
철벅
철벅철벅
철벙
철벙철벙
철철
철카닥
철카닥철카닥
철칵
철칵철칵

| | | |
|---|---|---|
| 철커덕 | 첩첩 | 츠름츠름 |
| 철커덕철커덕 | 초군초군 | 층층 |
| 철커덩 | 초근초근 | 치근덕치근덕 |
| 철커덩철커덩 | 초들초들 | 치근치근 |
| 철컥 | 초랑초랑 | 치런치런 |
| 철컥철컥 | 초롱초롱 | 치렁치렁 |
| 철퍼덕 | 초싹 | 치르르 |
| 철퍼덕철퍼덕 | 초싹초싹 | 치름치름 |
| 철퍽 | 촉 | 치직치직 |
| 철퍽철퍽 | 촉촉 | 치익치익 |
| 철까닥 | 촐랑촐랑 | 칙 |
| 철까닥철까닥 | 촐촐1 | 칙칙 |
| 철까당철까당 | 촐촐2 | 칙칙폭폭 |
| 철깍 | 촐싹촐싹 | 칙칙푹푹 |
| 철깍철깍 | 총총 | 친친 |
| 철꺼덕 | 추근추근 | 칠럼칠럼 |
| 철꺼덕철꺼덕 | 추덕추덕 | 칠렁칠렁 |
| 철꺼덩 | 추들추들 | 칠떡칠떡 |
| 철꺼덩철꺼덩 | 추렁추렁 | 칭칭1 |
| 철껵 | 추름추름 | 칭칭2 |
| 철껵철껵 | 추석추석 | 칭얼칭얼 |
| 철떡 | 추적추적 | 책각책각 |
| 철떡철떡 | 추절추절 | 책책1 |
| 철싸닥 | 추썩추썩 | 책책2 |
| 철싸닥철싸닥 | 축 | 챙 |
| 철싹 | 축축 | 챙가당 |
| 철싹철싹 | 출렁 | 챙가당챙가당 |
| 철써덕 | 출렁출렁 | 챙강 |
| 철써덕철써덕 | 출출 | 챙강챙강 |
| 철썩 | 출썩출썩 | 챙그랑 |
| 철썩철썩 | 충충1 | 챙그랑챙그랑 |
| 첨버덩 | 충충2 | 챙그렁 |
| 첨버덩첨버덩 | 츠럭츠럭 | 챙그렁챙그렁 |
| 첨벙 | 츠럼츠럼 | 챙채르르 |
| 첨벙첨벙 | 츠렁츠렁 | 챙챙1 |

| | | |
|---|---|---|
| 챙챙2 | 컹컹 | 쿠르릉 |
| 챙거덩 | 코당코당 | 쿠르릉쿠르릉 |
| 챙거덩챙거덩 | 코랑코랑1 | 쿠릉 |
| 챙경 | 코랑코랑2 | 쿠릉쿠릉 |
| 챙경챙경 | 코릉코릉 | 쿠리쿠리 |
| 챙그렁 | 코리코리 | 쿠릿쿠릿 |
| 챙그렁챙그렁 | 코릿코릿 | 쿠슬쿠슬 |
| 촬촬 | 코슬코슬 | 쿡 |
| 카 | 콕 | 쿡쿡 |
| 카랑카랑1 | 콕콕 | 쿨럭 |
| 카랑카랑2 | 콜락 | 쿨럭쿨럭 |
| 칵1 | 콜락콜락 | 쿨렁 |
| 칵2 | 콜랑 | 쿨렁쿨렁1 |
| 칵칵1 | 콜랑콜랑1 | 쿨렁쿨렁2 |
| 칵칵2 | 콜랑콜랑2 | 쿨룩 |
| 칼락 | 콜록 | 쿨룩쿨룩 |
| 칼락칼락 | 콜록콜록 | 쿨룽 |
| 칼랑 | 콜롱 | 쿨룽쿨룽 |
| 칼랑칼랑 | 콜롱콜롱 | 쿨쿨1 |
| 캄캄 | 콜콜1 | 쿨쿨2 |
| 캉캉 | 콜콜2 | 쿨쿨3 |
| 캬득캬득 | 콜콜3 | 쿨쩍쿨쩍 |
| 컄 | 콜짝콜짝 | 쿨찌럭쿨찌럭 |
| 컄컄 | 콜찌락콜찌락 | 쿵 |
| 컁 | 콩 | 쿵그렁 |
| 컁컁 | 콩다 | 쿵그렁쿵그렁 |
| 커 | 콩다콩다 | 쿵다 |
| 컥 | 콩당 | 쿵다쿵다 |
| 컥 | 콩당콩당 | 쿵다딱 |
| 컥컥 | 콩칠팔칠 | 쿵다딱쿵다딱 |
| 컥컥 | 콩콩1 | 쿵당 |
| 컬럭 | 콩콩2 | 쿵당쿵당 |
| 컬럭컬럭 | 콩팔칠팔 | 쿵더쿵 |
| 컬렁 | 쿠렁쿠렁1 | 쿵더쿵쿵더쿵 |
| 컬렁컬렁 | 쿠렁쿠렁2 | 쿵덕 |

쿵덕쿵덕
쿵덕떡
쿵덕떡쿵덕떡
쿵덩
쿵덩쿵덩
쿵작쿵작
쿵창
쿵창쿵창
쿵쿵
쿵쾅
쿵쾅쿵쾅
쿵탕
쿵탕쿵탕
크렁크렁
클락
클락클락
킁킁
키드득키드득
키득
키득키득
키들키들
키둥키둥
킥1
킥2
킥킥1
킥킥2
킬킬
킹킹
캐드득
캐드득캐드득
캐득
캐득캐득
캐들캐들
캐둥캐둥
캑

캑캑
캘캘
캥
캥캥
콰당콰당
콰당탕
콰당탕콰당탕
콰르르
콰르릉
콰르릉콰르릉
콱
콱콱
콸콸
쾅
쾅당쾅당
쾅쾅
퀄퀄
퀑
퀑퀑
타글타글
타닥타닥
타달타달1
타달타달2
타드락타드락
타드랑
타드랑타드랑
타랑
타랑타랑
타래타래
타박타박
타발타발
타불타불
타슬타슬
타실타실
타팔타팔

타올타올
탁
탁탁
탈락탈락
탈랑
탈랑탈랑1
탈랑탈랑2
탈레탈레
탈바닥
탈바닥탈바닥
탈박
탈박탈박
탈방
탈방탈방
탈탈
탈싸닥
탈싸닥탈싸닥
탈싹
탈싹탈싹
탐방
탐방탐방
탑삭
탑삭탑삭
탕1
탕2
탕3
탕탕1
탕탕2
터덕터덕
터덜터덜1
터덜터덜2
터덜터덜3
터드럭
터드럭터드럭
터드렁

| | | |
|---|---|---|
| 터드렁터드렁 | 텅1 | 투둘투둘 |
| 터들터들1 | 텅2 | 투드럭투드럭 |
| 터들터들2 | 텅텅1 | 투들투들 |
| 터렁 | 텅텅2 | 투루루 |
| 터렁터렁 | 토닥토닥 | 투실투실 |
| 터벅터벅 | 토달토달 | 투투 |
| 터벌터벌 | 토돌토돌 | 툭 |
| 터벙터벙 | 토드락토드락 | 툭탁 |
| 터슬터슬 | 토들토들1 | 툭탁툭탁 |
| 터실터실 | 토들토들2 | 툭턱 |
| 터펄터펄 | 토실토실 | 툭턱툭턱 |
| 터울터울 | 톡 | 툭툭 |
| 턱 | 톡탁 | 툴러덩 |
| 턱턱 | 톡탁톡탁 | 툴러덩툴러덩 |
| 털럭털럭 | 톡톡 | 툴렁 |
| 털렁 | 톨라당 | 툴렁툴렁 |
| 털렁털렁 | 톨라당톨라당 | 툴룽 |
| 털레털레 | 톨랑 | 툴룽툴룽 |
| 털버덕 | 톨랑톨랑 | 툴툴 |
| 털버덕털버덕 | 톨롱 | 툼벙 |
| 털벅 | 톨롱톨롱 | 툼벙툼벙 |
| 털벅털벅 | 톨톨 | 퉁 |
| 털벙 | 톰방 | 퉁실퉁실 |
| 털벙털벙 | 톰방톰방 | 퉁탕 |
| 털컥 | 통 | 퉁탕퉁탕 |
| 털컥털컥 | 통실통실 | 퉁텅퉁텅 |
| 털털 | 통탕 | 퉁퉁1 |
| 털써덕 | 통탕통탕 | 퉁퉁2 |
| 털써덕털써덕 | 통통1 | 트레트레 |
| 털썩 | 통통2 | 트실트실 |
| 털썩털썩 | 투닥투닥 | 트적트적 |
| 텀벙 | 투덕투덕 | 티각티각 |
| 텀벙텀벙 | 투덕투덕 | 티각태각 |
| 텁석 | 투덜렁투덜렁 | 티격태격 |
| 텁석텁석 | 투덜투덜 | 티석티석 |

티적티적
팅팅
태각태각
탱
탱탱1
탱탱2
테석테석
텡
텡텡
퉤
퉤퉤
파근파근
파다닥
파다닥파다닥
파닥
파닥파닥
파드닥
파드닥파드닥
파드득
파드득파드득
파득
파득파득
파들파들
파들짝
파들짝파들짝
파르르
파름파름
파릇파릇
파릿파릿
파삭파삭
파슬파슬
파실파실
파딱
파딱파딱
파뜩

파뜩파뜩
팍
팍삭
팍삭팍삭
팍신팍신
팍팍
판둥판둥
판득
판득판득
판들판들1
판들판들2
판판
판뜩
판뜩판뜩
팔결
팔락
팔락팔락
팔랑
팔랑팔랑
팔팔
팔팔결
팔딱
팔딱팔딱
팔싹
팔싹팔싹
팔짝
팔짝팔짝
팡
팡당
팡당팡당
팡팡1
팡팡2
팍1
팍2
팍팍1

팍팍2
퍼더덕
퍼더덕퍼더덕
퍼덕
퍼덕퍼덕
퍼드덕
퍼드덕퍼드덕
퍼드득
퍼드득퍼드득
퍼들퍼들
퍼들쩍
퍼들쩍퍼들쩍
퍼르르
퍼름퍼름
퍼릇퍼릇
퍼석퍼석
퍼슬퍼슬
퍼실퍼실
퍼떡퍼떡
퍼뜩
퍼뜩퍼뜩
퍽
퍽석
퍽석퍽석
퍽퍽
펀둥펀둥
펀득
펀득펀득
펀들펀들
펀들펀들
펀펀
펀뜩
펀뜩펀뜩
펀뜻
펄

펄럭
펄럭펄럭
펄렁
펄렁펄렁
펄펄
펄떡
펄떡펄떡
펄썩
펄썩펄썩
펄쩍
펄쩍펄쩍
펏뜻
펑
펑덩
펑덩펑덩
펑펑1
포근2
펑펑포근
포갬포갬
포도동
포도동포도동
포동포동
포드닥
포드닥포드닥
포드드
포드드포드드
포드득
포드득포드득
포드등
포드등포드등
포득
포득포득
포들포들
포들짝
포들짝포들짝

포롱
포롱포롱
포르르1
포르르2
포르르포르르
포르륵
포르륵포르륵
포르릉
포르릉포르릉
포륵포륵
포릉
포릉포릉
포삭
포삭포삭
포송포송
포스스
포슬포슬
포슬포슬
포시시1
포시시2
포실포실1
포실포실2
폭
폭삭1
폭삭2
폭삭폭삭1
폭삭폭삭2
폭신폭신
폭폭
폴락폴락
폴랑폴랑
폴폴
폴딱
폴딱폴딱
폴싹1

폴싹2
폴싹폴싹1
폴싹폴싹2
폴짝
폴짝폴짝
퐁
퐁당
퐁당퐁당
퐁퐁1
퐁퐁2
**풍**
**풍풍**
푸
푸근푸근
푸다닥
푸다닥푸다닥
푸닥
푸닥푸닥
푸더덕
푸더덕푸더덕
푸덕
푸덕푸덕1
푸덕푸덕2
푸둥푸둥
푸드덕
푸드덕푸드덕
푸드드
푸드드푸드드
푸드득
푸드득푸드득
푸드등
푸드등푸드등
푸득
푸득푸득
푸들푸들

| | | |
|---|---|---|
| 푸들쩍 | 풀썩1 | 핀둥핀둥 |
| 푸들쩍푸들쩍 | 풀썩2 | 핀들핀들 |
| 푸르딩딩 | 풀썩풀썩1 | 핑 |
| 푸르르 | 풀썩풀썩2 | 핑그르르 |
| 푸르륵 | 풀씬 | 핑글핑글 |
| 푸르륵푸르륵 | 풀씬풀씬 | 핑핑1 |
| 푸르릉 | 풀쩍1 | 핑핑2 |
| 푸르릉푸르릉 | 풀쩍2 | 팩 |
| 푸르청청 | 풀쩍풀쩍1 | 팩팩 |
| 푸륵푸륵 | 풀쩍풀쩍2 | 팬둥팬둥 |
| 푸름푸름 | 풍 | 팬들팬들 |
| 푸릇푸릇 | 풍덩 | 팽 |
| 푸릿푸릿 | 풍덩실 | 팽그르르 |
| 푸석푸석 | 풍덩풍덩 | 팽글팽글 |
| 푸숭푸숭 | 풍성풍성 | 팽팽1 |
| 푸스스 | 풍작풍작 | 팽팽2 |
| 푸슬푸슬 | 풍풍1 | 하 |
| 푸시시 | 풍풍2 | 하나가득 |
| 푸실푸실 | 풍빵 | 하나가뜩 |
| 푸푸 | 풍빵풍빵 | 하나잔뜩 |
| 푸떡 | 풉 | 하느작 |
| 푸떡푸떡 | 풉풉 | 하느작하느작 |
| 푸뜩 | 피 | 하느적 |
| 푸뜩푸뜩 | 피근피근 | 하느적하느적 |
| 푹 | 피둥피둥 | 하늑하늑 |
| 푹석 | 피식 | 하늘하늘 |
| 푹석푹석 | 피식피식 | 하늘짝 |
| 푹푹 | 피적피적 | 하늘짝하늘짝 |
| 풀럭 | 피끗 | 하다분 |
| 풀럭풀럭 | 피끗피끗 | 하동지동 |
| 풀렁 | 피뜩 | 하동하동 |
| 풀렁풀렁 | 피뜩피뜩 | 하두 |
| 풀풀 | 피씩 | 하드닥 |
| 풀떡 | 픽 | 하드닥하드닥 |
| 풀떡풀떡 | 픽픽 | 하드득 |

하드득하드득　　　할긋할긋　　　　함빡
하들하들1　　　　할기족　　　　　함빡함빡
하들하들2　　　　할기족족　　　　함뿍
하롱하롱　　　　　할기족할기족　　함싹
하르르　　　　　　할기죽　　　　　함싹함싹
하르륵　　　　　　할기죽할기죽　　함씬
하르륵하르륵　　　할깃　　　　　　함씬함씬
하리망당　　　　　할깃할깃　　　　합죽합죽
하리타분　　　　　할깃흘깃　　　　핫핫
하릿　　　　　　　할락　　　　　　항1
하릿하릿　　　　　할락할락　　　　항2
하마하마　　　　　할랑할랑1　　　항청항청
하물하물　　　　　할랑할랑2　　　항야
하박하박　　　　　할레발딱　　　　항야라
하부룩　　　　　　할레발딱할레발딱　항야라붕야라
하부룩하부룩　　　할할　　　　　　항야붕야
하분하분　　　　　할끔　　　　　　항야흥야
하비작　　　　　　할끔할끔　　　　항이야
하비작하비작　　　할끗　　　　　　항이야붕이야
하사분　　　　　　할끗할끗　　　　항이야흥이야
하작하작　　　　　할낏　　　　　　허
하전하전　　　　　할낏할낏　　　　허겁지겁
하하　　　　　　　할딱할딱　　　　허궁
학1　　　　　　　할싹할싹　　　　허궁허궁
학2　　　　　　　할씨근할씨근　　허기적허기적
학학　　　　　　　할짝할짝　　　　허덕지덕
한닥한닥　　　　　할쭉할쭉1　　　허덕허덕
한드랑한드랑　　　할쭉할쭉2　　　허둥지둥
한드작한드작　　　함실함실　　　　허둥허둥
한들한들　　　　　함치르르　　　　허든허든
한댕한댕　　　　　함치레　　　　　허들허들
할근할근　　　　　함칠　　　　　　허룽허룽
할금　　　　　　　함칠함칠　　　　허물허물
할금할금　　　　　함칫　　　　　　허방지방
할긋　　　　　　　함칫함칫　　　　허방허방

허벅허벅
허부룩
허부룩허부룩
허분허분
허비적허비적
허실비실
허적허적
허전허전
허정
허정허정
허청허청
허치럭
허치럭허치럭
허턱
허투루
허퉁
허퉁허퉁
허틀허틀
허허
허쩐허쩐
허찐허찐
허영허영
허우적허우적
헉
헉헉
헐근헐근
헐금씨금
헐럭헐럭
헐렁헐렁1
헐렁헐렁2
헐레벌떡
헐레벌떡헐레벌떡
헐헐1
헐헐2
헐떡헐떡

헐썩헐썩
헐씨근헐씨근
험
험험
헛헛
헝겁지겁
헝그레
헝글벙글
헝글헝글
호
호도독
호도독호도독
호독
호독호독
호드득
호드득호드득
호득
호득호득
호들
호들랑
호들랑호들랑
호들호들
호듯호듯
호락호락
호록
호록호록
호르르
호르르호르르
호르륵
호르륵호르륵
호륵
호륵호륵
호리호리
호물호물
호비작호비작

호졸곤
호타분
호탑지근
호호1
호호2
호끈
호끈호끈
호똘
호똘호똘
호뜰
호뜰호뜰
호양호양
혹
혹혹
혼돌
혼돌혼돌
혼들혼들
혼연
홀
홀곤홀곤
홀라닥
홀라닥홀라닥
홀라당
홀라당홀라당
홀락홀락
홀랑
홀랑홀랑1
홀랑홀랑2
홀보들
홀홀
홀까닥
홀까닥홀까닥
홀딱
홀딱홀딱
홀싹

| | | |
|---|---|---|
| 홀짝 | 후룩후룩 | 훌럭훌럭 |
| 홀짝홀짝 | 후르르 | 훌렁 |
| 홀쪽 | 후르르후르르 | 훌렁훌렁1 |
| 홀쪽홀쪽 | 후르룩 | 훌렁훌렁2 |
| 홈착홈착 | 후르룩후르룩 | 훌훌 |
| 홈치작홈치작 | 후룩 | 훌꺼덕 |
| 홈칠 | 후룩후룩 | 훌꺼덕훌꺼덕 |
| 홈칠홈칠 | 후리후리 | 훌끈 |
| 홈칫 | 후릴서 | 훌끈훌끈 |
| 홈칫홈칫 | 후릿 | 훌떡 |
| 홈빡 | 후물후물 | 훌떡훌떡 |
| 홈빡홈빡 | 후비적 | 훌쩍 |
| 홈싹 | 후비적후비적 | 훌쩍훌쩍 |
| 후 | 후후 | 훌쭉훌쭉 |
| 후다닥 | 후끈 | 훔척훔척 |
| 후다닥후다닥 | 후끈후끈 | 훔치르르 |
| 후닥딱 | 후따 | 훔치적훔치적 |
| 후닥닥후닥닥 | 후따후따 | 훗훗 |
| 후닥뚝딱 | 후뜰 | 흐느적흐느적 |
| 후더분 | 후뜰후뜰 | 흐늑 |
| 후두두 | 훅 | 흐늑흐늑1 |
| 후두둑 | 훅훅 | 흐늑흐늑2 |
| 후두둑후두둑 | 훌 | 흐늘흐늘 |
| 후둑 | 훌군 | 흐늘쩍흐늘쩍 |
| 후둑후둑 | 훌군훌군 | 흐둥하둥 |
| 후드득 | 훌근 | 흐드덕 |
| 후드득후드득 | 훌근번쩍 | 흐드덕흐드덕 |
| 후들 | 훌근번쩍훌근번쩍 | 흐드득 |
| 후들렁 | 훌근훌근 | 흐득 |
| 후들렁후들렁 | 훌기죽죽 | 흐득흐득 |
| 후들후들 | 훌러덕 | 흐들흐들 |
| 후들쩍 | 훌러덕훌러덕 | 흐룽하룽 |
| 후들쩍후들쩍 | 훌러덩 | 흐르르 |
| 후듯후듯 | 훌러덩훌러덩 | 흐름흐름 |
| 후룩 | 훌럭 | 흐리마리 |

흐리멍텅
흐리무릇
흐릿흐릿
흐물렁
흐물흐물1
흐물흐물2
흐물떡
흐물떡흐물떡
흐뭇흐뭇
흐슬부슬
흐지부지
흐흐
흐아
흐아흐아
흐악
흐악흐악
흐억
흐억흐억
흑
흑죽학죽
흑흑
흔덕흔덕
흔드렁흔드렁
흔드적흔드적
흔들흔들
흔들삐죽
흔들삐죽흔들삐죽
흔뎅흔뎅
흔전만전
흔전흔전
흘근흘근
흘금
흘금흘금
흘긋
흘긋흘긋

홀기죽
홀기죽죽
홀기죽홀기죽
홀깃
홀깃할깃
홀깃홀깃
훌림훌림
흘미죽죽
흘번드르르
흘흘
흘끔
흘끔흘끔
흘끗
흘끗흘끗
흘낏
흘낏흘낏
흘쩍흘쩍
흘쭉흘쭉
흠
흠실
흠실흠실1
흠실흠실2
흠치르르
흠치레
흠칠
흠칠흠칠
흠칫
흠칫흠칫
흠흠
흠뻑
흠뻑흠뻑
흠썩흠썩
흠씬
흠씬흠씬
흠씰

흠씰흠씰
흡진갑진
흥
흥글벙글
흥글흥글
흥덩흥덩
흥성흥성
흥숭생숭
흥청망청
흥청흥청
흥탕망탕
흥흥
흥떡흥떡
흥떵흥떵
흥뚱항뚱
흥뚱흥뚱
흥야
흥야라
흥야라붕야라
흥야붕야
흥야항야
흥얼흥얼
흥이야
흥이야붕이야
흥이야항이야
히드득
히드득히드득
히득히득
히들머들
히들히들
히룽히룽
히물히물
히물떡
히물떡히물떡
히벌쭉

히벌쭉히벌쭉
히죽
히죽벌쭉
히죽비죽
히죽히죽1
히죽히죽2
히히닥히히닥
히히덕히히덕
히뜰머뜰
히쭉
히쭉벌쭉
히쭉히쭉
힐금
힐금힐금
힐긋
힐긋힐긋
힐끔
힐끔힐끔
힐끗
힐끗힐끗
힘힘
힝
힝힝
힝뚱항뚱
힝뚱힝뚱
해
해갈쑥
해드득
해드득해드득
해득해득
해들해들
해롱해롱
해물해물
해물딱
해물딱해물딱

해반닥해반닥
해반들
해반들해반들
해발딱
해발짝
해발짝해발짝
해발쪽
해발쪽해발쪽
해발쭉해발쭉
해스무레
해슥
해슥해슥
해시시
해작해작
해족
해족해족
해죽
해죽배죽
해죽해죽1
해죽해죽2
해치작
해치작해치작
해해
해해닥
해해닥해해닥
해끔해끔
해끗1
해끗2
해끗해끗1
해끗해끗2
해뜩1
해뜩2
해뜩발긋
해뜩해뜩1
해뜩해뜩2

해쓱
해쓱해쓱
해쪽
해쪽발쪽
해쪽해쪽
해쭉
해쭉발쭉
해쭉해쭉
햅금
햅금햅금
햅긋
햅긋햅긋
햅끔
햅끔햅끔
햅끗
햅끗햅끗
햄
혜
혜근혜근
혜든혜든
혜멀끔
혜멀쑥
혜번덕
혜번덕혜번덕
혜번쩍
혜번쩍혜번쩍
혜벌쩍
혜벌쩍혜벌쩍
혜벌쭉
혜벌쭉혜벌쭉
혜산바산
혜시시
혜실바실
혜실혜실
혜싱혜싱

| | | |
|---|---|---|
| 헤작 | 휘청 | 회롱회롱 |
| 헤적 | 휘청휘청 | 회무스름 |
| 헤적헤적 | 휘춘휘춘 | 회번덕회번덕 |
| 헤죽1 | 휘친휘친 | 회번득 |
| 헤죽2 | 휘휘 | 회번득회번득 |
| 헤죽헤죽1 | 휘휘친친 | 회번들 |
| 헤죽헤죽2 | 휘휘칭칭 | 회번들회번들 |
| 헤치작 | 휘끈 | 회번쩍 |
| 헤치작헤치작 | 휘끗 | 회번쩍회번쩍 |
| 헤치적 | 휘딱 | 회불긋 |
| 헤치적헤치적 | 휘딱휘딱 | 회불깃 |
| 헤피 | 휘뚜루 | 희스무레 |
| 헤헤 | 휘뚜루마뚜루 | 희슥 |
| 헤짝 | 휘뚝 | 희슥희슥 |
| 헤쩍 | 휘뚝휘뚝 | 희치희치 |
| 헴 | 휘뚤 | 희푸릇 |
| 회동글 | 휘뚤휘뚤 | 희희 |
| 회들회들 | 휘뜩 | 희희덕 |
| 회창회창 | 휘뜩휘뜩 | 희희덕희희덕 |
| 회촌회촌 | 휘영청 | 희끈희끈 |
| 회친회친 | 휘영휘영1 | 희끔희끔 |
| 회회 | 휘영휘영2 | 희끗 |
| 회똑 | 휘우청휘우청 | 희끗희끗 |
| 회똑회똑 | 휘우뚱 | 희끗희끗 |
| 회똘회똘 | 휘우뚱휘우뚱 | 희뜩 |
| 획 | 휘유 | 희뜩 |
| 획획 | 휘유휘유 | 희뜩벌긋 |
| 횡 | 획 | 희뜩희뜩 |
| 횡횡 | 획획 | 희뜩희뜩 |
| 휘 | 횟등 | 희쓱 |
| 휘들휘들 | 횡 | 희쓱희쓱 |
| 휘적휘적 | 횡횡 | 화 |
| 휘전휘전 | 횡야횡야 | 화다닥 |
| 휘정휘정 | 희누름 | 화다닥화다닥 |
| 휘줄휘줄 | 희롱해롱 | 화닥닥 |

| | | |
|---|---|---|
| 화닥닥화닥닥 | 훨훨 | 까리까리 |
| 화닥뚝닥 | 훨떡 | 까막까막1 |
| 화드득 | 훨떡훨떡 | 까막까막2 |
| 화드득화드득 | 훨썩 | 까무락까무락 |
| 화들랑 | 훨쑥 | 까물까물 |
| 화들랑화들랑 | 훨씬 | 까뭇까뭇1 |
| 화들화들 | 훨쩍 | 까뭇까뭇2 |
| 화들짝 | 훨찐 | 까밋까밋 |
| 화들짝화들짝 | 해해 | 까박 |
| 화락 | 홱 | 까박까박 |
| 화락화락 | 홱홱 | 까부랑까부랑1 |
| 화르르 | 행댕 | 까부랑까부랑2 |
| 화르르화르르 | 행창 | 까부장까부장 |
| 화르륵 | 행행 | 까분까분 |
| 화르륵화르륵 | 횅뎅 | 까불랑까불랑 |
| 화끈 | 횡횡 | 까불까불1 |
| 화끈화끈 | 까근까근 | 까불까불2 |
| 화뜰 | 까다 | 까불딱 |
| 화뜰화뜰 | 까닥까닥1 | 까불딱까불딱 |
| 확 | 까닥까닥2 | 까불짝 |
| 확확 | 까닥까닥3 | 까불짝까불짝 |
| 활 | 까드락까드락 | 까스스 |
| 활랑활랑 | 까득까득 | 까슬까슬 |
| 활활 | 까들랑까들랑 | 까시시 |
| 활까닥 | 까들막까들막 | 까실까실 |
| 활까닥활까닥 | 까들까들 | 까치르르 |
| 활끈 | 까댁 | 까치작까치작 |
| 활끈활끈 | 까댁까댁 | 까칠까칠 |
| 활딱 | 까르르 | 까칫까칫 |
| 활딱활딱 | 까르르까르르 | 까탈까탈 |
| 활싹 | 까르륵 | 까끈까끈 |
| 활짝 | 까르륵까르륵 | 까끌까끌 |
| 활젼 | 까르릉 | 까딱 |
| 홧홧 | 까르릉까르릉 | 까딱까딱 |
| 황황 | 까르깔깔 | 까뜨락까뜨락 |

| | | |
|---|---|---|
| 까뜰랑까뜰랑 | 감작 | 깡짱깡짱 |
| 까뜰막까뜰막 | 감작감작 | 꺄우뚱 |
| 까뜰까뜰 | 감작감작 | 꺄우뚱꺄우뚱 |
| 까땍 | 감깜 | 꺄울꺄울 |
| 까땍까땍 | 감빡 | 꺄울딱 |
| 까악 | 감빡감빡 | 꺄울딱꺄울딱 |
| 까악까악 | 감짝 | 꺄웃 |
| 까옥 | 감짝감짝 | 꺄웃꺄웃 |
| 까옥까옥 | 갑삭 | 꺅 |
| 까욱 | 갑삭갑삭 | 꺅꺅 |
| 까욱까욱 | 갑신갑신 | 갈쭉갈쭉 |
| 깍 | 갑작 | 꺼겅 |
| 깍둑깍둑 | 갑작갑작 | 꺼겅꺼겅 |
| 깍깍 | 갑작갑작1 | 꺼귀꺼귀 |
| 깐닥깐닥 | 갑작갑작2 | 꺼덕 |
| 깐작깐작 | 갑죽갑죽 | 꺼덕꺼덕1 |
| 깐죽깐죽 | 갑진갑진 | 꺼덕꺼덕2 |
| 깐직깐직 | 깡동 | 꺼드럭꺼드럭 |
| 깐질깐질 | 깡동깡동 | 꺼들렁꺼들렁 |
| 깐딱 | 깡둥 | 꺼들먹꺼들먹 |
| 깐딱깐딱 | 깡둥깡둥 | 꺼들꺼들 |
| 깔그랑 | 깡창 | 꺼덱꺼덱 |
| 깔그랑깔그랑 | 깡창깡창 | 꺼먹꺼먹1 |
| 깔기둥깔기둥 | 깡총 | 꺼먹꺼먹2 |
| 깔깃 | 깡총깡총 | 꺼무럭꺼무럭 |
| 깔깃깔깃 | 깡충1 | 꺼물꺼물 |
| 깔킷깔킷 | 깡충2 | 꺼뭇꺼뭇1 |
| 깔깔 | 깡충깡충 | 꺼뭇꺼뭇2 |
| 깔끔깔끔 | 깡깡 | 꺼밋꺼밋 |
| 깔딱 | 깡똥 | 꺼벅 |
| 깔딱깔딱 | 깡똥깡똥 | 꺼벅꺼벅 |
| 깔짝깔짝 | 깡뚱1 | 꺼부렁꺼부렁 |
| 깔쭉깔쭉 | 깡뚱2 | 꺼부정꺼부정 |
| 깜박 | 깡뚱깡뚱 | 꺼분꺼분 |
| 깜박깜박 | 깡짱 | 꺼불렁꺼불렁 |

꺼불꺼불1
꺼불꺼불2
꺼불떡
꺼불떡꺼불떡
꺼불쩍
꺼불쩍꺼불쩍
꺼스스
꺼슬꺼슬
꺼시시
꺼실꺼실
꺼치르르
꺼치적꺼치적
꺼칠꺼칠
꺼칫꺼칫
꺼풀꺼풀
꺼풋
꺼풋꺼풋
꺼끌꺼끌
꺼떡
꺼떡꺼떡
꺼뜨럭꺼뜨럭
꺼뜰렁꺼뜰렁
꺼뜰먹꺼뜰먹
꺼뜰꺼뜰
꺽
꺽둑꺽둑1
꺽둑꺽둑2
꺽죽꺽죽
꺽꺽
꺽꺽
껀덕
껀덕껀덕
껄그렁
껄그렁껄그렁
껄렁껄렁

껄껄
껄끔껄끔
껄떡
껄떡껄떡
껄쭉껄쭉
껌벅
껌벅껌벅
껌적
껌적껌적
껌적껌적
껌뻑
껌뻑껌뻑
껌쩍
껌쩍껌쩍
껍석
껍석껍석
껍신껍신
껍적1
껍적2
껍적껍적1
껍적껍적2
껍적껍적3
껍죽껍죽
껍진껍진
껑둥
껑둥껑둥
껑청1
껑청2
껑청껑청
껑충
껑충껑충
껑뚱
껑뚱껑뚱
껑쩡
껑쩡껑쩡

껑쭝
껑쭝껑쭝
꼬고
꼬기작꼬기작
꼬기꼬기
꼬깃꼬깃
꼬닥꼬닥
꼬당꼬당
꼬독꼬독
꼬들꼬들
꼬르르
꼬르륵
꼬르륵꼬르륵
꼬륵
꼬륵꼬륵
꼬무락꼬무락
꼬무작꼬무작
꼬물꼬물
꼬밀꼬밀
꼬바기
꼬박
꼬박
꼬박꼬박1
꼬박꼬박2
꼬부랑꼬부랑
꼬부장꼬부장
꼬불락닐락
꼬불락꼬불락
꼬불탕꼬불탕
꼬불꼬불
꼬불딱
꼬불딱꼬불딱
꼬붓꼬붓
꼬장꼬장
꼬지기

꼬지꼬지
꼬치꼬치
꼬풀
꼬풀꼬풀
꼬풀딱
꼬풀딱꼬풀딱
꼬꼬
꼬꼬댁
꼬꼬댁꼬꼬댁
꼬꾜
꼬끼요
꼬빡1
꼬빡2
꼬빡꼬빡1
꼬빡꼬빡2
꼬약꼬약
꼭
꼭꼭
꼰독
꼰독꼰독
꼰들
꼰들꼰들
꼰질꼰질
꼴락
꼴락꼴락
꼴랑
꼴랑꼴랑
꼴까닥
꼴까닥꼴까닥
꼴깍
꼴깍꼴깍
꼴꼴
꼴딱
꼴딱꼴딱
꼴짝

꼴짝꼴짝
꼴찌락
꼴찌락꼴찌락
꼼실꼼실
꼼작
꼼작꼼작
꼼지락
꼼지락꼼지락
꼼질
꼼질꼼질
꼼틀
꼼틀꼼틀
꼼꼼
꼼짝
꼼짝달싹
꼽실
꼽실꼽실1
꼽실꼽실2
꼽작꼽작
꽁꽁1
꽁꽁2
꽁알꽁알
꾸기작꾸기작
꾸기적꾸기적
꾸기꾸기
꾸깃꾸깃
꾸덕꾸덕
꾸덩꾸덩
꾸둑꾸둑
꾸둥꾸둥
꾸들꾸들
꾸르르
꾸르르꾸르르
꾸르륵
꾸르륵꾸르륵

꾸르릉
꾸르릉꾸르릉
꾸륵
꾸륵꾸륵
꾸릉
꾸릉꾸릉
꾸무럭꾸무럭
꾸무적꾸무적
꾸물꾸물
꾸밈새
꾸벅
꾸벅꾸벅
꾸부렁꾸부렁
꾸부정꾸부정
꾸불럭꾸불럭
꾸불텅꾸불텅
꾸불꾸불
꾸불떡꾸불떡
꾸붓꾸붓
꾸시시
꾸정꾸정
꾸풀꾸풀
꾸풀떡
꾸풀떡꾸풀떡
꾸핏꾸핏
꾸꾸
꾸뻑
꾸뻑꾸뻑
꾸역꾸역
꾹
꾹꾹1
꾹꾹2
꾹꾹꾸르륵
꾼둑
꾼둑꾼둑

| | | |
|---|---|---|
| 꾼들 | 꼽적꼽적 | 끔적 |
| 꾼들꾼들 | 꿍 | 끔적끔적 |
| 꿀럭 | 꿍싯꿍싯 | 끔뻑 |
| 꿀럭꿀럭 | 꿍꿍1 | 끔뻑끔뻑 |
| 꿀렁 | 꿍꿍2 | 끔쩍 |
| 꿀렁꿀렁 | 꿍꿍3 | 끔쩍끔쩍 |
| 꿀지럭꿀찌럭 | 꿍꽝 | 끙 |
| 꿀꺼덕 | 꿍꽝꿍꽝 | 끙끙 |
| 꿀꺼덕꿀꺼덕 | 꿍얼꿍얼 | 끼깅 |
| 꿀꺽 | 끄덕 | 끼깅끼깅 |
| 꿀꺽꿀꺽 | 끄덕끄덕 | 끼드득 |
| 꿀꿀 | 끄르륵 | 끼드득끼드득 |
| 꿀떡 | 끄르륵끄르륵 | 끼득 |
| 꿀떡꿀떡 | 끄먹끄먹 | 끼득끼득 |
| 꿀쩍 | 끄물끄물 | 끼들 |
| 꿀쩍꿀쩍 | 끄적 | 끼들끼들 |
| 꿀찌럭 | 끄적끄적 | 끼루룩 |
| 꿀찌럭꿀찌럭 | 끄떡 | 끼루룩끼루룩 |
| 꿈실꿈실 | 끄떡끄떡 | 끼룩1 |
| 꿈적 | 끅 | 끼룩2 |
| 꿈적꿈적 | 끅끅 | 끼룩끼루룩 |
| 꿈지럭 | 끈덕 | 끼룩끼룩1 |
| 꿈지럭꿈지럭 | 끈덕끈덕 | 끼룩끼룩2 |
| 꿈질 | 끈적끈적 | 끼리끼리 |
| 꿈질꿈질 | 끈죽끈죽 | 끼적 |
| 꿈틀 | 끈질끈질 | 끼적끼적 |
| 꿈틀꿈틀 | 끈떡끈떡 | 끼지럭 |
| 꿈쩍 | 끌 | 끼지럭끼지럭 |
| 꿈쩍꿈쩍 | 끌깃 | 끼우뚱 |
| 꼽신 | 끌깃끌깃 | 끼우뚱끼우뚱 |
| 꼽신꼽신 | 끌끌 | 끼울끼울 |
| 꼽실 | 끌쩍끌쩍 | 끼울떡 |
| 꼽실꼽실1 | 끔벅 | 끼울떡끼울떡 |
| 꼽실꼽실2 | 끔벅번쩍 | 끼웃 |
| 꼽적 | 끔벅끔벅 | 끼웃끼웃 |

끽
끽끽
낄끼리
낄낄1
낄낄2
낄쭉낄쭉
낑
낑낑
깨갱
깨갱깨갱
깨드득
깨드득깨드득
깨득
깨득깨득
깨들
깨들깨들
깨르르
깨르르깨르르
깨작깨작1
깨작깨작2
깨죽깨죽
깨지락깨지락
깨질깨질
깨깨
깨울
깨울깨울
깨웃
깨웃깨웃
깩
깩깩
깰깰
깰쭉
깰쭉깰쭉
깽
깽깽
께적께적
께죽께죽
께지럭께지럭
께질께질
께께
께욱
께욱께욱
껙껙
꾀지지
꾀꼴
꾀꼴꾀꼴
꾀꾀
꾀음꾀음
꽈닥
꽈닥꽈닥
꽈당
꽈당당
꽈당당꽈당당
꽈당탕
꽈당탕꽈당탕
꽈당꽈당
꽈들꽈들
꽈르르
꽈르릉
꽈르릉꽈르릉
꽈릉
꽈릉꽈릉
꽈욱
꽈욱꽈욱
꽉
꽉꽉
꽐꽐
꽝
꽝당꽝당
꽝꽝
꽥
꽥꽥
꽹그랑
꽹그랑꽹그랑
꽹당
꽹당꽹당
꽹창
꽹창꽹창
꿕
꿕꿕
따가닥
따가닥따가닥
따근따근
따는
따닥따닥
따당따당
따독따독
따드름
따드름따드름
따듬작따듬작
따듬따듬
따로따로
따르르
따르르따르르
따르륵
따르륵따르륵
따르릉
따르릉따르릉
따름따름
따릉
따릉따릉
따부락
따부락따부락
따쿵
따쿵따쿵

따끈따끈
따끔
따끔따끔
따따
따따부따
따짝따짝
따웅
딱1
딱2
딱다그르르
딱다그르르딱다그르르
딱다글딱다글
딱따그르르
딱따글
딱따글딱따글
딱딱1
딱딱2
딸가닥
딸가닥딸가닥
딸가당딸가당
딸각
딸각딸각
딸강
딸강딸강
딸그락
딸그락딸그락
딸그랑
딸그랑딸그랑
딸랑
딸랑딸랑
딸막딸막
딸막이다
딸카닥
딸카닥딸카닥
딸카당

딸카당딸카당
딸칵
딸칵딸칵
딸캉
딸캉딸캉
딸까닥
딸까닥딸까닥
딸까당
딸까당딸까당
딸깍
딸깍딸깍
딸깡
딸꾹
딸꾹딸꾹
딸딸
딸싹
딸싹딸싹
땀직땀직
땅
땅당
땅땅1
땅땅2
떠거덕
떠거덕떠거덕
떠덕떠덕
떠듬적떠듬적
떠듬떠듬
떠렁떠렁
떠부럭
떠부럭떠부럭
떠죽떠죽
떠뜨름
떠뜨름떠뜨름
떡1
떡2

떡떡1
떡떡2
떨거덕
떨거덕떨거덕
떨거덩
떨거덩떨거덩
떨걱
떨걱떨걱
떨겅
떨겅떨겅
떨그럭
떨그럭떨그럭
떨그렁
떨그렁떨그렁
떨렁
떨렁떨렁
떨커덕
떨커덕떨커덕
떨커덩
떨커덩떨커덩
떨컥
떨컥떨컥
떨컹
떨컹떨컹
떨꺼덕
떨꺼덕떨꺼덕
떨꺼덩
떨꺼덩떨꺼덩
떨꺽
떨꺽떨꺽
떨껑
떨껑떨껑
떨떨
떰벙
떰벙떰벙

떵
떵더꿍
떵떵1
떵떵2
또가닥
또가닥또가닥
또각
또각또각
또골또골
또그르르
또글또글1
또글또글2
또닥
또닥또닥
또달또달
또드락또드락
또랑또랑
또렷또렷
또록
또록또록
또르르
또르르또르르
또르륵
또릿
또릿또릿
또박또박
똑1
똑2
똑딱
똑딱똑딱
똑똑
똘랑
똘랑똘랑
똘똘1
똘똘2

똥글똥글
똥똥
뚜
뚜거덕
뚜거덕뚜거덕
뚜걱
뚜걱뚜걱
뚜그르르
뚜글뚜글1
뚜글뚜글2
뚜덕
뚜덕뚜덕
뚜덜뚜덜
뚜드럭뚜드럭
뚜렷뚜렷
뚜루룩
뚜루룩뚜루룩
뚜룩
뚜룩뚜룩
뚜르르
뚜르륵
뚜리뚜리
뚜릿뚜릿
뚜벅뚜벅
뚜부럭
뚜부럭뚜부럭
뚜적뚜적
뚜꺽뚜꺽
뚝
뚝딱
뚝딱뚝딱
뚝떡
뚝떡뚝떡
뚝뚝
뚤렁

뚤렁뚤렁
뚤뚤1
뚤뚤2
뚱글뚱글
뚱기적
뚱기적뚱기적
뚱깃
뚱깃뚱깃
뚱땅
뚱땅뚱땅
뚱뚱
뜨근뜨근
뜨덤뜨덤
뜨르르1
뜨르르2
뜨르륵
뜨르륵뜨르륵
뜨르릉
뜨르릉뜨르릉
뜨문뜨문
뜨부럭
뜨부럭뜨부럭
뜨적뜨적
뜨직뜨직
뜨끈뜨끈
뜨끔
뜨끔뜨끔
뜯적뜯적
뜰먹뜰먹
뜰뜰
뜰썩
뜰썩뜰썩
뜸부럭
뜸부럭뜸부럭
뜸북뜸북

| | | |
|---|---|---|
| 뜸직뜸직 | 때끔때끔 | 떽떼굴떽떼굴 |
| 띠구루루 | 때뚝 | 떽떽 |
| 띠굴 | 때뚝때뚝 | 뗑1 |
| 띠그르르1 | 땍때구루루 | 뗑2 |
| 띠그르르2 | 땍때굴 | 뗑가당 |
| 띠글띠글1 | 땍때굴땍때굴 | 뗑가당뗑가당 |
| 띠글띠글2 | 땍땍 | 뗑거덩 |
| 띠룩 | 땡 | 뗑거덩뗑거덩 |
| 띠룩띠룩 | 땡가당 | 뗑겅 |
| 띠끔 | 땡가당땡가당 | 뗑겅뗑겅 |
| 띠끔띠끔 | 땡강 | 뗑그렁 |
| 띠뚝 | 땡강땡강 | 뗑그렁뗑그렁 |
| 띠뚝띠뚝 | 땡그랑 | 뗑뗑 |
| 띠염띠염 | 땡그랑땡그랑 | 뙤록 |
| 띵띵 | 땡땡1 | 뙤록뙤록 |
| 때가닥 | 땡땡2 | 뙤룩 |
| 때가닥때가닥 | 떼거덕 | 뙤룩뙤룩 |
| 때각 | 떼거덕떼거덕 | 뙤똑 |
| 때각때각 | 떼걱 | 뙤똑뙤똑 |
| 때구루루 | 떼걱떼걱 | 뙤똥 |
| 때굴때굴 | 떼구루루 | 뙤똥뙤똥 |
| 때그락 | 떼굴떼굴 | 뙤뚝 |
| 때그락때그락 | 떼그럭 | 뙤뚝뙤뚝 |
| 때그르르1 | 떼그럭떼그럭 | 뙤뚱 |
| 때그르르2 | 떼그르르1 | 뙤뚱뙤뚱 |
| 때글때글1 | 떼그르르2 | 뛰룩 |
| 때글때글2 | 떼글떼글1 | 뛰룩뛰룩 |
| 때록 | 떼글떼글2 | 뛰부럭 |
| 때록때록 | 떼룩 | 뛰부럭뛰부럭 |
| 때룩 | 떼룩떼룩 | 뛰뚝 |
| 때룩때룩 | 떼걱 | 뛰뚝뛰뚝 |
| 때깍 | 떼걱떼걱 | 뛰뚱 |
| 때깍때깍 | 떼꾼떼꾼 | 뛰뚱뛰뚱 |
| 때꾼때꾼 | 떽떼구루루 | 뛰뛰 |
| 때끔 | 떽떼굴 | 뛰뛰빵빵 |

| | | |
|---|---|---|
| 띄엄띄엄 | 빠스락 | 빤짝 |
| 똬르르 | 빠시락 | 빤짝빤짝 |
| 똬르르똬르르 | 빠시락빠시락 | 빨긋빨긋 |
| 빠가각 | 빠작빠작 | 빨깃빨깃 |
| 빠가각빠가각 | 빠지지 | 빨락 |
| 빠각 | 빠지직 | 빨락빨락 |
| 빠각빠각 | 빠지직빠지직 | 빨랑빨랑 |
| 빠그극 | 빠직 | 빨롱 |
| 빠그극빠그극 | 빠직빠직 | 빨롱빨롱 |
| 빠그닥 | 빠질빠질 | 빨끈 |
| 빠그닥빠그닥 | 빠꼼1 | 빨끈빨끈 |
| 빠그락 | 빠꼼2 | 빨딱 |
| 빠그락빠그락 | 빠꼼빠꼼1 | 빨딱빨딱 |
| 빠그르르 | 빠꼼빠꼼2 | 빨빨1 |
| 빠극 | 빠끔1 | 빨빨2 |
| 빠극빠극 | 빠끔2 | 빨씬 |
| 빠글빠글 | 빠끔빠끔1 | 빨씬빨씬 |
| 빠금1 | 빠끔빠끔2 | 빨짝빨짝 |
| 빠금2 | 빡 | 빨쪽 |
| 빠금빠금1 | 빡빡1 | 빨쪽빨쪽 |
| 빠금빠금2 | 빡빡2 | 빨쭉 |
| 빠닥빠닥 | 빡빡3 | 빨쭉빨쭉 |
| 빠당빠당 | 빡빡4 | 빵 |
| 빠드득 | 빤둥빤둥 | 빵그레 |
| 빠드득빠드득 | 빤드르르 | 빵글 |
| 빠드등 | 빤득 | 빵글빵글 |
| 빠드등빠드등 | 빤득빤득 | 빵긋 |
| 빠드락 | 빤들빤들 | 빵긋빵긋 |
| 빠드락빠드락 | 빤작 | 빵시레 |
| 빠득 | 빤작빤작 | 빵실 |
| 빠득빠득1 | 빤지르르 | 빵실빵실 |
| 빠득빠득2 | 빤지레 | 빵싯 |
| 빠등 | 빤질빤질 | 빵싯빵싯 |
| 빠등빠등 | 빤뜩 | 빵끗 |
| 빠르르 | 빤뜩빤뜩 | 빵끗빵끗 |

빵·빵
빠드득
빠드득빠드득
빡
빡빡
**빠죽빠죽**
뻐거걱
뻐거걱뻐거걱
뻐걱
뻐걱뻐걱
뻐그극
뻐그극뻐그극
뻐그덕
뻐그덕뻐그덕
뻐그르르
뻐극
뻐극뻐극
뻐글뻐글
뻐금1
뻐금2
뻐금뻐금1
뻐금뻐금2
뻐덕뻐덕
뻐덩뻐덩
뻐드럭
뻐드럭뻐드럭
뻐득뻐득
뻐스럭
뻐스럭뻐스럭
뻐시럭
뻐시럭뻐시럭
뻐적뻐적
뻐꿈
뻐꿈뻐꿈
뻐끔1

뻐끔2
뻐끔뻐끔1
뻐끔뻐끔2
뻑
뻑뻑1
뻑뻑2
뻑뻑3
뻑뻑4
뻔둥뻔둥
뻔드르르
뻔득
뻔득뻔득
뻔들뻔들
뻔적
뻔적뻔적
뻔죽뻔죽
뻔지르르
뻔지레
뻔질
뻔질뻔질
뻔뜩
뻔뜩뻔뜩
뻔쩍
뻔쩍뻔쩍
뻘두룩
뻘두룩뻘두룩
뻘긋뻘긋
뻘깃뻘깃
뻘럭
뻘럭뻘럭
뻘렁뻘렁
뻘룽뻘룽
뻘끈
뻘끈뻘끈
뻘떡

뻘떡뻘떡
뻘뻘1
뻘뻘2
뻘씬
뻘씬뻘씬
뻘쩍뻘쩍
뻘쭉
뻘쭉뻘쭉
뻥
뻥그레
뻥글
뻥글뻥글
뻥긋
뻥긋뻥긋
뻥시레
뻥실
뻥실뻥실
뻥싯
뻥싯뻥싯
뻥끗
뻥끗뻥끗
뻥뻥
뽀그르
뽀그르르
뽀글뽀글
뽀닥뽀닥
뽀도독
뽀도독뽀도독
뽀독뽀독
뽀드득
뽀드득뽀드득
뽀르르
뽀르르뽀르르
뽀르릉
뽀르릉뽀르릉

뽀송뽀송
뽀스락
뽀스락뽀스락
뽀시락
뽀시락뽀시락
뽀지지
뽀지직
뽀지직뽀지직
뽀직
뽀직뽀직
뽀질뽀질
뽀잇뽀잇
뽈긋뽈긋
뽈깃뽈깃
뽈록
뽈록뽈록
뽈룩
뽈룩뽈룩
뽕
뽕뽕
뽀롱뽀롱
뾰족
뾰족뾰족
뾰쪽
뾰쪽뾰쪽
뾰쭉
뾰쭉뾰쭉
뿅
뿅뿅
뿌그르
뿌그르르
뿌글뿌글
뿌두둑
뿌두둑뿌두둑
뿌둑뿌둑

뿌드득
뿌드득뿌드득
뿌드등
뿌드등뿌드등
뿌득
뿌득뿌득1
뿌득뿌득2
뿌등
뿌등뿌등1
뿌등뿌등2
뿌르르
뿌르르뿌르르
뿌르릉
뿌르릉뿌르릉
뿌숭뿌숭
뿌스럭
뿌스럭뿌스럭
뿌시럭
뿌시럭뿌시럭
뿌적
뿌적뿌적
뿌지지
뿌지지뿌지지
뿌지직
뿌지직뿌지직
뿌직
뿌직뿌직
뿌질뿌질
뿌잇뿌잇
뿍
뿍뿍
뿔긋뿔긋
뿔깃뿔깃
뿔룩
뿔룩뿔룩

뿔쩍뿔쩍
뿡
뿡뿡
뷰죽
뷰죽뷰죽
뷰쭉
뷰쭉뷰쭉
삐
삐가닥
삐가닥삐가닥
삐각
삐각삐각
삐거덕
삐거덕삐거덕
삐걱
삐걱삐걱
삐걱빼각
삐국
삐궁
삐궁삐궁
삐그극
삐그극삐그극
삐드득
삐드득삐드득
삐주룩삐주룩
삐죽
삐죽삐죽
삐죽빼죽
삐트적삐트적
삐틀삐틀
삐꺼덕
삐꺼덕삐꺼덕
삐꺽
삐꺽삐꺽
삐꾹

삐끔삐끔

삐꿋삐꿋

삐딱삐딱

삐뚜룩

삐뚜룩삐뚜룩

삐뚝삐뚝

삐뚤삐뚤

삐삐1

삐삐2

삐쪼르르

삐쭉1

삐쭉2

삐쭉삐쭉

삐쭉빼쭉

삐악

삐악삐악

삐양

삐양삐양

삐용

삐용삐용

삐유

삐유삐유

삑1

삑2

삑삑

삔둥삔둥

삔들삔들

삔죽삔죽

삘리리삘리리

삘삘

삥

삥그르

삥그르르

삥그레

삥글삥글1

삥글삥글2

삥긋

삥긋삥긋

삥시레

삥실삥실

삥싯

삥싯삥싯

삥끗

삥끗삥끗

삥삥1

삥삥2

빼

빼가닥

빼가닥빼가닥

빼각

빼각빼각

빼곡

빼궁빼궁

빼드득

빼드득빼드득

빼주룩빼주룩

빼죽

빼죽빼죽

빼트작빼트작

빼틀빼틀

빼깍

빼깍빼깍

빼꼭

빼끔빼끔

빼끗빼끗

빼딱빼딱

빼뚜룩

빼뚜룩빼뚜룩

빼뚝

빼뚝빼뚝

빼뚤빼뚤

빼빼1

빼빼2

빼쭉

빼쭉빼쭉

빽1

빽2

빽빽

뺀둥뺀둥

뺀들뺀들

뺀죽뺀죽

뺄뺄

뺑

뺑그르

뺑그르르

뺑그레

뺑글뺑글1

뺑글뺑글2

뺑긋

뺑긋뺑긋

뺑시레

뺑실뺑실

뺑싯

뺑싯뺑싯

뺑끗

뺑끗뺑끗

뺑뺑1

뺑뺑2

싸각

싸각싸각

싸근싸근

싸글싸글

싸라락

싸라락싸라락

싸락

싸락싸락
싸르르
싸르륵
싸르륵싸르륵
싸륵싸륵
싸물싸물
싸부랑싸부랑
싸작
싸작싸작
싹
싹독
싹독싹독
싹둑
싹둑싹둑
싹싹
싹싹
싼득
싼득싼득
쌀강쌀강
쌀랑쌀랑
쌀래
쌀래쌀래
쌀캉쌀캉
쌀쌀1
쌀쌀2
쌈박1
쌈박2
쌈박쌈박1
쌈박쌈박2
쌈빡1
쌈빡2
쌈빡쌈빡1
쌈빡쌈빡2
쌉쏠
쌉쓰레

쌍그레
쌍글
쌍글빵글
쌍글쌍글
쌍긋
쌍긋빵긋
쌍긋쌍긋
쌍동
쌍동쌍동
쌍둥
쌍둥쌍둥
쌍끗
쌍끗빵끗
쌍끗쌍끗
써걱
써걱써걱
써근써근
써글써글
써물써물
썩
썩둑
썩둑썩둑
썩썩
썬득
썬득썬득
썰겅
썰겅썰겅
썰렁썰렁
썰레
썰레썰레
썰컹썰컹
썰썰
썸벅1
썸벅2
썸벅썸벅1

썸벅썸벅2
썸뻑1
썸뻑2
썸뻑썸뻑1
썸뻑썸뻑2
썽둥
썽둥썽둥
쏘곤닥쏘곤닥
쏘곤쏘곤
쏘삭쏘삭
쏘알쏘알
쏙
쏙닥쏙닥
쏙달쏙달
쏙독
쏙독쏙독
쏙삭쏙삭
쏙살쏙살
쏙쏙
쏠닥
쏠닥쏠닥
쏠라닥
쏠라닥쏠라닥
쏠락쏠락
쏠까닥
쏠까닥쏠까닥
쏠깍
쏠깍쏠깍
쏠쏠1
쏠쏠2
쏭당
쏭당쏭당
쏭알
쏭알쏭알
쑤걱쑤걱

쑤군덕쑤군덕

쑤군쑤군

쑤석쑤석

쑤알

쑤알쑤알

쑤얼

쑤얼쑤얼

쑥

쑥덕쑥덕

쑥덜쑥덜

쑥설쑥설

쑥쑥

쑬

쑬꺼덕

쑬꺼덕쑬꺼덕

쑬걱

쑬걱쑬걱

쑬쑬

쑹덩

쑹덩쑹덩

쑹얼쑹얼

쓰렁쓰렁

쓰르람쓰르람

쓰르르

쓰르륵1

쓰르륵2

쓰르륵쓰르륵

쓰르룩쓰르룩

쓰르릉

쓰르릉쓰르릉

쓰륵

쓰륵쓰륵

쓰릿

쓰멀

쓰멀쓰멀

쓰적쓰적

쓱

쓱싹

쓱싹쓱싹

쓱쓱

쓸쓸

씀벅

씀벅씀벅

씀빽

씀빽씀빽

씁쓰레

씨걸씨걸

씨근덕씨근덕

씨근벌떡

씨근벌떡씨근벌떡

씨근씨근

씨글버글

씨글씨글

씨렁씨렁

씨룩

씨룩씨룩

씨르르

씨르르씨르르

씨르룩

씨르룩씨르룩

씨물씨물

씨벌씨벌

씨부렁씨부렁

씨죽

씨죽씨죽

씨쁘등

씨억씨억

씨엉씨엉

씨우적씨우적

씨원씨원

씩

씩둑

씩둑깍둑

씩둑꺽둑

씩둑씩둑

씩씩

씰그렁

씰그렁씰그렁

씰긋

씰긋씰긋

씰기죽

씰기죽씰기죽

씰기죽쌜기죽

씰룩

씰룩씰룩

씰룩쌜룩

씰씰

씽

씽그레

씽글

씽글빵글

씽글씽글

씽긋

씽긋빵긋

씽긋씽긋

씽끗

씽끗빵끗

씽끗씽끗

씽씽

쌔근닥

쌔근닥쌔근닥

쌔근발딱

쌔근쌔근

쌔물쌔물

쌔부랑쌔부랑

| | | |
|---|---|---|
| 쌕 | 짜근짜근 | 짝짜그르 |
| 쌕쌕 | 짜글짜글1 | 짝짝1 |
| 쌜긋 | 짜글짜글2 | 짝짝2 |
| 쌜긋쌜긋 | 짜금짜금 | 짠득짠득 |
| 쌜기죽 | 짜긋 | 짤1 |
| 쌜기죽쌜기죽 | 짜긋짜긋 | 짤2 |
| 쌜룩 | 짜드락짜드락 | 짤가닥 |
| 쌜룩쌜룩 | 짜득짜득 | 짤가닥짤가닥 |
| 쌩 | 짜라랑 | 짤가당 |
| 쌩그레 | 짜라랑짜라랑 | 짤가당짤가당 |
| 쌩글 | 짜락 | 짤각 |
| 쌩글빵글 | 짜락짜락 | 짤각짤각 |
| 쌩글빵글 | 짜랑 | 짤그랑 |
| 쌩글쌩글 | 짜랑짜랑 | 짤그랑짤그랑 |
| 쌩긋 | 짜르랑 | 짤금 |
| 쌩긋빵긋 | 짜르랑짜르랑 | 짤금짤금 |
| 쌩긋빵긋 | 짜르르1 | 짤깃짤깃 |
| 쌩긋쌩긋 | 짜르르2 | 짤라당 |
| 쌩꿋 | 짜르르짜르르 | 짤라당짤라당 |
| 쌩꿋빵꿋 | 짜르륵 | 짤락 |
| 쌩꿋빵꿋 | 짜르륵짜르륵 | 짤락짤락 |
| 쌩꿋쌩꿋 | 짜르릉 | 짤랑 |
| 쌩쌩 | 짜르릉짜르릉 | 짤랑짤랑 |
| 쏴 | 짜름짜름 | 짤록짤록 |
| 쏴락 | 짜릿짜릿 | 짤룩짤룩 |
| 쏴락쏴락 | 짜박 | 짤름짤름1 |
| 쏴쏴 | 짜박짜박 | 짤름짤름2 |
| **쫙** | 짜끈 | 짤래짤래 |
| **쫙쫙** | 짜끈짜끈 | 짤막짤막 |
| 짜그락 | 짝1 | 짤방 |
| 짜그락짜그락1 | 짝2 | 짤방짤방 |
| 짜그락짜그락2 | 짝3 | 짤카닥 |
| 짜그르르1 | 짝자그르르 | 짤카닥짤카닥 |
| 짜그르르2 | 짝자글 | 짤카당 |
| 짜근덕짜근덕 | 짝장그르르 | 짤카당짤카당 |

| | | |
|---|---|---|
| 짤칵 | 짱 | 쩔커덕 |
| 짤칵짤칵 | 짱짱 | 쩔커덕쩔커덕 |
| 짤까닥 | 쩌금쩌금 | 쩔커딩 |
| 짤까닥짤까닥 | 쩌러렁 | 쩔커딩쩔커딩 |
| 짤까당 | 쩌러렁쩌러렁 | 쩔컥 |
| 짤까당짤까당 | 쩌렁 | 쩔컥쩔컥 |
| 짤깍 | 쩌렁쩌렁 | 쩔까닥 |
| 짤깍짤깍 | 쩌르렁 | 쩔까닥쩔까닥 |
| 짤꼼 | 쩌르렁쩌르렁 | 쩔깍 |
| 짤꼼짤꼼 | 쩌르르 | 쩔깍쩔깍 |
| 짤끔 | 쩌릿쩌릿 | 쩔꺼덕 |
| 짤끔짤끔 | 쩌벅쩌벅 | 쩔꺼덕쩔꺼덕 |
| 짤똑짤똑1 | 쩍 | 쩔꺼딩 |
| 짤똑짤똑2 | 쩍쩍 | 쩔꺼딩쩔꺼딩 |
| 짤뚜룩 | 쩔가닥 | 쩔꺽 |
| 짤뚜룩짤뚜룩 | 쩔가닥쩔가닥 | 쩔꺽쩔꺽 |
| 짤뚜막짤뚜막 | 쩔거덕 | 쩔뚜룩 |
| 짤뚝1 | 쩔거덕쩔거덕 | 쩔뚜룩쩔뚜룩 |
| 짤뚝2 | 쩔걱 | 쩔뚝쩔뚝 |
| 짤뚝짤뚝1 | 쩔걱쩔걱 | 쩔쩔1 |
| 짤뚝짤뚝2 | 쩔그렁 | 쩔쩔2 |
| 짤싸닥 | 쩔그렁쩔그렁 | 쩜버덩 |
| 짤싸닥짤싸닥 | 쩔러덩 | 쩜버덩쩜버덩 |
| 짤쏙짤쏙 | 쩔러덩쩔러덩 | 쩜벙 |
| 짤쑥 | 쩔럭 | 쩜벙쩜벙 |
| 짤쑥짤쑥 | 쩔럭쩔럭 | 쩝 |
| 짤짤1 | 쩔렁 | 쩝쩝 |
| 짤짤2 | 쩔렁쩔렁 | 쩟뚝 |
| 짬바당 | 쩔룩쩔룩 | 쩟뚝쩟뚝 |
| 짬바당짬바당 | 쩔름쩔름 | 쩡 |
| 짬방 | 쩔레쩔레 | 쩡쩡 |
| 짬방짬방 | 쩔카닥 | 쪼각쪼각 |
| 짭짭 | 쩔카닥쩔카닥 | 쪼골쪼골 |
| 짯뚝 | 쩔칵 | 쪼그랑쪼그랑 |
| 짯뚝짯뚝 | 쩔칵쩔칵 | 쪼글쪼글 |

쪼로록
쪼로록쪼로록
쪼록
쪼록쪼록1
쪼록쪼록2
쪼루룩
쪼르르
쪼르륵
쪼르륵쪼르륵
쪼물쪼물
쪼박쪼박
쪼끔
쪼뼛
쪼뼛쪼뼛
쪽
쪽쪽1
쪽쪽2
쫀득쫀득
쫄1
쫄2
쫄금쫄금
쫄깃쫄깃
쫄라당쫄라당
쫄랑쫄랑
쫄막
쫄막쫄막
쫄끔쫄끔
쫄딱
쫄쫄1
쫄쫄2
쫄쫄3
쫑긋
쫑긋쫑긋
쫑긋
쫑긋쫑긋

쫑쫑
쫑알쫑알
쭈그렁쭈그렁
쭈글쭈글
쭈루룩쭈루룩
쭈룩
쭈룩쭈룩1
쭈룩쭈룩2
쭈르르
쭈르륵
쭈르륵쭈르륵
쭈물쭈물
쭈밋
쭈밋쭈밋
쭈빗
쭈빗쭈빗
쭈뼛
쭈뼛쭈뼛
쭈뻣
쭈뻣쭈뻣
쭉
쭉쭉1
쭉쭉2
쭌득쭌득
쭐
쭐금쭐금
쭐러덩
쭐러덩쭐러덩
쭐렁쭐렁
쭐룩
쭐룩쭐룩
쭐레쭐레
쭐먹
쭐먹쭐먹
쭐벙

쭐벙쭐벙
쭐꺽
쭐꺽쭐꺽
쭐쭐1
쭐쭐2
쭝긋
쭝긋쭝긋
쭝깃
쭝깃쭝깃
쭝쭝
찌걱
찌걱찌걱
찌겁찌겁
찌구덩
찌국
찌국찌국
찌궁
찌궁찌궁
찌그덕
찌그덕찌그덕
찌그덩
찌그덩찌그덩
찌그럭
찌그럭찌그럭
찌그르르
찌근덕찌근덕
찌근찌근
찌글찌글
찌긋
찌긋찌긋
찌드럭찌드럭
찌득찌득
찌렁
찌렁찌렁
찌룩째룩

| | | |
|---|---|---|
| 찌르르1 | 찔 | 째각1 |
| 찌르르2 | 찔금 | 째각2 |
| 찌르륵3 | 찔금찔금 | 째각째각1 |
| 찌르륵찌르륵 | 찔깃찔깃 | 째각째각2 |
| 찌르릉 | 찔룩찔룩 | 째깝째깝 |
| 찌르릉찌르릉 | 찔름찔름 | 째끈 |
| 찌륵 | 찔꺽찔꺽 | 짹 |
| 찌륵찌륵 | 찔끔 | 짹짹 |
| 찌릇 | 찔끔찔끔 | 잰득잰득 |
| 찌릇찌릇 | 찔뚝찔뚝 | 쨀룩쨀룩 |
| 찌릉 | 찔찔 | 쨀뚝쨀뚝 |
| 찌릉찌릉 | 쩟뚝쩟뚝 | 쨀쨀 |
| 찌부럭 | 찡 | 쨍 |
| 찌부럭찌부럭 | 찡긋 | 쨍가당 |
| 찌붓 | 찡긋찡긋 | 쨍가당쨍가당 |
| 찌죽 | 찡끗 | 쨍강 |
| 찌죽찌죽 | 찡끗찡끗 | 쨍강쨍강 |
| 찌직 | 찡찡 | 쨍그랑 |
| 찌직찌직 | 찡얼찡얼 | 쨍그랑쨍그랑 |
| 찌쿠덩 | 째각 | 쨍글 |
| 찌쿵 | 째각째각 | 쨍글쨍글 |
| 찌꺼분 | 째그덕 | 쨍긋 |
| 찌꺽 | 째그덕째그덕 | 쨍긋쨍긋 |
| 찌꺽찌꺽 | 째그덩 | 쨍끗 |
| 찌껍찌껍 | 째글째글 | 쨍쨍1 |
| 찌꾸덩 | 째긋 | 쨍쨍2 |
| 찌꾹 | 째긋째긋 | 쨍쨍3 |
| 찌꾹찌꾹 | 째듯째듯 | 쨍알쨍알 |
| 찌꿍 | 째릉 | 쩨걱 |
| 찌꿍찌꿍 | 째릉째릉 | 쩨걱쩨걱 |
| 찌끈 | 째릿째릿 | 쩨릿쩨릿 |
| 찌끈찌끈 | 째까닥 | 쩨깍1 |
| 찍 | 째까닥 | 쩨깍2 |
| 찍찍 | 째까닥째까닥 | 쩨깍쩨깍1 |
| 찐득찐득 | 째까닥째까닥 | 쩨깍쩨깍2 |

쩨꺼덕1
쩨꺼덕2
쩨꺼덕쩨꺼덕1
쩨꺼덕쩨꺼덕2
쩨꺽1
쩨꺽2
쩨꺽쩨꺽1
쩨꺽쩨꺽2
쩽강
쩽강쩽강
쩽거덩
쩽거덩쩽거덩
쩽경
쩽경쩽경
쩽그렁
쩽그렁쩽그렁
좌락
좌락좌락
좌르르
좌르르좌르르
좌르륵
좌르륵좌르륵
좍
좍좍
쫠
쫠쫠
아그르르
아글바글
아글타글
아글아글1
아글아글2
아굿바굿
아굿아굿
아기자기
아기작아기작1

아기작아기작2
아기장아기장
아기족아기족
아기똥아기똥
아기뚱아기뚱
아깃자깃
아귀작아귀작
아귀아귀
아느작아느작
아늘아늘
아닥다닥
아닥치듯
아드득
아드득아드득
아드등아드등
아득바득
아득아득
아로록다로록
아로록아로록
아로롱
아로롱다로롱
아로롱아로롱
아록다록
아록아록
아롱다롱
아롱아롱1
아롱아롱2
아롱아롱3
아르렁
아르렁아르렁
아르르1
아르르2
아르릉
아르릉아르릉
아른아른

아름작아름작
아름아름
아리송송
아리송아리송
아리숭숭
아리숭아리숭
아리까리
아릿아릿1
아릿아릿2
아무작아무작
아물아물
아삭
아삭바삭
아삭아삭
아스스
아슥아슥
아슬랑아슬랑
아슬아슬1
아슬아슬2
아슴푸레
아시랑아시랑
아시시
아실랑아실랑
아심아심
아자작
아자작아자작
아작
아작아작
아장바장1
아장바장2
아장아장
아지작
아지작아지작
아지직
아지직아지직

아질아질
아창아창
아치랑아치랑
아치장아치장
아칠아칠
아하하
아뜩아뜩
아싹
아싹아싹
아쓱
아짝
아짝아짝
아찔아찔
아옹
아옹다옹
아옹당
아옹아옹
아웅
아웅다웅
아웅당
아웅아웅
안절부절
알곰삼삼
알곰알곰
알근달근
알근알근
알금삼삼
알금솜솜
알금알금
알라꿍달라꿍
알락달락
알랑똥땅
알랑알랑
알로록달로록
알로록알로록

알로롱달로롱
알로롱알로롱
알록달록
알록알록
알롱달롱
알룩달룩
알룩알룩
알른알른
알탕갈탕
알뜰살뜰
알쏭달쏭
알쏭알쏭
알쑹달쑹
알쑹알쑹
알씬1
알씬2
알씬알씬1
알씬알씬2
알짱알짱
알쫑알쫑
알쩐알쩐
알알
앍둑앍둑
앍박앍박
앍숨앍숨
앍작앍작
앍족앍족
앍죽앍죽
앍음앍음
앙가조촘
앙글방글
앙글앙글
앙금앙금
앙기작앙기작
앙실방실

앙잘앙잘
앙큼상큼
앙큼앙큼
앙알앙알
앙앙
야금야금
야긋야긋
야기죽야기죽
야드르르
야들야들
야룩야룩
야르르
야른야른
야리야리
야릿야릿
야물야물
야스락야스락
야슥야슥
야슬야슬
야죽야죽
야즐야즐
야질야질
야옹
야옹야옹
야울야울
야웅
야웅야웅
야위죽
야위죽야위죽
얄긋얄긋
얄기죽얄기죽
얄깃얄깃
얄랑얄랑
얄죽얄죽
얄직얄직

얄팍얄팍
얄쭉얄쭉
얌얌
얍슬얍슬
양냥양냥
양양
어구구
어구어구
어근버근
어글어글
어금비금
어긋버긋
어긋어긋
어기적어기적1
어기적어기적2
어기정어기정
어기죽어기죽
어기뚱어기뚱
어기어기
어깃어깃
어귀적어귀적
어귀어귀
어두캄캄
어둑충충
어둑캄캄
어둑컴컴
어둑어둑
어둠컴컴
어둥지둥
어등비등
어런더런
어루룩더루룩
어루룩어루룩
어루룽더루룽
어루룽어루룽

어룩더룩
어룩어룩
어룽더룽
어룽어룽1
어룽어룽2
어른어른
어름더름
어름적어름적
어름어름
어리마리
어리멍청
어리병
어리숭어리숭
어리떨떨
어리뚱땅
어리뺑뺑
어릿어릿1
어릿어릿2
어무적어무적
어물쩍
어물쩍어물쩍
어물쩡
어물쭈물
어물어물
어밀어밀
어벌쩡
어석
어석더석
어석버석
어석어석
어스벙어스벙
어슥비슥1
어슥비슥2
어슥어슥
어슬렁어슬렁

어슬비슬
어슬어슬
어슴푸레
어슷비슷1
어슷비슷2
어슷어슷1
어슷어슷2
어시렁어시렁
어실렁
어실렁어실렁
어실어실1
어실어실2
어자어자
어저적
어저적어저적
어적
어적어적
어정버정1
어정버정2
어정어정
어즈벙어즈벙
어질어질
어청어청
어치렁어치렁
어치정어치정
어칠비칠
어칠어칠
어푸어푸
어풍덩
어뜩
어뜩비뜩
어뜩어뜩
어빡지빡
어썩
어썩어썩

| | | |
|---|---|---|
| 어쓱비쓱 | 얼루룽얼루룽 | 엉기엉기 |
| 어쩍 | 얼룩덜룩 | 엉깃엉깃 |
| 어쩍어쩍 | 얼룩얼룩 | 엉덩뚱 |
| 어쭉어쭉 | 얼룽덜룽 | 엉두덜엉두덜 |
| 어쩔어쩔 | 얼른번쩍 | 엉성엉성 |
| 어우렁더우렁 | 얼른얼른1 | 엉절엉절 |
| 어우적어우적 | 얼른얼른2 | 엉정벙정 |
| 억박적박 | 얼멍덜멍 | 엉큼성큼 |
| 억실억실 | 얼멍얼멍 | 엉큼엉큼 |
| 억죽억죽 | 얼밋얼밋 | 엉야벙야 |
| 언듯 | 얼키설키 | 엉얼엉얼 |
| 언듯언듯 | 얼핏 | 엉엉 |
| 언죽번죽 | 얼핏얼핏 | 엉이야벙이야 |
| 언틀먼틀 | 얼쏭달쏭 | 엎치락뒤치락 |
| 언뜩 | 얼쏭덜쏭 | 엎치락잦히락 |
| 언뜩언뜩 | 얼쏭얼쏭 | 여흘여흘 |
| 언뜻 | 얼씬 | 연방 |
| 언뜻번뜻 | 얼씬덜씬 | 연방연방 |
| 언뜻언뜻 | 얼씬얼씬 | 연송 |
| 얼근덜근 | 얼쩡얼쩡 | 연송연송 |
| 얼근드레 | 얼쭝얼쭝 | 연줄 |
| 얼근얼근 | 얼찐얼찐 | 연줄연줄 |
| 얼금삼삼 | 얽둑얽둑 | 연해연송 |
| 얼금숨숨 | 얽벅얽벅 | 연해연신 |
| 얼금얼금 | 얽숨얽숨 | 오곤조곤 |
| 얼기설설 | 얽적얽적 | 오골보골 |
| 얼러꿍덜러꿍 | 얽죽얽죽 | 오골또골 |
| 얼럭덜럭 | 얽음얽음 | 오골쪼골 |
| 얼럭얼럭 | 엄벙덤벙 | 오골오골1 |
| 얼렁뚱땅 | 엄벙뚱땅 | 오골오골2 |
| 얼렁얼렁1 | 엉거주춤 | 오구구 |
| 얼렁얼렁2 | 엉글벙글 | 오구자 |
| 얼루룩덜루룩 | 엉금엉금 | 오그극오그극 |
| 얼루룩얼루룩 | 엉기적엉기적 | 오그랑쪼그랑 |
| 얼루룽덜루룽 | 엉기정기 | 오그랑오그랑 |

오그르르
오글보글
오글자글
오글조글
오글또글
오글쪼글
오글오글
오긋오긋
오도당오도당
오도독
오도독오도독
오독오독
오돌랑포돌랑
오돌랑오돌랑
오돌토돌
오돌포돌
오돌오돌1
오돌오돌2
오동보동
오동통
오동포동
오동오동
오드드
오드득
오드득오드득
오들오들
오로록
오롱조롱
오르르
오리가리
오마조마
오막조막
오모록
오모록오모록
오목

오목록
오목조목
오목오목
오무락오무락
오무작고무작
오무작꼬무작
오무작오무작
오묵오묵
오물꼬물
오물쪼물
오물오물1
오물오물2
오밀고밀
오밀꼬밀
오복소복
오복오복
오불고불
오불구불
오불꼬불
오붓소붓
오비작오비작
오삭오삭
오소소1
오소소2
오손도손
오솔오솔
오순도순
오스스
오슬오슬
오시시
오작오작1
오작오작2
오졸랑오졸랑
오졸오졸
오지직

오지직오지직
오지꼬지
오지끈
오지끈자끈
오지끈딱
오지끈뚝딱
오지끈오지끈
오지오지
오직
오직오직
오톨도톨
오톨오톨
오호호
오홍
오똑
오똑오똑
오똘랑오똘랑
오똘오똘
오뚝
오뚝오뚝
오싹
오싹오싹
오쏠오쏠
오쫄랑오쫄랑
오쫄오쫄
옥시글옥시글
옥신각신
옥신옥신
옥실옥실
옥작복작
옥작옥작
올각올각
올강볼강
올강올강
올공볼공

| | | |
|---|---|---|
| 올공올공 | 옴실옴실 | 옴찔옴찔 |
| 올근볼근 | 옴작옴작 | 옹긋봉긋 |
| 올근올근 | 옴죽 | 옹긋쫑긋 |
| 올긋볼긋 | 옴죽옴죽 | 옹긋옹긋 |
| 올랑졸랑 | 옴지락옴지락 | 옹기종기 |
| 올랑촐랑 | 옴직옴직 | 옹기옹기 |
| 올랑올랑 | 옴질옴질 | 옹개종개 |
| 올록볼록 | 옴칠 | 옹개옹개 |
| 올록올록 | 옴칠옴칠 | 옹성옹성 |
| 올레졸레 | 옴칫 | 옹잘옹잘 |
| 올막졸막 | 옴칫옴칫 | 옹졸봉졸 |
| 올망졸망 | 옴파 | 옹알옹알 |
| 올목졸목 | 옴파옴파 | 옹옹 |
| 올몽졸몽 | 옴폭 | 요글요글 |
| 올카닥 | 옴폭따 | 욜랑욜랑 |
| 올카닥올카닥 | 옴폭따옴폭따 | 우 |
| 올칵 | 옴폭옴폭 | 우걱부걱 |
| 올칵올칵 | 옴푹 | 우걱지걱 |
| 올톡볼톡 | 옴푹따 | 우걱우걱 |
| 올통볼통 | 옴푹따옴푹따 | 우구구1 |
| 올통올통 | 옴푹옴푹 | 우구구2 |
| 올툭볼툭 | 옴쏙 | 우그렁쭈그렁 |
| 올퉁볼퉁 | 옴쏙옴쏙 | 우그렁우그렁 |
| 올깍 | 옴쑥 | 우그르르 |
| 올깍올깍 | 옴쑥옴쑥 | 우글벅작 |
| 올끈 | 옴씰 | 우글부글 |
| 올끈불끈 | 옴씰옴씰 | 우글주글 |
| 올끈올끈 | 옴짝 | 우글지글 |
| 올똑 | 옴짝달싹 | 우글뚜글 |
| 올똑볼똑 | 옴짝옴짝 | 우글쭈글 |
| 올똑올똑 | 옴쭉 | 우글우글1 |
| 올쏙볼쏙 | 옴쭉달싹 | 우글우글2 |
| 올씬갈씬 | 옴쭉옴쭉 | 우굿우굿 |
| 올올 | 옴찍옴찍 | 우다닥 |
| 옴닥옴닥 | 옴찔 | 우다닥우다닥 |

우다다
우다다우다다
우당탕
우당탕퉁탕
우당탕우당탕
우당퉁탕
우두덩우두덩
우두두
우두둑
우두둑우두둑
우두둥
우두키
우둑우둑1
우둑우둑2
우둔우둔
우둘렁푸둘렁
우둘렁우둘렁
우둘먹우둘먹
우둘투둘
우둘푸둘
우둘쩍
우둘쩍우둘쩍
우둘우둘1
우둘우둘2
우둥부둥
우둥퉁
우둥푸둥
우둥우둥
우드드
우드득
우드득우드득
우득우득
우들뜰
우들우들1
우들우들2

우락부락
우럭우럭
우렁우렁
우루루1
우루루2
우루루우루루
우루룩우루룩
우룩
우룩우룩1
우룩우룩2
우룽주룽
우룽우룽
우르르1
우르르2
우르르우르르
우르륵
우르릉
우르릉우르릉
우릉
우릉우릉
우멍구멍
우멍우멍
우무룩
우무룩우무룩
우무적구무적
우무적꾸무적
우무적우무적
우묵
우묵주묵
우묵우묵
우물꾸물
우물쩍
우물쩍우물쩍
우물쭈물
우물우물

우북수북
우불구불
우불꾸불
우비적우비적1
우비적우비적2
우석우석
우선우선
우수수
우슬우슬
우시시
우실렁우실렁
우실우실
우저적
우저적우저적
우적우적1
우적우적2
우죽부죽
우죽비죽
우죽뿌죽
우죽삐죽
우죽우죽
우줄렁우줄렁
우줄우줄
우중충
우중우중
우지직
우지직우지직
우지끈
우지끈지끈
우지끈딱
우지끈뚝딱
우지끈우지끈
우직우직
우질부질
우질우질

우충우충
우툴두툴
우툴우툴
우꾼우꾼
우뚝
우뚝우뚝
우뚤렁우뚤렁
우뚤우뚤
우뜰
우뜰우뜰
우썩1
우썩2
우썩우썩1
우썩우썩2
우쩍1
우쩍2
우쩍우쩍1
우쩍우쩍2
우쭉우쭉1
우쭉우쭉2
우쭐
우쭐렁우쭐렁
우쭐우쭐
우야무야
우야우야
우우
우위우위
욱
욱닥욱닥
욱덕욱덕
욱시글득시글
욱시글욱시글
욱신욱신1
욱신욱신2
욱실득실

욱실욱실
욱저글
욱적
욱적북적
욱적욱적
욱욱
울거덕
울거덕울거덕
울겅불겅
울겅울겅
울근불근
울근울근
울긋불긋
울렁줄렁
울렁출렁
울렁울렁
울룩불룩
울룩울룩
울레줄레
울먹줄먹
울먹울먹
울멍줄멍
울멍울멍
울묵줄묵
울뭉줄뭉
울커덕
울커덕울커덕
울컥
울컥울컥
울툭불툭
울퉁불퉁
울퉁울퉁
울꺽
울꺽울꺽
울끈

울끈불끈
울끈울끈
울뚝
울뚝불뚝
울뚝울뚝
울쑥불쑥
움실움실1
움실움실2
움적움적
움죽
움죽움죽
움지럭움지럭1
움지럭움지럭2
움직움직
움질움질1
움질움질2
움칠
움칫
움퍽
움퍽움퍽
움펑진펑
움펑움펑
움폭움폭
움폭
움푹움푹
움쑥
움쑥움쑥
움씰
움씰움씰
움쩍
움쩍달싹
움쩍움쩍
움쭉
움쭉달싹
움쭉움쭉

움찔움찔　　　　　으슬렁으슬렁　　　　응얼응얼
움찔　　　　　　　으슬으슬　　　　　응웅
움찔움찔　　　　　으시렁으시렁　　　　응애
웅긋붕긋　　　　　으시시　　　　　　　응애응애
웅긋중긋　　　　　으실렁으실렁　　　　이글이글
웅긋쭝긋　　　　　으실으실　　　　　　이기죽이기죽
웅긋웅긋　　　　　으자으자　　　　　　이드르르
웅기중기　　　　　으적　　　　　　　　이들이들
웅기웅기　　　　　으적으적　　　　　　이렁성저렁성
웅게중게　　　　　으지적　　　　　　　이륵이륵
웅게웅게　　　　　으지적으지적　　　　이릉이릉
웅성웅성　　　　　으지직　　　　　　　이물이물
웅실웅실　　　　　으지직으지직　　　　이주걱이주걱
웅절웅절　　　　　으하하　　　　　　　이죽비죽
웅얼웅얼　　　　　으허허　　　　　　　이죽저죽
웅웅　　　　　　　으흐흑　　　　　　　이죽삐죽
유글유글　　　　　으썩　　　　　　　　이죽야죽
유들유들　　　　　으썩으썩　　　　　　이죽이죽
융융　　　　　　　으쓱　　　　　　　　이죽애죽
으그르르　　　　　으쓱으쓱　　　　　　이질이질
으드득　　　　　　으쓸　　　　　　　　이질애질
으드득으드득　　　으쓸으쓸　　　　　　이엄이엄
으드등으드등　　　으쩍　　　　　　　　이염이염
으득으득　　　　　으쩍으쩍　　　　　　익죽익죽
으등으등　　　　　으아　　　　　　　　인성만성
으르렁　　　　　　으악　　　　　　　　일긋얄긋
으르렁으르렁　　　으앙　　　　　　　　일긋일긋
으르르　　　　　　으앙으앙　　　　　　일기죽얄기죽
으르릉　　　　　　윽윽　　　　　　　　일기죽일기죽
으르릉으르릉　　　을근을근　　　　　　일렁일렁
으밀아밀　　　　　을밋을밋　　　　　　일컥
으스스　　　　　　음마　　　　　　　　일쭉얄쭉
으스슥　　　　　　음매　　　　　　　　일쭉일쭉
으슥으슥　　　　　응아　　　　　　　　잉
으슬렁　　　　　　응아응아　　　　　　잉그르르

| | | |
|---|---|---|
| 잉잉 | 와그그 | 와삭바삭 |
| 잉잉 | 와그르 | 와삭버석 |
| 애고대고 | 와그르르 | 와삭와삭 |
| 애고지고 | 와그작와그작 | 와스락와스락 |
| 애고애고 | 와글북적 | 와스스 |
| 애리애리 | 와글와글 | 와스스와스스 |
| 애면글면 | 와다닥 | 와슬랑와슬랑 |
| 애죽애죽 | 와다닥와다닥 | 와슬렁와슬렁 |
| 애질애질 | 와닥닥 | 와시락와시락 |
| 애탄지탄 | 와닥닥와닥닥 | 와실랑와실랑 |
| 애해 | 와당탕 | 와실와실 |
| 애해해 | 와당탕퉁탕 | 와자자 |
| 액최 | 와당탕와당탕 | 와자작 |
| 액액 | 와당퉁탕 | 와자작와자작 |
| 앵1 | 와드드 | 와작와작1 |
| 앵2 | 와드득 | 와작와작2 |
| 앵앵1 | 와드득와드득 | 와지직 |
| 앵앵2 | 와드등 | 와지직와지직 |
| 얘들얘들 | 와드등와드등 | 와지끈 |
| 얘록얘록 | 와들뜰 | 와지끈자끈 |
| 얘리얘리 | 와들와들 | 와지끈딱 |
| 얘릿얘릿 | 와디디 | 와지끈뚝딱 |
| 얘물얘물 | 와락 | 와지끈와지끈 |
| 얘밀얘밀 | 와락와락 | 와직와직 |
| 얘죽얘죽 | 와랑와랑 | 와하하 |
| 얘질얘질 | 와르르1 | 와뜰 |
| 얘위죽얘위죽 | 와르르2 | 와뜰와뜰 |
| 에구데구 | 와르르와르르 | 와싹 |
| 욍 | 와르륵 | 와싹와싹1 |
| 욍욍 | 와르릉 | 와싹와싹2 |
| 위위 | 와르릉와르릉 | 와짜닥 |
| 윙 | 와릉와릉 | 와짝1 |
| 윙윙 | 와사삭 | 와짝2 |
| 와 | 와사삭와사삭 | 와짝와짝1 |
| 와각와각 | 와삭 | 와짝와짝2 |

| | | |
|---|---|---|
| 와아 | 왈그륵왈그륵 | 윗썩 |
| 와아와아 | 왈라당절라당 | 윗썩윗썩 |
| 와와 | 왈랑절랑 | 웍더그르르 |
| 왁 | 왈랑절렁 | 웍더글덕더글 |
| 왁다그르르 | 왈랑왈랑 | 웍더글웍더글 |
| 왁다글닥다글 | 왈카닥 | 월거덕 |
| 왁다글왁다글 | 왈카닥덜카닥 | 월거덕월거덕 |
| 왁달박달 | 왈카닥덜커덕 | 월거덩 |
| 왁시글덕시글 | 왈카닥왈카닥 | 월거덩월거덩 |
| 왁시글왁시글 | 왈카당 | 월걱 |
| 왁실덕실 | 왈카당왈카당 | 월걱월걱 |
| 왁실왁실 | 왈칵 | 월겅덜겅 |
| 왁자그르 | 왈칵덜칵 | 월커덕 |
| 왁자글 | 왈칵덜컥 | 월커덕월커덕 |
| 왁자자 | 왈칵왈칵 | 월컥 |
| 왁자지껄 | 왈캉 | 월컥월컥 |
| 왁작 | 왈캉왈캉 | 월컹 |
| 왁작벅작 | 왈깍 | 월컹월컹 |
| 왁작왁작 | 왈깍왈깍 | 월떡 |
| 왁왁 | 왈딱 | 월떡월떡 |
| 왈가닥 | 왈딱왈딱 | 윙윙 |
| 왈가닥달가닥 | 왈왈1 | 왜각대각 |
| 왈가닥덜거덕 | 왈왈2 | 왜그르르 |
| 왈가닥왈가닥 | 왕 | 왜글왜글 |
| 왈가당 | 왕배덕배 | 왜죽왜죽 |
| 왈가당덜거덩 | 왕왕1 | 왜틀비틀 |
| 왈가당절가당 | 왕왕2 | 왜깍대깍 |
| 왈가당왈가당 | 워걱워걱 | 왜뚤비뚤 |
| 왈각 | 워그르르 | 왜뚤왜뚤 |
| 왈각달각 | 워그적워그적 | 왜쭉비쭉 |
| 왈각덜걱 | 워석 | 왜쭉왜쭉 |
| 왈각왈각 | 워석워석 | 왝 |
| 왈강달강 | 워스럭워스럭 | 왝땍 |
| 왈그르왈그르 | 워슬렁워슬렁 | 왝땍왝땍 |
| 왈그륵달그륵 | 워시럭워시럭 | 왝왝1 |

왝왝2
왱
왱가당
왱가당댕가당
왱가당쟁가당
왱가당왱가당
왱강댕강
왱강쟁강
왱그랑
왱그랑댕그랑
왱그랑뎅그렁
왱댕
왱뎅
왱뎅그렁
왱왱1
왱왱2
웨각데각
웨죽웨죽
웨깍데깍
웩
웩떡
웩떡웩떡
웩웩1
웩웩2
웽
웽거덩
웽거덩뎅거덩
웽거덩젱거덩
웽거덩웽거덩
웽겅뎅겅
웽겅젱겅
웽그렁
웽그렁뎅그렁
웽웽1
웽웽2

웨각데각
웨죽웨죽
웨깍데깍
웩
웩떡
웩떡웩떡

# 찾아보기

## 저자 김성희

현재 연변대학 조선-한국학학원 한국어학과 부교수
1990년 중국 연변대학 조선언어문학과 조문전업 졸업
2003년 장수성(江蘇省) 양저우(楊洲)대학 외국어학원 한국어학과 강사
2005년 산둥성(山東省) 칭다우(靑島)이공대학 외국어학원 한국어학과 강사
2006년 연변대학 조선언어문학과 석사학위 획득
2012년 조선민주주의 인민공화국 언어학 박사학위 획득
주요 연구방향 : 한국어 문법, 말하기 듣기 교육
주요 논저 :『한국어 말하기 듣기(1, 2, 3)』,『한국어기초문법』등 4편, 논문으로는「한국어 본
딴말의 어음과 의미의 관계연구」등 10여 편.

## 조선어 본딴말 연구

초판 인쇄 2015년 10월 12일
초판 발행 2015년 10월 20일

저　자 김성희
펴낸이 이대현
편　집 오정대
디자인 이홍주

펴낸곳 도서출판 역락
주　소 서울 서초구 동광로 46길 6-6 문창빌딩 2층
전　화 02-3409-2058, 2060
팩　스 02-3409-2059
등　록 1999년 4월 19일 제303-2002-000014호
역락블로그 http://blog.naver.com/youkrack3888
이메일 youkrack@hanmail.net

값 24,000원

ISBN 979-11-5686-247-5 93710

* 파본은 구입처에서 교환해 드립니다.

이 도서의 국립중앙도서관 출판예정도서목록(CIP)은 서지정보유통지원시스템 홈페이지(http://seoji.nl.go.kr)와 국
가자료공동목록시스템(http://www.nl.go.kr/kolisnet)에서 이용하실 수 있습니다.(CIP제어번호 : CIP2015026547)